Hal Elrod · Honorée Corder

MIRACLE MORNING FÜR LEHRER

Die Stunde, die dich und deine Schüler verändert

Aus dem amerikanischen Englisch von Christina Brombach

Edition Forsbach

Die amerikanische Originalausgabe erschien 2019 unter dem Titel „The Miracle Morning for Teachers".

Haftungsausschluss: Die Ratschläge und Strategien, die in diesem Buch enthalten sind, können nicht in jeder Situation wirksam sein. Dieses Werk wird auf der Grundlage verkauft, dass weder der Autor noch der Verlag damit juristische, finanzielle oder andere professionelle Dienstleistungen anbieten. Weder der Autor noch der Verlag können für Schaden haftbar gemacht werden, der daraus entsteht. Die Tatsache, dass eine Organisation oder Website in diesem Werk als Quelle oder mögliche Quelle für weiterführende Informationen erwähnt wird, bedeutet nicht, dass der Autor oder der Verlag den Informationen oder Ratschlägen, die durch diese Organisation oder Website bereitgestellt werden, zustimmt. Darüber hinaus sollte der Leser sich im Klaren sein, dass Websites, die in diesem Werk aufgeführt werden, in der Zwischenzeit verändert oder ganz gelöscht worden sein können.

Bibliografische Information der Deutschen Nationalbibliothek:
Die Deutsche Nationalbibliothek verzeichnet diese Publikation in der Deutschen Nationalbibliografie; detaillierte bibliografische Daten sind im Internet über http://dnb.dnb.de abrufbar.

Edition Forsbach
Der Verlag für Bücher mit Herz

www.edition-forsbach.de

Coverbild: © Good Studio, Adobe Stock
Symbol: © brovkoserhii, Adobe Stock
Grafik: Tim Gouder

Druck und Bindung: CPI books GmbH, Leck
Printed in Germany
ISBN 978-3-95904-156-0 (Print)
ISBN 978-3-95904-157-7 (E-Book)

WIDMUNG

HAL

Dieses Buch ist für alle Lehrer. Ihr habt euch zum Lebenswerk gemacht, positiven Einfluss auf kommende Generationen zu nehmen. Dafür schätze und ehre ich euch zutiefst.

HONORÉE

Dieses Buch ist zuallererst meiner Familie gewidmet, und all den Lehrern da draußen, die das, was sie tun, aus Liebe machen.

INHALT

Teil II: Die nicht ganz offensichtlichen Lehrerprinzipien

Teil III: Das ABC eines legendären Lehrers

EINE BESONDERE EINLADUNG VON HAL

Die Leser und Anwender des *Miracle Morning* haben seit 2012 eine außergewöhnliche Gemeinschaft von über 200.000 ähnlich gesonnenen Personen auf der ganzen Welt geschaffen. Diese Menschen wachen jeden Tag auf und verwenden Zeit darauf, das unbegrenzte Potenzial zu nutzen, das in uns allen liegt. Außerdem arbeiten sie alle gemeinsam mit an der *Miracle Morning*-Mission: das kollektive Bewusstsein der Menschheit jeden Morgen ein bisschen weiter auf die nächste Stufe zu heben.

Als Autor von *Miracle Morning: Die Stunde, die alles verändert* empfand ich es als meine Pflicht, eine Online-Community zu schaffen, in der sich Leser zusammenfinden können, um sich kennenzulernen, über das Buch zu diskutieren, sich über die besten Methoden auszutauschen, Rechenschaftspartner zu finden und sich gegenseitig zu unterstützen. Also gründete ich die *Miracle Morning*-Community als Facebookgruppe, weil die meisten von uns ja sowieso schon auf Facebook sind. So musst du dich nicht auf einer zusätzlichen Website registrieren.

Allerdings hätte ich mir damals ehrlich gesagt nicht träumen lassen, dass die *Miracle Morning*-Community auf über 200.000 Mitglieder anwachsen und eine der positivsten, engagiertesten und sich gegenseitig am besten unterstützenden Online-Communitys der Welt werden würde, aber genau das ist passiert.

Werde Mitglied der Miracle Morning-Community auf Facebook!

Die Persönlichkeit und menschliche Größe unserer Mitglieder aus über 70 Ländern erstaunt mich jeden Tag aufs Neue – und es werden immer mehr. Deshalb lade ich auch dich ein, dich uns auf www.MyTMMCommunity.com anzuschließen (achte bitte darauf, dass du bereits auf Facebook eingeloggt bist).

Die Lehrer, die zu diesem Buch beigetragen haben (viele ihrer Geschichten findest du am Ende der einzelnen Kapitel), unterstützen sich seit Neuestem in einer eigenen Online-Community nur für Lehrer. Dort kannst du gleichgesinnte Lehrer finden, die *Miracle Morning für Lehrer* lesen und umsetzen und die *Life S.A.V.E.R.S.* mit ihren Schülern anwenden.

Schließ dich der Miracle Morning-Facebookgruppe für Lehrer an:

Um dich mit anderen gleichgesinnten Lehrern zu verbinden, zu lernen, was gut funktioniert, Fragen zu stellen, deine Ideen zu teilen und mehr, geh einfach auf www.TMMTeachersCommunity.com (auch hier musst du bereits auf Facebook eingeloggt sein).

Dort findest du viele Menschen, die noch am Anfang ihrer *Miracle Morning*-Reise stehen, aber noch viele mehr, die schon seit Jahren dabei sind und nur zu gerne ihren Rat, ihre Unterstützung und ihre Hilfe mit dir teilen, damit du schneller zum Erfolg kommst.

Ich moderiere beide Communitys und schaue auch regelmäßig dort vorbei, also freue ich mich darauf, dich dort zu treffen.

Mit Liebe & Dankbarkeit

Hal

GELEITWORT VON BEATE FORSBACH

Hal Elrod ist der Autor eines der beliebtesten Bücher der Welt, *The Miracle Morning*. Im Mai 2018 lernte ich die deutsche Version *Miracle Morning: Die Stunde, die alles verändert* kennen. Ich war sofort begeistert und startete mit den *Live S.A.V.E.R.S.* – ohne Mühe konnte ich jeden Morgen um 7 Uhr aufstehen, obwohl ich eigentlich kein Frühaufsteher bin. Ich spürte eine ganz enorme Energie durch die sechs einfachen Rituale *Meditation, Affirmation, Visualisierung, Lesen und Schreiben, Bewegung*.

Bei der Lektüre erfuhr ich, dass Hal Elrod auch als Buch-Coach tätig ist und entdeckte sein Buch *Miracle Morning for Writers*. Davon wollte ich meinen Buch-Coaching-Kunden erzählen. Schon bald war ich so motiviert, dass ich ein lange geplantes Buchprojekt begann und drei Monate später fertigstellte. Ein Freund gab mir den Tipp, mich um die Lizenz für die deutsche Ausgabe zu bemühen, und so schrieb ich an einem *Miracle Morning* eine E-Mail an Hal Elrod. Kurz darauf erhielt ich Antwort und wandte mich an die genannte Agentur. Auf deren Website entdeckte ich das Angebot von *Miracle Morning Millionaires* – und schon bald durfte ich beide Lizenzverträge unterschreiben. Es folgten die deutschen Versionen von *Miracle Morning for Entrepreneurs* und *Miracle Morning for Parents & Families*.

Heute freue ich mich, zu dem Buch *Miracle Morning für Lehrer* das Geleitwort zu schreiben. Ich war früher selber als Lehrerin an einem Gymnasium tätig, daher kann ich bestätigen, wie wichtig die eigene Persönlichkeitsentwicklung, ein unendlicher Energievorrat sowie eine unerschütterliche Konzentration auf die wichtigsten Dinge für dich und deine Schüler sind. Vor vielen Jahren war es mein Wunsch, ein Buch zu schreiben über den Optimismus, den Lehrer brauchen, um mit ihrer positiven Geisteshaltung ihren Schülern ein Vorbild zu sein und eine großartige Gemeinschaft in der Klasse zu begründen. Denn nur so hast du ein erfüllendes Lehrerleben und optimalen Einfluss auf das Leben deiner Schüler.

Das Buch habe ich nie geschrieben – hier liegt es vor dir in der Version von Hal Elrod und Honorée Corder: *Miracle Morning für Lehrer: Die Stunde, die dich und deine Schüler verändert.* Es unterscheidet sich von den anderen *Miracle Morning*-Büchern: Hal und Honorée haben ein weltweites Experiment in Klassenräumen für Schüler aller Altersgruppen durchgeführt, bei dem die Lehrer ihre Schüler 30 Tage lang durch die sechs Rituale des *Miracle Morning*, die *Live S.A.V.E.R.S.*, führten, um jeden Tag zu beginnen. Sie verwendeten die Ergebnisse und das Feedback von Lehrern und Schülern, um das Buch zu gestalten. Sie stellen dir eine Möglichkeit vor, wie du eine erfülltere Karriere und einen größeren positiven Einfluss auf deine Schüler haben kannst.

Ihr Geheimtipp für erfolgreiche Lehrer ist der *Miracle Morning*: Er gibt dir die Chance, den Tag richtig zu beginnen und gleichermaßen für Körper und Geist zu sorgen. So kannst du besser für deine Schüler da sein – besser gelaunt, verständnisvoller und mit vielen glücklichen Schülern, die gerne in deinen Unterricht kommen.

Über dieses Buch bin ich sehr glücklich, mein Wunsch aus der Zeit meiner Lehrerkarriere hat sich damit erfüllt. Es ist ein Geschenk an alle Lehrer, auch an die, die nicht so gerne lesen.

Lies dieses Buch bitte *mehrmals* – du baust dir damit eine Grundlage für deinen Erfolg als Lehrer und in allen Lebensbereichen, und das für den ganzen Rest deines Lebens.

Ich wünsche dir viel Spaß beim Lesen und großen Erfolg beim Umsetzen!

Deine Beate Forsbach

***Dr. Beate Forsbach**, Studiendirektorin a.D., Verlegerin, Autorin zahlreicher Schreibratgeber und Bücher zur Lebenskunst, Mentorin für angehende Autoren „Bücher schreiben mit Herz"*
www.beateforsbach.de

VORWORT VON LAURA SANDEFER

Als ich zum ersten Mal von Hal Elrod hörte, fuhr ich gerade an einem heißen, hellen Tag mit 120 Sachen den Highway I-35 entlang und brauchte dringend Inspiration für einen Vortrag, den ich vor einer Gruppe von Lehrern halten sollte. Wie konnte ich dieser mutigen, aber erschöpften Menschengruppe am besten dienen? Welche Botschaft würde sie aufrichten und ihnen Mut für ihre wichtige Arbeit geben?

Ich stamme aus einer Lehrerfamilie und weiß aus persönlicher Erfahrung, wie erschöpft und gestresst Lehrer sein können, und dass sie oft das Gefühl haben, ihnen stünden zu wenig Ressourcen zur Verfügung – natürlich kenne ich aber auch die Begeisterung und die Freude, die das Lehrerdasein mit sich bringen kann. Trotzdem: Man hat als Lehrer nie genug Zeit, Geld oder Energie, um alles zu schaffen, was getan werden müsste.

In meinem Kopf fuhren die Erinnerungen Karussell. Ich hörte die Stimme meiner Großmutter, die sagte: „Lehrer zu sein ist die höchste Berufung.“ Als nächstes kam meine Mutter, und ich sah sie vor meinem inneren Auge zusammengesunken auf dem Boden sitzen und unter Tränen gestehen: „Ich habe tagsüber nicht einmal genug Zeit, um auf die Toilette zu gehen.“ Und ich erinnerte mich daran, wie sie am nächsten Morgen schon wieder begeistert ausrief: „Ich möchte nichts anderes sein als Lehrerin! Das ist für mich spannender, als ein Rennauto zu fahren.“

Für diese Arbeit muss man ein Heiliger sein, dachte ich, während ich an den Lastwagen vorbeibrauste. *Aber sie ist so wahnsinnig schwer.*

Was brauchen Lehrer am meisten? Ich kann die Probleme mit dem Geld oder der Klassengröße nicht lösen; und genauso wenig kann ich ehrlich gesagt die komplexen Fragen beantworten, wie Menschen lernen und wie man junge Leute dazu motiviert, sich die Mühe zu machen, etwas wirklich gründlich zu erlernen.

Um mich aus meiner Gedankenschleife zu befreien, schaltete ich einen Podcast ein, den mir ein guter Freund empfohlen hatte.

Es war ein Interview mit Hal Elrod. Sein Optimismus, seine Energie und sein Glaube an das menschliche Potenzial trafen mich bis ins Mark. *Wow, wie kann ich das einfangen und jedem Lehrer auf der Welt schenken?* So könnte man die Welt wirklich verändern.

Und das nächste, was ich hörte, sollte mein Leben komplett umkrempeln. Es waren die *S.A.V.E.R.S.* aus dem Buch *Miracle Morning: Die Stunde, die alles verändert.* Ich hatte es mir schon zwei Jahre zuvor zur Gewohnheit gemacht, eine Stunde vor meinen Kindern aufzustehen. Das hatte mir mein Pastor empfohlen, damit ich die Gelegenheit fände, die heilige Stille des Morgens zu genießen, bevor mich der ewige Lärm von Familie und Arbeit wieder einfing. Wie gut sich Achtsamkeit am Morgen und entsprechende Rituale in den Schulalltag integrieren ließen, hatte ich schon in meiner eigenen kleinen Schule, der Acton Academy, erfahren. Diese einfachen Schritte füllten unseren Lernraum mit Frieden und Freude, und die Kinder gewöhnten sich sehr leicht daran.

Was Hal da aber präsentierte, ging viel weiter, als sich nur ein bisschen Zeit allein zu gönnen und ein wenig Achtsamkeit in den Schulalltag zu bringen. Er hatte eine mächtige Kombination aus sechs Methoden herausdestilliert, die klar, anwenderfreundlich und gleichzeitig in uralten Weisheiten und moderner Wissenschaft verwurzelt waren.

Ich fühlte mich an diesem Tag aufgetankt für meine Botschaft an die Lehrer: *Beginnen wir damit, unsere eigenen inneren Gaben und Potenziale anzuzapfen. Dadurch gewinnen wir unsere kraftvollste Haltung für die Arbeit mit Kindern zurück – die Haltung von neugierigen, leidenschaftlichen Lernenden.*

Seit diesem folgenreichen Tag auf der I-35 wende ich die *Life S.A.V.E.R.S.* jeden Tag an. Sie sorgen dafür, dass ich mich ausgesprochen lebendig fühle, was mich zu einem besseren Menschen für die Kinder um mich herum – und für meine Freunde und meine Familie – macht.

Vielen Menschen fällt zuerst das Wort „Morning", also „Morgen", im Buchtitel ins Auge, aber ich konzentriere mich lieber auf das „Miracle", das „Wunder". Hier geht es nicht um Zauberei. Es ist kein Erfolgsrezept, und auch keine Strategie. Was du hier in Händen hältst, geht viel weiter. Es ist beinahe übernatürlich: Es bringt Leben und Heilung an Orte, an denen vorher Tod und Verlust herrschten. Es lässt das menschliche Potenzial, die am wenigsten genutzte Ressource der Welt, sprießen. Es verwandelt die Dunkelheit des Morgens in ein Wunder aus Licht.

Dieses Buch ist ein Geschenk, das jeder Lehrer verdient. Ich freue mich sehr, dass du es jetzt lesen und ebenso lieben darfst, wie ich es tue.

Laura Sandefer
Gründerin der Acton Academy
Autorin von *Courage to Grow*

EIN PAAR WORTE VON HAL

In einer komplett vernünftigen Gesellschaft
wären die Besten von uns Lehrer.

LEE IACOCCA

Willkommen bei *Miracle Morning für Lehrer*! Was mit einem einzigen Buch (*Miracle Morning: Die Stunde, die alles verändert*) begann, ist heute zu einer weltweiten Bewegung geworden. Millionen Menschen stehen jeden Tag auf und arbeiten gemeinsam an der *Miracle Morning*-Mission: das kollektive Bewusstsein der Menschheit jeden Morgen ein bisschen weiter auf die nächste Stufe zu heben.

Ich kenne euch zwar nicht alle persönlich, aber ich glaube, ich kann mit einiger Sicherheit sagen, dass es mindestens eines gibt, was wir beide gemeinsam haben (wahrscheinlich sogar noch eine Menge mehr, aber bei einer Sache können wir uns ganz sicher sein): *Wir wollen unser Leben und uns selbst verbessern.* Das bedeutet nicht, dass irgendetwas an uns – oder unserem Leben – nicht stimmt, aber als Menschen kommen wir mit dem angeborenen Wunsch auf die Welt, ständig zu wachsen und uns zu verbessern. Ich glaube, das steckt in uns allen. Trotzdem wachen die meisten Menschen jeden Tag auf, ohne dass sich ihr Leben groß verändert.

Wo auch immer du gerade im Leben stehst – ob du unglaublich erfolgreich, glücklich und erfüllt bist, ob du die schwerste Zeit deines Lebens erlebst oder ob du dich irgendwo dazwischen befindest –, ich kann dir mit absoluter Sicherheit versprechen, dass der *Miracle Morning* die praktischste, ergebnisorientierteste und effektivste Methode ist, jeden – und ich meine wirklich jeden – deiner Lebensbereiche zu verbessern, und zwar schneller, als du es dir erträumst.

Für Lehrer kann der *Miracle Morning* alles verändern, weil er dir erlaubt, die schwer zu fassende nächste Stufe zu erreichen, und dir im Beruf und im Privatleben Erfolge verschafft, die weit jenseits von dem sind, was du bisher kennst. Dabei kann es auch darum gehen, deine Karriere voranzubringen, ein Buch zu schreiben oder sogar eine Firma zu gründen, aber viel öfter geht es darum, neue Methoden zu entdecken, die dir erlauben, in Lebensbereichen, die dir wichtig sind, die du aber vielleicht bisher vernachlässigt hast, tiefere Zufriedenheit und größeren Erfolg zu erleben. Zum Beispiel könntest du folgende Lebensbereiche merklich verbessern: ***Gesundheit, Glück, Beziehungen, Finanzen, Spiritualität*** und andere Bereiche, die ganz oben auf deiner Liste stehen. Anders ausgedrückt: In diesem Buch geht es nicht darum, wie du ein besserer Lehrer wirst; es geht darum, wie du eine bessere Version deiner selbst wirst. Wenn du jeden Morgen aufwachst und deinem Ziel, ein besserer Mensch zu werden, Zeit widmest, profitieren davon auch deine Schüler.

Egal, ob du nur ein paar Schlüsselbereiche deines Lebens entscheidend verbessern willst, oder ob du dich bereit fühlst, dein ganzes Leben umzukrempeln und radikal zu verändern, sodass deine aktuellen Lebensumstände sich bald nur noch anfühlen werden wie eine verschwommene Erinnerung, du hast auf jeden Fall das richtige Buch dafür in der Hand. Mit seiner Hilfe gehst du schon bald auf eine wundervolle Reise, die dich Schritt für Schritt durch den Prozess führt, der dein Leben garantiert verwandelt – und das alles vor acht Uhr morgens.

Ich weiß, ich weiß – das sind ganz schön große Versprechungen, die ich hier mache. Aber der *Miracle Morning* hat schon über einer Million Menschen auf der ganzen Welt erlaubt, ihr Leben von Grund auf zu verändern, und er kann auf jeden Fall das eine Ding sein, das dich in die Lage versetzt, dir das außergewöhnlichste Leben zu erschaffen, das du dir vorstellen kannst. Honorée (die du gleich kennenlernen wirst) und ich haben alles in unserer Macht Stehende dafür getan, um sicherzustellen, dass dieses Buch eine wirklich lebensverändernde Investition deiner Zeit, Energie und Aufmerksamkeit darstellt. Vielen Dank, dass du uns in dein Leben gelassen hast. Unsere zauberhafte, gemeinsame Reise beginnt gleich.

Mit Liebe & Dankbarkeit

Hal

EIN PAAR WORTE VON HONORÉE

Ein guter Lehrer kann Hoffnung verleihen, die Fantasie ankurbeln und die Liebe zum Lernen entfachen.

BRAD HENRY

Guten Morgen! Schön, dass du da bist – und ich wette, es ist gerade relativ früh am Morgen, wenn du dieses Buch zum ersten Mal aufschlägst. Es freut mich sehr zu sagen, dass du dir noch gar nicht vorstellen kannst, wie großartig dein Leben werden wird, wenn du verinnerlicht hast, was du auf den nächsten Seiten lernen wirst. Und es ist absolut unmöglich vorherzusagen, welchen unglaublichen Einfluss du auf andere haben wirst, wenn du mit deinen Freunden, deiner Familie, deinen Kollegen und natürlich auch mit deinen Schülern teilst, was du erfahren hast.

Zuerst möchte ich mich aber schnell vorstellen. Ich habe Dutzende von Büchern geschrieben und arbeite seit 2013 mit Hal zusammen. Damals schlossen wir uns zusammen, um das erste Buch der *Miracle Morning*-Reihe zu schreiben (*The Miracle Morning for Real Estate Agents*). Vor Kurzem feierte ich den 2.150. Tag, an dem ich den *Miracle Morning* und die *Life S.A.V.E.R.S.* angewendet habe, und es ist genau diese Methode, die ich für meinen Erfolg und mein allgemeines Glück verantwortlich mache.

Bis jetzt war ich Hals Geschäftspartnerin und Co-Autorin der Serie. Meine Aufgabe war es, die anderen Co-Autoren beim Schreiben zu unterstützen und hinter den Kulissen an der Produktion der Bücher zu arbeiten. Dieses Mal darf ich zum ersten Mal selbst mitschreiben – was für ein Privileg! Ich teile Hals Leidenschaft und seinen Traum, das Bewusstsein der Menschheit auf die nächste Stufe zu heben, und der *Miracle Morning* macht genau das – jeden Morgen ein bisschen mehr.

Als Hal mir seine Buchidee vorschlug, verliebte ich mich sofort in sie. Ich wusste einfach, dass dieses Buch die Möglichkeit in sich barg, die aktuelle und zukünftige Generationen zu beeinflussen, wenn es am wichtigsten ist – während junge Geister und Herzen sich in der Entwicklungsphase befinden, und während sie sich in der Obhut der Menschen befinden, die neben den Eltern den größten Einfluss auf ihr Leben haben können.

Ich hätte mir so sehr gewünscht, den *Miracle Morning* schon in jüngeren Jahren gekannt zu haben. Es ist schwer zu sagen, wie viel besser mein Leben dadurch hätte werden können. Und auch wenn es nichts bringt, zu lange in den Rückspiegel zu schauen, macht es durchaus einen Unterschied, wenn man etwas verändert und verbessert, wenn es soweit ist! Nachdem heutzutage Drogen, Sucht und Depression auf der ganzen Welt (nicht nur im Klassenzimmer) weiter um sich greifen als je zuvor, wäre es doch sinnvoll, nach Lösungen für dieses Problem zu suchen, oder etwa nicht? Und vielleicht nicht nach den Lösungen, die zum Standard geworden sind, sondern stattdessen nach Wegen, wie wir Schmerz und Leiden ganz auslöschen und durch Freude und Erfolg ersetzen können?

Das ist es, was der *Miracle Morning für Lehrer* und die *Life S.A.V.E.R.S.* dir bringen werden – und jedem anderen, der deine Stimme hören kann. Stell dir nur mal vor, wie du dich selbst verwandeln wirst, und wie du, wenn du weiter wächst, immer besser wirst, im Klassenzimmer und außerhalb. Deine Familie und deine Freunde werden sich ebenfalls über deine Persönlichkeitsentwicklung freuen.

Deine Schüler – und ihre Geschwister, Eltern und anderen Verwandten – werden auch davon profitieren. Ihre anderen Lehrer werden die Vorteile davon genießen, freundliche, ausgeglichene, konzentrierte und reizende Schüler zu haben. Ihre Freunde werden von ihnen lernen, einfach, indem sie sich in ihrer Nähe aufhalten. Und dann gehen sie irgendwann hinaus in die Welt und tragen auf ihre gesunde Art zu unserer Gesellschaft bei, sodass dein Einfluss sich immer weiter verbreitet. Das ist ganz schön cool, oder? Ich hoffe, du hast so viel Freude daran, dieses Buch zu lesen und zu teilen, wie wir daran hatten, es zu schreiben.

Auf deinen Erfolg!

Honorée

EINLEITUNG UND ÜBERBLICK

Wie schön, dass du hier bist! Die Arbeit von Lehrern grenzt an ein wahres Wunder, und wir haben den *Miracle Morning für Lehrer* speziell für dich entwickelt – für Lehrer, die mehr wollen, als nur jeden Tag einzustempeln, ihr Fach zu unterrichten und nach dreißig Jahren in Pension zu gehen.

Du bist hier, weil du mehr willst – und weil du dafür bereit bist. Du willst mehr von deiner Lehrerkarriere. Du willst mehr *für* deine Schüler. Du willst mehr *von* deinen Schülern. Und du willst mehr für dich.

Und das, lieber Lehrerfreund, ist genau der Grund, aus dem wir dieses Buch geschrieben haben.

Um die *Miracle Morning*-Mission, das Bewusstsein der Menschheit einen Morgen nach dem anderen auf die nächste Stufe zu heben, wahr werden zu lassen, müssen wir die nächste Generation, und dann die darauffolgende und die darauffolgende, erreichen.

Das wird aber nicht passieren, wenn wir nur darauf warten (und hoffen), dass sie *eventuell* per Zufall über Hal oder den *Miracle Morning* stolpern, sondern nur dann, wenn wir den direkten Kontakt mit anderen suchen. Mit denen, die ganz vorne an der Front stehen. Mit denen, die immer wieder großen Einfluss auf unsere Kinder nehmen.

Mit Lehrern.

Lehrer waren die Antwort, die wir suchten, als wir darüber nachgrübelten, wie wir kommende Generationen am effektivsten und wirkungsvollsten erreichen könnten.

Dass Lehrer die perfekte Antwort sind, liegt an verschiedenen Gründen. Du hast regelmäßigen, oft sogar täglichen Umgang mit deinen Schülern. Du bist wahrscheinlich Lehrer geworden, weil du das Leben der nächsten Generation positiv beeinflussen wolltest. Du liebst dein Fach und möchtest, dass deine Schüler die gleiche Leidenschaft entwickeln.

Um unseren Traum wahr werden zu lassen, mussten wir erst zwei Dinge lernen:

1. Es ist wichtig, etwas zu wissen und selbst anzuwenden, bevor man es anderen beibringen kann.
2. Man kann nur herausfinden, was funktioniert, indem man es ausprobiert und eine Weile damit arbeitet.

Also wandten wir uns an die zuverlässige *Miracle Morning*-Community auf Facebook und suchten nach Lehrern, die bereit waren, sich einen ganzen Monat lang auf eine Erfahrung und ein Experiment mit ihren Schülern einzulassen. Es mussten Lehrer sein, die den *Miracle Morning* bereits anwendeten und sich für die *Life S.A.V.E.R.S.* begeistern konnten, sodass sie bereits einen guten Teil der Lernkurve geschafft hatten.

Die Reaktion der Gruppe war begeistert und, ehrlich gesagt, ganz schön überwältigend. Wir hörten immer wieder: *Ja, das brauchen meine Schüler*! Die Lehrer, die sich freiwillig meldeten, nutzten die *S.A.V.E.R.S.* bereits für ihr eigenes Leben und waren begeistert von der Idee, sie so abzuwandeln, dass sie sie mit ihren Schülern teilen konnten.

Als Nächstes wollten wir von ihnen wissen:

- Würden die Kinder die *Life S.A.V.E.R.S.* mitmachen wollen und würde es ihnen Spaß machen?

- Würde es einen merklichen Unterschied machen, wenn die Lehrer anfangen würden, im Klassenzimmer den *Miracle Morning* anzuwenden?

Die Antworten darauf waren ebenfalls *Ja*, wie du an den Geschichten der teilnehmenden legendären Lehrer am Ende jedes Kapitels in diesem Buch erkennen wirst.

Wir wollen noch nichts vorwegnehmen, aber wir sagen einfach, die Ergebnisse waren überraschend großartig und räumten die letzten Zweifel in unseren Herzen auf, ob dieses Buch gerade mehr denn je gebraucht wird.

Um dir einen kleinen Vorgeschmack darauf zu geben, was dich erwartet, stellen wir dir jetzt ein paar der Lehrer vor, die du im Lauf dieses Buches noch besser kennenlernen wirst.

- In Kapitel 1 wird dir die legendären Lehrerin **Deborah Schaenzer** begegnen, die seit über fünfundzwanzig Jahren fünfte und sechste Klassen unterrichtet. Sie wird dir erzählen, dass ihre achtundzwanzig Schüler nach einem Monat *Miracle Morning* zu einem einstimmigen Urteil kamen: „Alle achtundzwanzig [meiner] Schüler waren sich einig, dass alle Lehrer den *Miracle Morning* anwenden sollten."
- Außerdem wirst du von **Angela McMillan** hören, die sieben Kinder zu Hause unterrichtet. Sie beschreibt den *Miracle Morning* so: „Die Gewohnheit ist so stark, weil sie den Schülern das Gefühl gibt, ihr Leben selbst unter Kontrolle zu haben."
- In Kapitel 2 wirst du die altgediente Collegeprofessorin für Mathematik **Allison Dillard** kennenlernen und erfahren, welche außergewöhnlichen Verbesserungen der *Miracle Morning* für ihre Studenten bedeutet hat: „Das Ergebnis unseres *Miracle Morning*-Monats hat mich überrascht. Die Teilnahmequoten und der Anteil an vollständig erledigten Hausaufgaben stiegen auf über 90 Prozent. So hoch waren sie noch nie in diesem Kurs." Du kannst ihre Freude richtig-

gehend spüren, wenn sie fortfährt: „Ich liebe den *Miracle Morning*. Er hat mir geholfen, einen langweiligen Mathe-Pflichtkurs, den die meisten Studenten nur belegen, weil sie es müssen, in etwas zu verwandeln, was sie für den Rest ihres Lebens positiv beeinflussen wird."

- In Kapitel 4 kommen ein paar der Schüler in **Deanna Perkins'** zweiter Klasse zu Wort. Für Deanna ist der wichtigste Aspekt daran, den *Miracle Morning* ins Klassenzimmer zu tragen, nämlich, was ihre Schüler davon halten. Wie finden sie also die *S.A.V.E.R.S.* im Einzelnen? Eine Schülerin, Ainsley, sagt: „Mein Lieblingsteil ist die Meditation, weil ich damit meine eigene Ruhe verteilen kann." Hollis meint: „Ich mag das Vision Board am liebsten, weil ich da malen kann, wie ich meine Zukunft haben will." Samvi sagt: „Ich finde sie toll. Sie machen mich bereit für den Tag."
- In Kapitel 7 stellen wir dir **Jodi Fish** vor, die vierte Klassen unterrichtet und dir erklären wird, was für tiefgehende Vorteile es hatte, dass sie den *Miracle Morning* mit ihren Schülern zu teilen begann: „Die *Life S.A.V.E.R.S.* zu einem Teil unserer Morgenbegegnung zu machen, hat dafür gesorgt, dass ich meinen Schülern jetzt viel zielgerichteter einen positiven, ruhigen Start in den Tag biete. Es hat meinen Schülern geholfen, ihre Emotionen abzustreifen und sich ganz dem Lernen zu widmen. Ich habe gemerkt, dass sie sich danach besser konzentrieren konnten, wenn ich ihnen etwas erklärte, und dass sie bei Gruppenarbeiten viel selbstständiger arbeiteten." Sie fasst zusammen: „Ich musste die *Life S.A.V.E.R.S.* zwar ein wenig anpassen, damit sie zu meinen Schülern passten, aber es gibt nur eine Sache, die ich anders machen würde, wenn ich heute noch einmal anfangen müsste: Ich würde gleich am ersten Schultag mit den *S.A.V.E.R.S.* anfangen."

Das ist nur eine Handvoll von über einem Dutzend legendärer Lehrer, die du in diesem Buch kennenlernen wirst, aber wir wollten dir schon mal einen kleinen Eindruck davon geben, auf welche tiefgehenden Vorzüge du dich in deinem Leben und deinem Klassenzimmer freuen kannst.

Wie du das Beste aus diesem Buch herausholst

Egal, ob du *Miracle Morning: Die Stunde, die alles verändert* gelesen hast oder nicht, dieses Buch und der dazugehörige kostenlose Flyer enthalten alles, was du brauchst, um den *Miracle Morning* für dich selbst und deine Schüler in die Praxis umzusetzen.

- **Zuerst** möchten wir dich bitten, dir ein paar Minuten Zeit zu nehmen und dich der *Miracle Morning für Lehrer*-Community (Facebookgruppe) auf www.TMMTeachersCommunity.com anzuschließen. Dort findest du Unterstützung und lernst die besten Methoden von anderen gleichgesinnten Lehrern, die das Buch gelesen haben und die *Life S.A.V.E.R.S.* mit ihren Schülern anwenden.

- **Dann** kannst du, sobald du die Einführung gelesen hast, zu *Kapitel 10: Die 30-Tage-Miracle-Morning-Challenge* vorblättern, dieses Kapitel lesen und direkt deine erste 30-Tage-Challenge beginnen, indem du das „R“ der *S.A.V.E.R.S.* umsetzt („R“ steht für „Reading“, also „Lesen“). Ab Kapitel 3 gehen wir die *Life S.A.V.E.R.S.* Schritt für Schritt durch, aber für den Moment reicht es zu wissen, dass du schon einen *Miracle Morning* machst, indem du einfach morgens aufstehst und den Tag damit beginnst, dieses Buch zu lesen.

- **Drittens** empfehlen wir dir, den kostenlosen *Miracle Morning for Teachers Guide* auf www.MiracleMorning.com/TeachersGUIDE herunterzuladen. Er enthält eine Schritt-für-Schritt-Anleitung, wie du deine Schüler durch den *Miracle Morning* führst und ihnen zeigst, wie sie selbst ihre erste 30-Tage-*Miracle-Morning*-Challenge absolvieren können (nachdem du deine eigene beendet hast).

Während der ersten dreißig Tage wirst du dieses Buch zu Ende lesen (und vielleicht gleich wieder von vorne damit anfangen oder dir das nächste Buch auf deiner Liste vornehmen) und jeden der *Life S.A.V.E.R.S.* komplett verstehen lernen. Außerdem werden wir dir nicht nur zeigen, was einen legendären Lehrer ausmacht, sondern wie du selbst einer wirst. Dann, wenn du bereit für deine zweite 30-Tage-Challenge bist, kannst du deine Schüler mit einbeziehen, indem du der oben erwähnten Anleitung folgst.

Dieses Buch besteht aus drei Teilen:

- Teil I: Der *Miracle Morning* und die *Life S.A.V.E.R.S.*
- Teil II: Die nicht ganz offensichtlichen Lehrerprinzipien
- Teil III: Das ABC eines legendären Lehrers

Am Ende jedes Kapitels findest du Geschichten von den legendären Lehrern, die uns geholfen haben, die *Life S.A.V.E.R.S.* mit Hunderten von Schülern auf der ganzen Welt zu teilen. Diese Geschichten werden dich sicher inspirieren und ermutigen. Außerdem erfährst du daraus, was gut funktioniert (und was nicht), und die Lehrer, die sie erzählen, können gleich zu den ersten Mitgliedern deines Lehrernetzwerks werden.

Dieses Buch ist ein echtes Herzensprojekt und trägt das Potenzial in sich, uns alle zusammenzubringen, damit wir ein Vermächtnis erschaffen können, das noch viel mehr Menschen erheben und inspirieren und das menschliche Bewusstsein tatsächlich verbessern wird. Und das fängt alles in deinem Klassenzimmer und mit deinen Schülern an.

Bist du bereit? Dann legen wir los! (*Denk daran: Blättere jetzt zu Kapitel 10 vor und lies es!*)

TEIL I:

DER MIRACLE MORNING

& DIE LIVE S.A.V.E.R.S.

1. WARUM DER MORGEN FÜR LEHRER WICHTIG IST

(wichtiger, als du glaubst)

Du musst jeden Morgen entschlossen aufwachen,
wenn du zufrieden zu Bett gehen willst.

GEORGE LORIMER, amerikanischer Journalist und Autor

Wie du jeden Tag beginnst, bestimmt deine Geisteshaltung, den Kontext und die Richtung des ganzen Tages. Wenn du lernst, jeden Tag mit einem friedlichen, zielgerichteten, disziplinierten, wachstumsorientierten und zielstrebigen Morgen zu beginnen, ist es so gut wie garantiert, dass du den Rest des Tages gewinnen wirst.

Wachst du manchmal morgens auf und fühlst dich direkt überfordert? Ich wette, dass es vielen, wenn nicht sogar den meisten Lehrern ab und zu so geht.

Manche von ihnen stellen sich nicht einmal einen Wecker. Ihr Tag fängt damit an, dass sie panisch die Augen aufreißen, weil ihnen sofort alles einfällt, was sie an diesem Tag zu erledigen haben: Stunden konzipieren, Schülern helfen, neue Konzepte zu verstehen und zu lernen, und sich mit Verhaltensstörungen und besorgten Eltern auseinandersetzen.

Was wäre, wenn du deinen Tag mit dieser einen Stunde Ruhe und Frieden starten könntest, die du dir erträumst? Mit einem aufgeräumten geistigen Raum, in dem du dein Gefühl von Eleganz und Würde wiederfinden und danach auf eine geordnete, selbstbestätigende Weise weitermachen kannst? Leider glaubst du, du könntest das nicht – oder vielleicht doch, irgendwann, aber nicht heute. Vielleicht, wenn du in Pension gehst oder eine andere Rolle im Erziehungssystem ausfüllst. Aber heute nicht.

Es ist kein Wunder, dass die meisten Lehrer den Tag damit beginnen, etwas aufzuschieben, den Zeitplan von irgendwelchen dringend erscheinenden Dingen bestimmen zu lassen und ihrem Unterbewusstsein damit die Botschaft zu schicken, dass sie nicht genug Energie oder auch nur Willenskraft haben, um aus dem Bett zu kommen. Sie denken, der neue Tag könne auch nur wieder im Chaos versinken, in dem die eigenen Ziele aus dem Fenster fliegen, während sie wie aufgezogen herumwuseln, um die unmittelbaren Bedürfnisse von anderen zu erfüllen.

Dazu kommt natürlich noch die Tatsache, dass die meisten Menschen sich selbst einschränkende Glaubenssätze und Überzeugungen auferlegen, indem sie sich einreden, sie seien nun mal keine Frühaufsteher. Dadurch entsteht ein Prokrastinationsmuster, bevor der Tag überhaupt angefangen hat.

Aber was wäre, wenn du das ändern könntest?

Was wäre, wenn du es als das erste Geschenk betrachten könntest, das das Leben dir morgens macht, wenn der Wecker klingelt? Früh aufzustehen schenkt dir die Zeit, die du brauchst, um die Person zu werden, die du sein musst, um all deine Ziele und Träume – für dich selbst, deine Familie und sogar deine Schüler – zu erreichen, während der Rest der Welt noch schläft.

Du denkst jetzt wahrscheinlich: *Das klingt ja alles toll. Aber ich bin nun mal kein Morgenmensch.*

Das verstehe ich. Wirklich. Damit sagst du nichts, was ich mir nicht auch schon tausendmal erzählt habe. Und glaub mir, ich habe sehr oft versucht, die Kontrolle über meinen Morgen zu übernehmen, und es nicht geschafft. Aber das war, bevor ich den *Miracle Morning* entdeckte.

Hör mir kurz zu. Ich wette, du willst nicht nur weniger gestresst sein, deinen Tag besser unter Kontrolle bekommen und dir das, was deine Schüler machen (und nicht machen), weniger zu Herzen nehmen, du würdest auch gern aufhören können, dir Sorgen darüber zu machen, dass am Ende des Geldes noch so viel Monat übrig ist, oder dass du deine Ziele verfehlen könntest, und all die starken negativen Gefühle loslassen, die diese Herausforderungen mit sich bringen. Habe ich recht? Diese Dinge stehen dir auf der Reise zum effektiven Lehrer im Weg, weil sie dein Selbstvertrauen beeinträchtigen und dich davon abhalten, dich in Bezug auf dich selbst und dein Leben gut zu fühlen.

Ich glaube fest an den Ratschlag, den man zu Beginn jeder Flugreise bekommt: Zieh dir erst selbst die Sauerstoffmaske an und hilf erst dann deinem Kind. Wenn du wegen Sauerstoffmangels das Bewusstsein verlierst, kannst du nämlich gar niemandem helfen.

Viele Lehrer können diese einfache Wahrheit nicht erkennen. Sie glauben, Erfolg bedeute, immer die zweite Geige spielen zu müssen. Dabei haben sie immer so viel zu tun, dass sie nie dazu kommen, sich um ihre eigenen Bedürfnisse zu kümmern. Mit der Zeit werden sie dadurch völlig erschöpft, nachtragend und überfordert.

Kommt dir das alles bekannt vor?.

Dann sage ich dir:

Der Morgen ist der Schlüssel zu allem.

Wichtiger als die Zeit, zu der du deinen Tag beginnst, ist die Denkweise, mit der du deinen Tag angehst.

Es ist zwar nicht unwahrscheinlich, dass du dieses Buch liest, wenn du schon seit Jahren Lehrer bist, es kann aber auch sein, dass du es in einer frühen Phase deines Lebens- und Karrierewegs in die Hand genommen hast, und das bedeutet, dass du dich überfordert fühlst und nach Lösungen suchst. Wenn das der Fall ist, ist es entscheidend, dass du lernst, den *Miracle Morning* umzusetzen, bevor du alles andere machst, damit du endlich ungestörte Zeit für dich bekommst. Hier ist die gute Nachricht: Es lohnt sich. Und es macht viel mehr Spaß und ist viel befriedigender, als du vielleicht erwartest.

Bevor wir allerdings genauer betrachten, wie du die Kontrolle über deinen Morgen übernehmen kannst, möchte ich dir erklären, warum du das überhaupt tun solltest. Denn glaub mir, sobald du die Wahrheit über den Morgen kennst, wirst du nie wieder einen verpassen wollen.

Warum der Morgen so wichtig ist

Je mehr du über die Macht des frühen Aufstehens und über Morgenrituale lernst, desto mehr häufen sich die Beweise, dass der frühe Vogel viel mehr bekommt als nur den Wurm. Hier sind ein paar der wichtigsten Vorteile, die du schon bald am eigenen Leib erfahren wirst.

Du wirst proaktiver und produktiver

Christoph Randler ist Biologieprofessor an der Universität Heidelberg. In der Juliausgabe des *Harvard Business Review* von 2010 erklärt Randler, dass „Menschen, die am Morgen ihre Leistungsspitze erreichen, besser für eine erfolgreiche Karriere positioniert sind, weil sie proaktiver sind als Menschen, die abends am leistungsstärksten sind."

Robin Sharma, *New-York-Times*-Bestsellerautor und weltberühmter Produktivitätsexperte, sagt: „Wenn man die produktivsten Menschen der Weltgeschichte studiert, merkt man schnell, dass sie alle eine Sache gemeinsam haben – sie sind alle Frühaufsteher." Wenn es irgendeinen Lebensbereich gibt, in dem es entscheidend ist, proaktiv und produktiv zu handeln, dann ist es der als erfolgreicher Lehrer.

Du siehst Probleme kommen und kannst ihnen rechtzeitig aus dem Weg gehen

In seinem Artikel stellt Randler die These auf, dass Frühaufsteher alle wichtigen Karten in der Hand halten. Sie sind „besser in der Lage, Probleme vorherzusehen und zu minimieren, sie sind proaktiv, haben größere berufliche Erfolge und verdienen letzten Endes höhere Gehälter." Er beschreibt, dass Frühaufsteher Probleme früher kommen sehen, und dass ihnen die Lösung leichter von der Hand geht. Wenn du mal darüber nachdenkst, wirst du schnell erkennen, dass das der Schlüssel dazu sein könnte, den Stress zu reduzieren, den man als Lehrer unvermeidlich bekommt.

Du planst wie ein Profi

Planung ist sehr wichtig für einen legendären Lehrer. Es heißt nicht umsonst: *Wenn du am Planen scheiterst, planst du damit schon dein Scheitern.* Frühaufsteher haben genug Zeit, ihren Tag zu organisieren, vorherzusehen, was auf sie zukommt, und sich darauf vorzubereiten. Unsere schläfrigeren Mitmenschen reagieren dagegen eher und überlassen dabei eine Menge dem Zufall. Bist du nicht auch gestresster, wenn du den Wecker überhörst und deshalb verschläfst? Früher aufzustehen, als du unbedingt musst, erlaubt dir, deinem Tag auf die Sprünge zu helfen. Während alle anderen herumrennen und (vergeblich) versuchen, ihren Tag in den Griff zu bekommen, bist du ruhig, cool und gefasst.

Du hast mehr Energie

Ein wichtiger Bestandteil deines neuen *Miracle Morning* besteht aus Bewegung, die von gestressten Lehrern oft vernachlässigt wird (oft schon allein deshalb, weil ihr Arbeitstag besonders früh beginnt). Dabei reichen schon ein paar Minuten Bewegung aus, um den Tag positiv gestimmt anzugehen – körperlich, geistig, emotional und sogar spirituell. Ein besser mit Blut versorgtes Gehirn kann klarer denken und sich auf das konzentrieren, was wichtig ist. Frischer Sauerstoff durchdringt jede Zelle deines Körpers und schenkt dir den ganzen Tag lang Energie. Deshalb sind Lehrer, die sich bewegen, auch gleich besser gelaunt und in Form, sie schlafen besser und werden produktiver.

Du genießt die Vorteile des Frühaufsteherlebens

Forscher der Universität von Barcelona haben vor kurzem Morgenmenschen – Frühaufsteher, die gern mit dem Sonnenaufgang aus den Federn kommen – mit Abendmenschen verglichen, mit Nachteulen, die lieber lange aufbleiben und morgens ausschlafen. Einer der Unterschiede, die sie dabei festgestellt haben, ist, dass Morgenmenschen mehr Durchhaltevermögen an den Tag legen und besser gegen Erschöpfung, Frustration und Schwierigkeiten gewappnet sind. Das bedeutet, dass sie weniger anfällig für Angstneurosen, Depressionen und Drogenabhängigkeit und insgesamt mit ihrem Leben zufriedener sind.

Klingt gar nicht schlecht, oder? Eine bessere Einstellung hat mir geholfen, eine stärkere Geisteshaltung zu entwickeln, die mich effektiver, effizienter, produktiver und insgesamt einfach *netter* gemacht hat. Das sind alles Eigenschaften, die dir auch helfen können und werden, ein besserer Lehrer zu werden.

Die Beweise sind gesichtet und die Experten haben gesprochen: *Im Morgen liegt das Geheimnis eines außerordentlich erfolgreichen Lebens.*

Im Morgen? Wirklich?

Ich gebe es zu. Von „Ich bin kein Morgenmensch“ über „Ich wäre gern ein Morgenmensch“ bis hin zu „Ich stehe jeden Morgen früh auf und es ist ein tolles Gefühl“ ist es ein weiter Weg. Aber wenn du ein wenig herumprobierst und dabei auch mal scheiterst, wirst du lernen, dein inneres Faultier zu überlisten, ihm den Wind aus den

Segeln zu nehmen und es letztendlich zu überwinden, damit du dir das frühe Aufstehen zur Gewohnheit machen kannst.

Nun gut, in der Theorie klingt das großartig, aber du schüttelst jetzt vielleicht den Kopf und denkst: „Das kann gar nicht sein. Ich stopfe jetzt schon genug Dinge für 27 Stunden in nur 24. Wie um alles in der Welt soll ich es schaffen, eine Stunde früher aufzustehen, als ich es bereits tue?“ Dem möchte ich entgegnen: Wie kannst du es nicht tun?

Das Wichtigste, was man verstehen muss, ist, dass es beim *Miracle Morning* nicht darum geht, sich selbst eine weitere Stunde Schlaf zu verweigern, damit der Tag noch länger und härter wird. Es geht nicht einmal darum, früher aufzuwachen. Es geht darum, *besser* aufzuwachen.

Über eine Million Menschen auf der ganzen Welt erleben jetzt schon jeden Tag ihren *Miracle Morning* und schwören darauf. Viele von ihnen waren früher Nachteulen. Wir haben einmal eine Umfrage unter den Mitgliedern der *Miracle Morning*-Community gemacht, und da gaben 72 Prozent von ihnen an, dass sie nie Frühaufsteher gewesen sind, bevor sie den *Miracle Morning* entdeckten. Aber jetzt schaffen sie es nicht nur, es tut ihnen gut. Das hat nichts damit zu tun, dass ihr Tag eine Stunde länger ist, sondern damit, dass es die *richtige* Stunde ist. Und das schaffst du auch.

Wenn du immer noch nicht daran glauben kannst, lass dir von mir sagen: Das Schwerste daran, eine Stunde früher aufzustehen, sind die ersten fünf Minuten. Das ist die entscheidende Zeit, in der du in deinem warmen Bett die Entscheidung treffen musst, entweder in den neuen Tag zu starten oder noch ein letztes Mal die Schlummertaste deines Weckers zu drücken. Das ist der Moment der Wahrheit. Die Entscheidung, die du in diesem Augenblick triffst, wird deinen Tag, deine Erfolgsaussichten und dein Leben verändern.

Deshalb sind diese ersten fünf Minuten der Punkt, an dem wir mit dem *Miracle Morning für Lehrer* ansetzen. Ab sofort wird es Zeit, dass du jeden Morgen gewinnst. Wenn wir den Morgen gewinnen, gewinnen wir nämlich gleich den ganzen Tag!

In den nächsten beiden Kapiteln werde ich dir das frühe Aufstehen leichter und aufregender machen, als es je in deinem Leben war (auch wenn du dich noch nie als Morgenmensch gesehen hast), und ich werde dir zeigen, wie du aus diesen neu gefundenen Morgenminuten mit den *Life S.A.V.E.R.S.* – den sechs mächtigsten, erwiesenermaßen wirksamsten Persönlichkeitsentwicklungen der Welt – das Beste herausholen kannst.

In Kapitel 4, 5 und 6 zeigen wir dir die nicht ganz offensichtlichen Lehrerprinzipien, die dafür sorgen werden, dass dein persönliches Wachstum sich immer weiter beschleunigt. Du wirst erfahren, wie du dein Leben so umstrukturierst, dass du endlose Energie bekommst, und wie du deine Fähigkeit optimierst, deine Ziele und die wichtigsten Aufgaben nicht aus den Augen zu verlieren.

In Kapitel 7, 8 und 9 werfen wir schließlich einen Blick auf die Fähigkeiten, die du meistern musst, um als Lehrer so unglaublich zu werden, wie du es jetzt noch nicht einmal zu hoffen wagst.

Obendrauf bekommst du noch ein Bonuskapitel von Hal, das du mit ziemlicher Sicherheit lieben wirst.

Das ist eine Menge Information, also gehen wir es am besten gleich an.

Legendäre Lehrer

DEBORAH SCHAENZER

Klasse 5 bis 6, Tom McCall Upper Elementary School

Lehrer zu sein, ist hart. Selbst nach fünfundzwanzig Jahren Erfahrung mit Fünft- und Sechstklässlern finde ich es oft nicht leicht, ihren Bedürfnissen gerecht zu werden. Schüler mit Traumata und Lernschwächen werden immer zahlreicher. Über ein Viertel meiner Schüler kann nicht richtig Englisch, einer davon ist sogar ganz neu im Land. Weil ich will, dass meine Schüler möglichst erfolgreich sind, suche ich immer nach neuen Möglichkeiten, ihnen zu helfen.

Als ich vom *Miracle Morning* hörte und erfuhr, wie er mit einer wachstumsorientierten Geisteshaltung und einem sensiblem Umgang mit Traumata zusammenpasst, war ich schnell überzeugt davon, dass er genau die Art von Hilfe ist, die meine Schüler brauchen.

Meine Klasse lernte die *Life S.A.V.E.R.S.* zu Beginn des Schuljahres 2017 kennen. Weil ich wusste, dass ich diese Gruppe von Fünftklässlern auch im nächsten Jahr wieder unterrichten würde, machte ich die Sechs-Minuten-Variante der *Miracle Morning Life S.A.V.E.R.S.* zu einem Teil der täglichen Routine. Ich war sicher, dass sich das auch dann noch auszahlen würde, wenn die Schüler in die sechste Klasse kamen.

Leider wurde unsere tägliche Routine unterbrochen, als die staatlichen Prüfungen begannen, deshalb mussten wir im letzten Monat des Schuljahres mit unseren *S.A.V.E.R.S.* aufhören. Der Unterschied, den das in unserem Klassenzimmer machte, war sogar für die Schüler deutlich zu erkennen. Als wir sie am Ende des Jahres befragten, gaben viele von ihnen zu, dass sie sich nervöser und weniger bereit für den Tag fühlten. Viele von ihnen wünschten sich, die *S.A.V.E.R.S.*-Routine hätte auch während der Prüfungsphase weitergehen können.

Im neuen Schuljahr führte ich die Sechs-Minuten-*S.A.V.E.R.S.* wieder ein, dieses Mal mit einem Fokus, der über das rein Schulische hinausging. Das bedeutete, dass wir darüber sprachen, welche Art von Person meine Schüler werden wollten, nicht nur, wie sie besser in der Schule werden könnten, während wir ihre neuen Affirmationen erschufen.

Der Klasse fiel es leicht, die Routine wieder aufzunehmen. Die Schüler bastelten Plakate mit Definitionen und Details darüber, wie man erfolgreich wird. Sie schauten sich ihre eigenen Noten an und entschieden, in welchen Bereichen sie sich verbessern mussten. Am Ende des Monats nahmen sie sich ein wenig Zeit, um herauszufinden, was für sie am besten funktioniert hatte.

Von den achtundzwanzig Schülern, die diese Bewertung vornahmen, waren fünfundzwanzig der Meinung, dass die *S.A.V.E.R.S.* ihnen etwas brachten, und wollten den Rest des Schuljahres damit weitermachen. Einige Schüler meinten sogar, dass Stille und Bewegung je zwei Minuten dauern sollten, weil das ihre Lieblingsübungen waren. Eine Schülerin schrieb: „Ich liebe die stille Minute. Da kann ich meinen Geist freimachen." Ein anderer Schüler schrieb: „Bewegung ist toll! Ich habe nämlich viel Energie und kann so ein bisschen davon loswerden."

Alle achtundzwanzig Schüler waren sich einig, dass alle Lehrer den *Miracle Morning* anwenden sollten. Eins meiner Mädchen schrieb: „Wieder zu dieser Routine zurückzukommen, hat mir geholfen, meinen Tag richtig anzufangen."

Schüler lieben Routine und sie wollen spüren, dass sie mehr sind als nur ein Notendurchschnitt. Als wir den Fokus weg von schulischen Leistungen verschoben und hin dazu, wer sie als Person sein wollten, trat eine dramatische Veränderung ein.

Die Schüler begannen, sich selbst zu fragen: „Würde ein erfolgreicher Schüler so etwas tun?" oder „Hilft mir das, mein Ziel zu erreichen?" Dass sie sich schon in so jungen Jahren so gut auf etwas zu konzentrieren lernen, sorgt dafür, dass sie im späteren Leben erfolgreiche Menschen werden, und das ist schließlich das Ziel, oder etwa nicht?

Legendäre Lehrer
ANGELA MCMILLAN
Homeschooling-Lehrerin für sieben Kinder

Ich bin Mutter von sieben Kindern zwischen drei und fünfzehn Jahren und unterrichte sie alle zu Hause. Dabei bin ich immer auf der Suche nach neuen Methoden, ihr Interesse zu wecken und zu halten. Der *Miracle Morning* fand bei mir gleich großen Anklang, weil ich immer schon der Meinung war, dass unsere besten Schultage immer dann passieren, wenn wir morgens aufstehen und gleich loslegen. Zu Hause verfällt man leicht in eine entspanntere Routine, weil der Druck, zu einer bestimmten Zeit in der Schule zu sein, wegfällt. Die *Miracle Morning*-Routine hat mir geholfen, einen persönlichen Standard für unsere Schule zu Hause zu setzen und zu halten.

Einer der tollen Aspekte an der *Miracle Morning*-Routine für Schüler ist, dass Kinder jeden Alters daran teilnehmen können. Ich war sehr überrascht, dass sogar meine Dreijährige verstand, was wir da machten. Sie machte gern und erfolgreich mit. Normalerweise ist sie ein eher lebhaftes, umtriebiges Kind, aber trotzdem schien ihr die Stille am besten zu gefallen, dicht gefolgt von den Affirmationen.

Mein elfjähriger Sohn lässt sich morgens leicht ablenken. Es ist für ihn nicht ungewöhnlich, dass er ab und zu im Schlafanzug zum Mittagessen kommt. Das hat sich durch den *Miracle Morning* komplett verändert. Ich bemerkte diese Veränderung am ersten Samstag, nachdem wir mit dem *Miracle Morning* angefangen hatten. Eigentlich hatte ich festgelegt, dass wir die Routine nur an unseren geplanten Schultagen, von Montag bis Freitag durchführen würden. An diesem Samstag stand er aber auf und machte ganz von selbst alle sechs *Life S.A.V.E.R.S.* Außerdem zog er sich an und machte sich fertig, bevor ich selbst überhaupt aufgestanden war. Ich weiß, dass er sich besser fühlt, wenn er seine Absichten für den Tag in den *Life S.A.V.E.R.S.* festlegt. Der *Miracle Morning* hat seinem Leben einen Fokus gegeben, den ich ihm bis dahin nicht hatte beibringen können.

Der *Miracle Morning* hat das Potenzial, das Verhalten von Schülern komplett zu verwandeln. Die Gewohnheit ist so stark, weil sie den Schülern das Gefühl gibt, ihr Leben selbst unter Kontrolle zu haben. Ich sehe sehr gerne, welche Veränderungen er im Leben meiner Schüler/Kinder bewirkt hat. Sie machten in der Schule besser mit und schienen sogar selbstständiger zu lernen. Ich bin der Meinung, dass der *Miracle Morning* eines der besten Werkzeuge ist, die ich ihnen für ihre Zukunft mit auf den Weg geben kann. In dieser Situation gewinnen beide Seiten, Lehrer und Schüler, weil sie beide an den gleichen täglichen Übungen lernen und wachsen können.

2. IN FÜNF MINUTEN ZUM FRÜHAUFSTEHER

Wenn man mal genauer darüber nachdenkt, ergibt es gar keinen Sinn, morgens die Schlummertaste zu drücken. Das ist, als würde man sagen: „Ich hasse es, morgens aufzuwachen, also mache ich es immer und immer und immer wieder."

DEMETRI MARTIN, Comedian

Hast du dir schon mal überlegt, dass die Art, wie wir unseren Tag beginnen, vielleicht der wichtigste Faktor davon ist, wie wir unser Leben gestalten? Wenn wir voll positiver Erwartung aufwachen und einen zielgerichteten, starken und produktiven Morgen erschaffen, schaffen wir damit die Grundlage dafür, den ganzen Tag zu gewinnen.

Trotzdem starten die meisten Menschen widerstrebend in den Tag und schieben eine Menge Dinge erst mal auf, indem sie die Schlummertaste drücken und bis zum letzten Moment warten, bevor sie sich aus ihrer warmen Decke schälen. Es ist zwar nicht unbedingt offensichtlich, aber dieser scheinbar unschuldige Akt sendet eventuell eine ungesunde Nachricht an unser Unterbewusstsein: Er programmiert unsere Psyche auf die unbewusste Überzeugung, dass wir nicht selbstdiszipliniert genug sind, um morgens aus dem Bett zu kommen – von allem anderen, was wir uns für unser Leben wünschen, ganz zu schweigen.

Anders ausgedrückt: Könnte es sein, dass es einen Einfluss auf unsere Persönlichkeitsentwicklung hat, wie wir morgens aufwachen? Und damit auf jeden unserer Lebensbereiche?

Am besten betrachtest du das morgendliche Klingeln des Weckers gleichzeitig als ein *Geschenk*, eine *Herausforderung* und eine *Chance*, die das Leben dir schenkt – jeden Tag. Es ist das Geschenk eines neuen Tages, die Herausforderung, die disziplinierte Entscheidung zum Aufstehen zu treffen, und die Chance, Zeit in deine Persönlichkeitsentwicklung zu investieren. Es erlaubt jedem von uns, die Person zu werden, die wir sein müssen, um uns das Leben zu erschaffen, das wir wirklich wollen. Und wir schaffen all das, während der Rest der Welt noch selig schlummert.

Wenn wir allerdings nicht die Strategie gelernt hätten, die wir dir gleich beibringen werden, würden auch Hal und ich – und über eine Million andere Menschen – jeden Morgen unseren Wecker verschlafen und uns an den einschränkenden Glauben klammern, *wir wären einfach keine Morgenmenschen.*

Die gute Nachricht ist, dass es möglich ist, das Aufstehen lieben zu lernen – und es jeden Tag ganz leicht zu schaffen –, auch wenn du noch *nie* ein Morgenmensch warst.

Ich weiß, das glaubst du mir jetzt vielleicht nicht. Im Moment denkst du vielleicht: *Das stimmt vielleicht für geborene Frühaufsteher, aber glaub mir, ich habe es versucht. Ich bin nun mal kein Morgenmensch.*

Es ist aber wahr. Das weiß ich, weil es mir früher auch einmal so ging. Ich habe möglichst lange geschlafen und bin erst im allerletzten Moment aufgestanden. Und selbst dann habe ich dafür eine Weile gebraucht. Ich war das, was Hal „schlummersüchtig" nennt. Ich hasste den Morgen und stand gar nicht gerne auf.

Und jetzt liebe ich ihn.

Wie habe ich das gemacht? Wenn mich die Leute fragen, wie ich mich in einen Morgenmenschen verwandelt habe – und mein Leben sich dabei von Grund auf verändert hat –, sage ich ihnen, dass ich es in fünf einfachen Schritten getan habe, einen nach dem anderen. Ich weiß, es mag geradezu unmöglich erscheinen. Aber glaub einer ehemaligen Schlummersüchtigen: Das schaffst du auch. Und zwar genau so, wie ich es getan habe.

Das ist die wichtigste Botschaft übers Aufwachen: Es ist möglich, sich zu ändern. Man wird nicht als Morgenmensch geboren, man macht sich dazu. Auch du kannst zum Frühaufsteher werden, und zwar in ein paar einfachen Schritten, die nicht die Willenskraft eines olympischen Marathonläufers erfordern. Ich behaupte, dass du den Morgen lieben lernen kannst, wenn das frühe Aufstehen zu etwas wird, was du nicht nur tust, sondern das *Teil deiner Persönlichkeit* ist. Dann wird das Aufwachen für dich zu dem, was es für Millionen andere bereits ist: mühelos.

Noch nicht überzeugt? Lass dich doch mal darauf ein! Ich stelle dir jetzt den fünfstufigen Prozess vor, der mein Leben verändert hat. Fünf einfache Anti-Schlummer-Schritte, die das Aufwachen – auch am *frühen* Morgen – so einfach wie nie zuvor machen. Ohne diese Strategie würde ich immer noch jeden Morgen meine(n) Wecker überhören oder die Schlummertaste drücken. Schlimmer noch, ich würde mich immer noch an den einschränkenden Glauben klammern, dass ich kein Morgenmensch bin.

Und ich hätte eine ganze Welt voller Möglichkeiten verpasst.

Das Problem mit dem Frühaufstehen

Mit dem frühen Aufstehen ist es ein wenig wie mit dem Laufen: Du denkst, du wärst kein Läufer – vielleicht *hasst* du es sogar –, bis zu dem Moment, in dem du ein Paar Laufschuhe zuschnürst, widerwillig vor die Tür trittst und in einem Tempo loslegst, das man gerade so eben als Laufen bezeichnen könnte. Du setzt einen Fuß vor den anderen, weil du dir vorgenommen hast, deine scheinbar unüberwindliche Abneigung gegen das Laufen zu besiegen. Das machst du ein paar Wochen lang, bis dir irgendwann aufgeht: *Ich bin ein Läufer!*

So ähnlich geht es dir, wenn du einen inneren Widerstand dagegen hast, früh aufzustehen und stattdessen immer wieder die Schlummertaste drückst und den Tag weiter aufschiebst. Dann bist du natürlich *noch* kein Morgenmensch. Aber wenn du einfach dem Prozess, den du gleich kennenlernen wirst, Schritt für Schritt folgst, dann wirst du in ein paar Wochen (oder vielleicht schon in ein paar Tagen) aufwachen und feststellen: *Ach du meine Güte, ich kann es gar nicht glauben … Ich bin ein Morgenmensch geworden!*

Gerade fühlst du dich wahrscheinlich motiviert, aufgeregt und optimistisch. Aber was passiert morgen früh, wenn dein Wecker klingelt? Wie motiviert wirst du sein, wenn du im warmen Bett liegst und ein schriller Wecker dich aus dem Tiefschlaf reißt?

Ich denke, wir wissen alle, was dann mit deiner Motivation passiert. Sie wird außer Betrieb genommen und durch Rechtfertigungen und Ausflüchte ersetzt. Und Rechtfertigungen sind gewiefte Dinger – in Sekundenschnelle können wir uns davon überzeugen, dass wir nur noch ein paar Minuten brauchen …

… und kaum, dass wir uns versehen, rennen wir durchs Haus, weil wir verschlafen haben und zu spät für die Arbeit und das Leben sind. Mal wieder.

Dieses Problem ist knifflig. Gerade dann, wenn wir unsere Motivation am dringendsten brauchen – in den ersten Momenten des Tages –, scheinen wir am wenigsten davon zu haben.

Die Lösung besteht also darin, die Motivation am Morgen zu steigern und den inneren Schweinehund zu überrumpeln. Dazu dienen die fünf folgenden Schritte. Jeder davon hat nur ein Ziel: dein sogenanntes Aufstehmotivationslevel (AML) zu erhöhen.

Früh morgens hast du wahrscheinlich ein niedriges AML. Du willst nichts anderes, als dich noch einmal umzudrehen, wenn dein Wecker klingelt. Das ist normal. Aber durch diesen Prozess kannst du ein hohes AML erreichen, das dich bereit macht, aufzuspringen und den Tag zu meistern.

Die fünfstufige Anti-Schlummer-Aufstehstrategie

Minute 1: Fass den Vorsatz, bevor du einschläfst

Der erste wichtige Schritt auf dem Weg zum Frühaufstehen ist es, zu verstehen, *dass der erste Gedanke, den wir morgens haben, meistens derselbe ist wie der letzte vor dem Einschlafen.* Ich gehe zum Beispiel jede Wette ein, dass du schon Nächte erlebt hast, in denen du kaum einschlafen konntest, weil du dich schon so auf das Aufstehen am nächsten Morgen gefreut hast, vielleicht als Kind an Weihnachten oder am ersten Tag einer großen Urlaubsreise. Als an diesem Tag der Wecker klingelte, schlugst du die Augen auf und warst sofort bereit, aufzustehen und dich in den Tag zu stürzen. Warum? Weil der letzte Gedanke, den du vor dem Einschlafen in Bezug auf den kommenden Morgen hattest, positiv war.

Wenn sich dein letzter Gedanke vor dem Einschlafen dagegen ungefähr so anhört: *Ich kann es nicht fassen, dass ich in sechs Stunden schon wieder aufstehen muss – ich werde ganz schön fertig sein,* dann wird dein erster Gedanke am Morgen ungefähr so klingen: *Oh, nein, waren das etwa schon sechs Stunden? Nein, ich will noch weiterschlafen!* Anders ausgedrückt: Es ist eine selbsterfüllende Prophezeiung und du erschaffst damit deine eigene Realität.

Der erste Schritt ist also, dich bewusst jeden Abend vor dem Einschlafen zu entscheiden, aktiv und aufmerksam eine positive Erwartung für den nächsten Tag zu erschaffen. Visualisiere sie und bestätige sie dir selbst.

Als Hilfestellung und um die richtigen Worte für eine wirksame Morgenaffirmation zu finden, kannst du auf www.TMMBook.com kostenlos die *Miracle Morning Bedtime Affirmations* herunterladen.

Minute 2: Stell deinen Wecker auf die andere Seite des Zimmers

Wenn du es noch nicht getan hast, stell jetzt deinen Wecker so weit vom Bett entfernt auf wie möglich. Wenn du dein Handy als Wecker benutzt, leg es an der anderen Seite des Zimmers oder sogar im

Bad ab. Das bedeutet nämlich, dass du morgens aufstehen und dich körperlich bewegen musst, um den Tag anzufangen. Bewegung erschafft Energie, also hilft es dir auf ganz natürliche Art und Weise beim Aufwachen, wenn du aufstehst und das Zimmer durchquerst.

Die meisten Leute haben ihren Wecker neben dem Bett stehen. Denk mal darüber nach: Wenn du deinen Wecker an einem Ort stehen hast, den du vom Bett aus gut erreichen kannst, schläfst du noch halb, wenn er klingelt und dein Aufstehmotivationslevel (also dein AML) ist noch niedrig, sodass es sehr schwer ist, die Disziplin zu finden, aufzustehen. Es kann sogar sein, dass du den Wecker wieder ausschaltest und es nicht mal merkst! Es ist uns allen schon passiert, dass wir uns eingeredet haben, der Wecker sei nur Teil unseres Traums – damit bist du nicht allein, glaub mir.

Indem du dich zwingst, aufzustehen, um den Wecker auszuschalten, schaffst du die perfekte Grundlage zum Frühaufstehen, indem du dein AML unmittelbar erhöhst.

Auf einer Skala von eins bis zehn liegt dein AML aber wahrscheinlich trotzdem noch bei ungefähr fünf. Du fühlst dich vermutlich eher schläfrig als wach, also ist die Versuchung immer noch groß, direkt wieder ins Bett zu kriechen. Um dein AML etwas weiter zu steigern, versuch es mal mit …

Minute 3: Putz dir die Zähne

Sobald du aufgestanden bist und den Wecker ausgeschaltet hast, geh direkt ins Bad und putz dir die Zähne. Ich weiß, was du jetzt wohl denkst: *Im Ernst? Du erzählst mir, dass ich mir die Zähne putzen soll?* Ja, genau! Wichtig daran ist, dass du in den ersten Minuten etwas tust, bei dem du nicht nachdenken musst, damit dein Körper Zeit hat, aufzuwachen.

Wenn du den Wecker ausgeschaltet hast, geh direkt ins Bad, putz dir die Zähne und spritz dir ein wenig warmes (oder kaltes) Wasser ins Gesicht. Diese einfache Tätigkeit wird dafür sorgen, dass dein AML weiter steigt. Jetzt ist dein Mund minzfrisch, also wird es Zeit für den nächsten Schritt:

Minute 4: Trink ein ganzes Glas Wasser

Es ist enorm wichtig, dass du dir morgens als Erstes Flüssigkeit zuführst. Nach sechs bis acht Stunden ohne Wasser bist du leicht dehydriert, und das macht schläfrig. Das ist häufig und zu jeder Tageszeit der Fall: Wenn man müde ist, braucht man oft gar keinen Schlaf, sondern mehr Wasser.

Nimm dir ein Glas oder eine Flasche Wasser (du kannst es auch machen wie ich und dir am Abend vorher schon Wasser bereitstellen) und trink es, so schnell du kannst. Damit holst du dir die Flüssigkeit zurück, die du im Schlaf verloren hast.

Übrigens, die Nebenwirkungen davon, morgens erst mal ein Glas Wasser zu trinken, sind bessere, jünger aussehende Haut und Unterstützung dabei, ein gesundes Gewicht zu halten. Nicht schlecht, oder?

Das Glas Wasser hebt dein AML noch mal ein bisschen an, also kannst du weitermachen.

Minute 5: Zieh deine Sportsachen an (oder spring unter die Dusche)

Beim fünften Schritt hast du zwei Auswahlmöglichkeiten:

Entweder ziehst du deine Sportkleidung an, damit du sofort bereit bist, in deinen *Miracle Morning* zu starten, wenn du das Schlafzimmer verlässt. Du kannst dir die Kleider entweder zurechtlegen, bevor du ins Bett gehst, oder sogar darin schlafen (ja, im Ernst!). Für Lehrer ist die Vorbereitung am Vorabend besonders wichtig, damit du morgens gleich richtig loslegen kannst. Wenn du Kinder hast, kannst du das auch zu einem Teil ihres Zubettgehrituals machen, damit sie die Gewohnheit ebenfalls gleich aufbauen.

Die zweite Möglichkeit ist, direkt unter die Dusche zu gehen. Dadurch steigt dein AML ganz schnell auf ein Niveau, das es dir viel leichter macht, wach zu bleiben. Ich persönlich ziehe mich lieber an, weil ich nach der Bewegungseinheit sowieso duschen muss, und weil ich es schöner finde, das Gefühl zu haben, dass ich mir die Dusche wirklich verdient habe. Viele andere duschen aber lieber, weil es ihnen beim Wachwerden hilft und sie dadurch erfrischt in den Tag starten können. Du hast die Wahl.

Unabhängig davon, für welche Variante du dich entscheidest, wenn du diese fünf einfachen Schritte ausgeführt hast, sollte dein AML hoch genug sein, dass es dich nicht mehr viel Disziplin kostet, für deinen *Miracle Morning* wach zu bleiben.

Vergleich das mal mit dem Versuch, dich zu einem *Miracle Morning* durchzuringen, wenn dein Wecker gerade erst geklingelt hat und dein AML bei fast null ist. Da dürfte es dir viel schwerer fallen, dich dafür zu entscheiden. Mit den fünf Schritten baust du Schwung auf, sodass du innerhalb von nur ein paar Minuten bereit für den Tag bist, statt dich müde und schlapp zu fühlen.

Mir ist es noch nie passiert, dass ich diese ersten fünf Minuten geschafft habe und mich dann dafür entschieden habe, wieder zurück ins Bett zu gehen. Sobald ich aufgestanden bin und mich zielstrebig durch den Morgen bewege, wird es immer einfacher, den Tag ebenfalls zielgerichtet zu verbringen.

Miracle Morning-Bonustipps zum Aufwachen

Diese Strategie hat zwar schon für Tausende von Menschen funktioniert, aber es gibt noch mehr Hilfestellungen, die es dir leichter machen können, morgens aufzustehen. Hier sind ein paar, die ich von anderen Anwendern des *Miracle Morning* gehört habe:

- Die *Miracle Morning Bedtime Affirmations.* Wenn du es noch nicht getan hast, nimm dir jetzt einen Moment Zeit und lade diese energiespendenden, zielausrichtenden Morgenvorsätze kostenlos auf www.TMMBook.com herunter. Nichts macht es leichter, vor dem Wecker aufzuwachen, als den eigenen Geist genau darauf zu programmieren, was man will.

- Nutze eine Zeitschaltuhr für das Licht im Schlafzimmer. Einer der Fans von *Miracle Morning* hat uns verraten, dass er das

Licht in seinem Schlafzimmer über eine Zeitschaltuhr steuert, wie man sie online oder im Baumarkt bekommt. Wenn sein Wecker klingelt, geht im Schlafzimmer das Licht an. Was für eine tolle Idee! Es ist viel leichter, wieder wegzudösen, wenn es dunkel ist. Wenn das Licht angeht, wissen Körper und Geist, dass es Zeit zum Aufstehen ist. Wenn du keine Zeitschaltuhr benutzt, solltest du unbedingt das Licht einschalten, sobald du den Wecker ausgeschaltet hast.

- Nutze eine Zeitschaltuhr für die Heizung im Schlafzimmer. Eine andere *Miracle Morning*-Anwenderin hat uns erzählt, dass sie im Winter einen Timer für ihre Schlafzimmerheizung benutzt und sie jeden Tag eine Viertelstunde vor dem Aufwachen einschalten lässt. Nachts stellt sie eine kühlere Temperatur ein, aber zum Aufstehen hat sie es lieber warm, damit sie nicht so stark in Versuchung kommt, wieder zurück unter die Decke zu kriechen.

Natürlich kannst du dir auch selbst Schritte für die fünfstufige Anti-Schlummer-Aufwachstrategie ausdenken und sie auf deine persönlichen Bedürfnisse anpassen.

Wenn du Lust hast, deine Erkenntnisse mit anderen zu teilen, würden wir uns sehr freuen, sie zu hören. Bitte poste sie unter www.MyTMMCommunity.com in die *Miracle Morning*-Community.

Beim konsequenten und einfachen Aufwachen geht es darum, eine effektive, vorher festgelegte Schritt-für-Schritt-Strategie zu haben, um dein AML am Morgen zu erhöhen.

Warte nicht, probiere es gleich aus! Beginne heute Abend mit der Lektüre der *Miracle Morning Bedtime Affirmations*, platziere deinen Wecker woanders, stell dir ein Glas Wasser auf den Nachttisch und nimm dir fest vor, auch die verbleibenden zwei Schritte durchzuführen.

Leg sofort los!

Du brauchst nicht auf irgendetwas zu warten, bis du die Gestaltung deiner neuen, wunderbaren Zukunft anpacken kannst. Wie Anthony Robbins einmal gesagt hat: „Wann ist dieses JETZT, dieser perfekte Zeitpunkt, etwas zu tun?" Genau jetzt ist doch perfekt! Es stimmt: Je früher du anfängst, desto eher wirst du Ergebnisse sehen, darunter mehr Energie, eine bessere Einstellung und natürlich eine glücklichere Schulklasse.

Schritt Eins: Stell deinen Wecker jetzt sofort 30 bis 60 Minuten früher als normal und lass ihn 30 Tage so stehen. Das ist alles: nur 30 bis 60 Minuten für 30 Tage, ab sofort. Außerdem solltest du unbedingt eine Stunde für deinen ersten *Miracle Morning* in deinen Kalender eintragen – und zwar gleich für *morgen*. Richtig gehört, *du brauchst nicht erst dieses Buch fertigzulesen* und dadurch deinen Start aufzuschieben.

Wenn du jetzt einen gewissen Widerstand spürst, liegt das vielleicht daran, dass du in der Vergangenheit bereits versucht hast, etwas zu verändern, dass es aber nicht geklappt hat. In diesem Fall habe ich einen Vorschlag für dich: Blättere jetzt vor zu Kapitel 10, „Die 30-Tage-*Miracle-Morning*-Challenge", und lies es durch.

Darin findest du die richtige Geisteshaltung und Strategien, die dir nicht nur helfen, den Anfangswiderstand zu überwinden, sondern dir darüber hinaus auch noch die effektivste Methode an die Hand geben, dir eine neue Gewohnheit zuzulegen und sie durchzuhalten. Am besten funktioniert das, wenn du zu Anfang bereits an das Ende denkst.

Lass ab heute und zunächst mal für die nächsten 30 Tage deinen Wecker so stehen, dass du eine Stunde früher aufwachst, als du eigentlich müsstest. Nutze die Zeit, jeden Tag mit einem *Miracle Morning* in den Tag zu starten, damit du zu der Person werden kannst, die du sein musst, um dich, deine Familie und deine Schüler zu außergewöhnlich großem Erfolg und absoluter Zufriedenheit zu führen.

Was du mit dieser Stunde genau anfangen sollst, erfährst du im nächsten Kapitel. Bis dahin empfehle ich dir, während des *Miracle Morning* einfach weiter in diesem Buch zu lesen, bis du die ganze Routine gelernt hast.

Schritt Zwei: Du hast es vielleicht schon gemacht, aber wenn nicht, möchten wir dich einladen, dich entweder auf www.MyTMMCommunity.com, in der *Miracle Morning*-Community oder auf www.TMMTeacherCommunity.com, in der *Miracle Morning*-Community für Lehrer anzumelden (oder sogar in beiden). Dort findest du Unterstützung durch andere gleichgesinnte Frühaufsteher, von denen einige den *Miracle Morning* schon seit Jahren anwenden.

Schritt Drei: Finde jemanden, dem du über deinen *Miracle Morning* Rechenschaft ablegst. Bitte jemanden – einen anderen Lehrer, deinen Partner oder deine Partnerin, Freunde, Familienmitglieder, Mitarbeiter oder jemanden, den du in der *Miracle Morning*-Community kennengelernt hast –, mit dir auf diese Abenteuerreise zu gehen, damit ihr euch über eure Fortschritte austauschen und euch gegenseitig Rechenschaft ablegen könnt, bis der *Miracle Morning* ein Teil von dir geworden ist.

Okay, kommen wir jetzt zu den sechs wirksamsten, nachgewiesenen Methoden der Persönlichkeitsentwicklung, die es je gab – zu den *Life S.A.V.E.R.S.*

Legendäre Lehrer

ALLISON DILLARD

Mathematikprofessorin, Rednerin und Autorin von "Crush Math Now" und "Raise Your Math Grade"

Ich lehre Grundlagen der Algebra an einem Berufskolleg, die niedrigste Stufe, in die Matheschüler eingeteilt werden können. Meine Schüler haben oft wenig Selbstwertgefühl, starke Ängste und kaum mathematisches Wissen.

An unserem ersten Schultag schrieb ich *S.A.V.E.R.S.* an die Tafel und erklärte, wie mir der *Miracle Morning* geholfen hat und wie Matheschüler ebenfalls davon profitieren können. Danach begannen wir einen Monat lang jede Stunde mit sechs Minuten *Life S.A.V.E.R.S.*

Während der **Stille** bat ich meine Schüler, sich aufrecht hinzusetzen, die Augen zu schließen und tief durchzuatmen. Dann sagte ich ihnen, sie sollten ihre Unsicherheit loslassen und sich auf die Herausforderungen konzentrieren, vor die ich sie stellte. Später während des Monats ließ ich sie frei mit Stille experimentieren. Manche machten weiter die Atemübungen, andere meditierten und eine dritte Gruppe betete.

Für die **Affirmationen** schrieben die Schüler ihre Matheziele auf. Wollten sie den Kurs nur gerade so bestehen? Oder im nächsten Test eine Eins schreiben? In jeder Stunde schrieben sie ein bisschen mehr, zum Beispiel, warum ihnen ihre Ziele wichtig waren oder wie sie sie erreichen würden. Außerdem dachten sie noch einmal über ihre Ziele nach und erweiterten oder präzisierten sie.

Anstelle einer **Visualisierung** schrieb ich eine Matheaufgabe an die Tafel und bat sie, sich jeden einzelnen Rechenschritt in der richtigen Reihenfolge vorzustellen. So konnte ich ihnen helfen, ihr mathematisches Grundlagenwissen zu verbessern.

Mit der **Bewegung** experimentierten wir ein bisschen herum und probierten alles von Kniebeugen (die sie hassten) bis Dehnübungen (die sie liebten) aus.

Danach gab ich der ganzen Klasse einen Absatz zu **lesen**. Dabei ging es um alles Mögliche: von Tipps, wie man Mathetests am besten besteht, über einen Artikel, in dem Kobe Bryant übers Scheitern spricht, bis hin zu den Ergebnissen einer Forschungsreihe zum Thema Prüfungsangst. Die paar Mal, bei denen ich einen Text auswählte, der nicht besonders interessant war, fühlte es sich wie eine verschwendete Minute an. Wenn ich aber einen Text fand, der motivierend oder informativ war, war die eine Leseminute besonders stark.

Das **Schreiben** lief in jeder Schulstunde anders. Manchmal schrieben die Schüler etwas über den Text, den sie gerade gelesen hatten, oder sie beschrieben ihre Angst vor der Mathematik und brainstormten Lösungen dafür. Manchmal bearbeiteten sie auch die Ziele, die sie sich für die Affirmationen gesetzt hatten, oder dachten sich neue aus. Jede der Schreibübungen war auf eine andere Weise hilfreich.

Das Ergebnis unseres *Miracle Morning*-Monats hat mich überrascht. Die Teilnahmequoten und der Anteil an vollständig erledigten Hausaufgaben stiegen auf über 90 Prozent. So hoch waren sie noch nie in diesem Kurs. Die Durchschnittsnoten in Tests waren unglaublich, obwohl ich es ihnen absichtlich ein bisschen schwer machte. Ängstliche Schüler merkten, dass es ihnen half, mit ihren Problemen umzugehen, wenn sie meditierten und über ihre Ängste schrieben. Schüler, denen es an Motivation und Disziplin mangelte, sagten, dass es ihnen viel leichter fiele, regelmäßig zur Schule zu kommen und die Hausaufgaben zu erledigen, seit sie ihre Affirmationen aufgeschrieben und gelesen hatten. Viele Schüler gaben außerdem an, dass die Visualisierungsübungen ihnen beim Lernen für Tests geholfen hätten.

Ich liebe den *Miracle Morning*. Er hat mir geholfen, einen langweiligen Mathe-Pflichtkurs, den die meisten Studenten nur belegen, weil sie es müssen, in etwas zu verwandeln, was sie für den Rest ihres Lebens positiv beeinflussen wird.

Legendäre Lehrer
ASHLEY WEISZ

Lehrerin an der Acton Academy West-Grundschule in Austin, Texas

Als ich meinen College-Abschluss machte, lernte ich ganz schnell, dass der *Miracle Morning* etwas Besonderes ist. In meinem ersten Jahr als Lehrerin brauchte ich dringend etwas, das mich auf den Boden der Tatsachen zurückbrachte. In diesem Jahr habe ich unter anderem diese Dinge gegoogelt:

> Wie man eine Grundschulklasse managt.
> Wie man während des ersten Lehrerjahrs nicht im Auto weint. (Ich weinte während dieses ersten Jahres jeden Tag. Ich glaube, das geht allen Lehrern so.)

Wir wissen alle, dass unsere Online-Aktivitäten alle miteinander verknüpft sind, und so erschien eines Tages der *Miracle Morning* auf meiner Pinterest-Pinnwand unter den Dingen, die mir auch gefallen könnten. Ich klickte auf den Link, und mein Leben veränderte sich für immer. Ab diesem Moment wurde mein Morgen für mich zu Stunden, die mir heilig waren, und die mich zu einer stärkeren, selbstbewussteren Lehrerin machten. Als ich die Möglichkeit bekam, meiner Klasse den *Miracle Morning* zu zeigen, war ich mehr als bereit dazu und sogar ein bisschen aufgeregt. Nach unserer ersten Visualisierung wusste ich, dass sie sich genauso fühlten wie ich nach meiner ersten *Miracle Morning*-Erfahrung.

Am ersten Morgen fühlte sich das Ganze noch ein wenig ungelenk an. Meine Schüler rutschten viel herum, linsten aus einem Auge nach den anderen und malten Kreise, statt zu schreiben. Trotzdem merkte ich sofort einen Unterschied, was die wichtigsten Fähigkeiten in der Schule betraf. Wir entschieden uns, statt der *S.A.V.E.R.S.* lieber *S.A.V.S.E.R.* zu machen. Ich bin nämlich der Meinung, dass Lesen eine so persönliche, individuelle Aktivität ist, dass man sie überall machen können sollte, wo man sich wohlfühlt: auf einem Sitzsack, im Liegen unter dem Tisch, im Sitzen auf dem Tisch, auf dem Boden oder einem Teppich oder an ein Bücherregal gelehnt. Diese Reihenfolge funktionierte perfekt für uns. An den Tagen, die wir mit einem *Miracle Morning* begannen, waren wir doppelt so produktiv wie an den Tagen zuvor, als wir noch nicht zielgerichtet in den Tag gestartet waren. Und das fanden auch die Schüler!

„Ich finde es toll, wie der *Miracle Morning* mich aufweckt! Ich bin kein Frühaufsteher, aber der *Miracle Morning* hat mir geholfen, einer zu werden. Besonders gut gefallen mir die Visualisierungen, weil sie mir zeigen, wie ich einen guten Tag haben WERDE – und danach habe ich immer einen guten Tag." – Cameron

„Ich habe mich wegen des *Miracle Morning* in der Schule verändert. Wenn wir jeden Tag die Visualisierungen machen, sagen wir, ich suche mir ‚ICH BIN POSITIV' aus, dann bin ich an diesem Tag superpositiv. Wenn ich jetzt beim Basketball danebenwerfe, sage ich ‚Das war so nah dran', nicht ‚Was?! Der hätte reingehen sollen … Oh Mann!'" – Slaton

„Der *Miracle Morning* macht einen klaren Kopf und beruhigt mich. Er macht mir ein ganz neues Körpergefühl und schickt meinen Geist auf eine erfolgreiche Bahn, nicht auf eine düstere." – Clara

„Stell dir vor, du bist eine Blume. Du musst bald aufblühen, aber du weißt nicht, wie das geht. Du brauchst Wasser, Sonne und ganz viel Liebe von anderen, aber es ist deine Aufgabe aufzublühen. Zum Glück gibt es einen Gärtner, der dir jede Menge Liebe, Wasser und Sonne gibt. Man kann nämlich nicht ALLES alleine schaffen. Man braucht Liebe von anderen, und das kann man mit dem *Miracle Morning* visualisieren." – Sophie E.

Nachdem wir diese Zeit miteinander verbracht hatten, hatten wir uns als Gemeinschaft verändert. Meine Schüler bitten mich täglich darum, und meine Schule hat inzwischen beschlossen, den *Miracle Morning* zu einem Teil unseres regulären Stundenplans zu machen.

3. DIE LIFE S.A.V.E.R.S.

Sechs Methoden, mit denen du garantiert kein Potenzial im Leben mehr verschwendest

Was Hal unter der Abkürzung S.A.V.E.R.S. geschaffen hat, ist eine Mischung aus den besten Methoden, die die Menschheit über Jahrhunderte bewusster Entwicklung geschaffen hat, eingedampft auf die „Besten der Besten" und eingegossen in ein Morgenritual. Ein Ritual, das inzwischen auch Teil meines Tages geworden ist.

Viele Menschen wenden einen der S.A.V.E.R.S. täglich an. Viele Leute kümmern sich zum Beispiel um das ***E****, indem sie sich jeden Morgen bewegen. Andere nutzen das* ***S*** *für Stille und Meditation, oder das andere* ***S****, indem sie schreiben oder Tagebuch führen. Aber bis Hal das S.A.V.E.R.S.-Paket schnürte, hatte niemand alle sechs der uralten Spitzenmethoden jeden Morgen genutzt. Der Miracle Morning ist perfekt für vielbeschäftigte, erfolgreiche Menschen. Jeden Morgen die S.A.V.E.R.S. durchzugehen fühlt sich an, als würde ich meinen Körper, meinen Geist und meine Seele mit Raketentreibstoff betanken – und das jeden Tag, bevor ich in den Tag starte.*

ROBERT KIYOSAKI, Bestsellerautor von *Rich Dad Poor Dad*

Die meisten Menschen leben auf der falschen Seite einer deutlichen Lücke, die das, was wir sind, von dem trennt, was wir werden können. Diese Lücke hindert uns daran, das Leben zu erschaffen, das wir uns wirklich wünschen. Frustriert von uns selbst und unserem ständigen Mangel an Motivation, Einsatz und Ergebnissen in einem oder mehreren unserer Lebensbereiche *denken* wir viel zu viel darüber nach, was wir tun sollten, um zu erreichen, was wir wollen, statt es einfach zu *tun*. Wir wissen nämlich meistens, was wir tun müssten, aber wir wenden dieses Wissen nicht konsequent an.

Geht es dir manchmal auch so? Als läge das Leben, das du dir wünschst – und der Mensch beziehungsweise der Lehrer, der du sein müsstest, um es zu erschaffen – gerade außerhalb deiner Reichweite?

Denkst du nicht auch manchmal, dass die anderen Lehrer, die in einem bestimmten Bereich besonders gut sind oder auf einem Niveau handeln, das du selbst einfach nicht hast, irgendein Geheimnis kennen, du aber nicht? Als wüssten sie etwas, das du nicht weißt, weil du sonst auch alles schaffen könntest?

Als Hal zum zweiten Mal in seinem Leben ganz unten ankam (das erste Mal passierte, als er nach einem Autounfall sechs Minuten lang klinisch tot war, das zweite Mal, als er in der Wirtschaftskrise von 2008 komplett pleite ging), fühlte er sich verloren und deprimiert. Was er auch ausprobierte, keine der Methoden, die er kannte, funktionierte. Seine Situation wollte einfach nicht besser werden. Also machte er sich auf die Suche nach der schnellsten, effektivsten Strategie, um sein Leben wieder in die Spur zu bekommen und seinen Erfolg auf die nächste Stufe zu heben. Er sammelte die besten Methoden zur Persönlichkeitsentwicklung, die von den erfolgreichsten Menschen der Welt benutzt werden.

Nachdem er sechs bewährte, nachgewiesene Methoden der Persönlichkeitsentwicklung gefunden hatte, die über alle Zeiten Gültigkeit haben, versuchte er zunächst herauszufinden, ob darunter eine oder zwei waren, die ihm schneller Erfolg verschaffen konnten als die anderen. Dann fragte er sich aber: *Was passiert eigentlich, wenn ich alle sechs Methoden anwende?*

Also probierte er es aus. Nachdem er zwei Monate lang alle sechs Methoden nahezu jeden Tag angewandt hatte, erreichte er bereits Ergebnisse, die man mit Fug und Recht als wundervoll bezeichnen kann. Er ließ seine Depression hinter sich, sein Einkommen stieg um mehr als das Doppelte, und er begann sofort damit, für einen 52-Meilen-Ultramarathon zu trainieren – ironischerweise, denn er lief eigentlich gar nicht gern. Um genau zu sein, hasste er es richtiggehend und war noch nie weiter als eine Meile gelaufen. Aber seine neue Geisteshaltung sagte ihm, dass er seine körperlichen, geistigen und emotionalen Fähigkeiten auf ein bisher ungeahntes Niveau anheben könnte, wenn er sich nur fest genug vornahm, an einem einzigen Tag zweiundfünfzig Meilen am Stück zu laufen. Anders ausgedrückt: Er entschied, sich jeden Tag Zeit für die *S.A.V.E.R.S.* zu nehmen, um die erstklassige Person zu werden, die er sein musste, wenn er sich ein erstklassiges Leben erschaffen wollte.

Egal, ob du heute schon erfolgreich bist, wie der Selfmade-Multimillionär Robert Kiyosaki (der fast jeden Morgen mit einem *Miracle Morning* und den *Life S.A.V.E.R.S.* beginnt), oder ob du das Gefühl hast, das Leben, das du dir wünschst – und die Person, von der du weißt, dass du sie werden kannst –, liegt gerade außerhalb deiner Reichweite: Mit den *Life S.A.V.E.R.S.* ist es so gut wie garantiert, dass du das außergewöhnliche Leben bekommst, das du wirklich willst und verdienst.

Warum die Life S.A.V.E.R.S. funktionieren

Bei den *Life S.A.V.E.R.S.* handelt es sich um einfache, aber zutiefst wirksame, tägliche Morgenrituale, mit denen es praktisch garantiert ist, dass du mehr wirst und dein Potenzial erfüllst. Sie schenken dir Raum, um mehr Klarheit zu erlangen und helfen dir, dein Leben so zu planen und gestalten, wie du es dir wünschst. Sie erlauben dir, jeden Morgen den Höhepunkt deines körperlichen, geistigen, emotionalen und spirituellen Befindens zu erreichen, dieses Befinden konstant verbessern und jederzeit Höchstleistungen zu erbringen.

Ich weiß, ich weiß. Du hast keine Zeit.

Bevor ich mit dem *Miracle Morning* begann, wachte ich auch jeden Tag im größten Chaos auf und hatte kaum Zeit, mich anzuziehen, abzufüttern und zur Tür hinaus zu stürzen, bevor die Hektik des Tages begann. Du denkst wahrscheinlich, dass du es jetzt schon kaum schaffst, alles unterzubringen, was du tun *musst*, geschweige denn, was du tun *willst*.

Ich hatte vor dem *Miracle Morning* auch „keine Zeit". Und dennoch bin ich jetzt hier, mit mehr Zeit, mehr Wohlstand und mehr Frieden, als ich es zuvor hatte.

Mach dir klar, dass dir der *Miracle Morning* mehr Zeit schenken wird. Die *Life S.A.V.E.R.S.* sind das Werkzeug, das dir hilft, mit dem Kern deines Wesens Kontakt aufzunehmen und mit einem Ziel vor Augen aufzuwachen, nicht mit einer Menge Pflichten. Diese Methoden helfen dir, Energie aufzubauen, Prioritäten klarer zu sehen und einen produktiven Ablauf für dein Leben zu finden.

Mit anderen Worten: Die *Life S.A.V.E.R.S. rauben* dir keine Zeit aus deinem Tag, sondern *schenken* dir letzten Endes sogar mehr davon.

Jeder Buchstabe in *S.A.V.E.R.S.* steht für eine Methode, wie sie die erfolgreichsten Menschen der Welt anwenden. Von berühmten Filmstars über Weltklassesportler bis hin zu CEOs und Unternehmern wirst du kaum einen Höchstleistungsträger finden, der nicht auf mindestens einen der *S.A.V.E.R.S.* schwört.

Auf der anderen Seite dürfte es dir allerdings auch schwer fallen, einen Höchstleistungsträger zu finden, der auch nur die Hälfte der *Life S.A.V.E.R.S.* anwendet, ganz zu schweigen von allen (naja, ich schätze, das verändert sich gerade, wo Hal jetzt der Welt den *Miracle Morning* vorgestellt hat).

Deshalb ist der *Miracle Morning* so wirksam: Du machst dir die bahnbrechenden Vorteile von nicht nur einer, sondern von *allen sechs der besten Methoden* zunutze, die die Menschheit im Lauf von Jahrhunderten bewusster Entwicklung entwickelt hat, kombiniert zu einem kurzen und komplett auf deine Bedürfnisse anpassbaren Morgenritual.

Das sind die *Life S.A.V.E.R.S.*:

- **S**ilence – Stille
- **A**ffirmations – Affirmationen
- **V**isualization – Visualisierung
- **E**xercise – Bewegung
- **R**eading – Lesen
- **S**cribing – Schreiben

Diese Methoden werden dir helfen, deine Persönlichkeitsentwicklung durch den neu entdeckten *Miracle Morning* massiv zu beschleunigen. Du kannst sie an dich, deinen Lebensstil und deine eigenen Ziele anpassen. Und du kannst gleich morgen früh damit anfangen.

Schauen wir uns die sechs Methoden zunächst einmal im Detail an:

S wie Silence – Stille

Stille, die erste der *Life S.A.V.E.R.S.*-Methoden, ist eine wichtige Gewohnheit für Lehrer. Wenn du auch schon mal deinen Tag damit angefangen hast, dir dein Handy zu schnappen oder dich an den Computer zu setzen, nur um in der schier endlosen Flut aus E-Mails, Telefonaten, Social-Media-Benachrichtigungen und SMS zu ertrinken, ist das deine Gelegenheit, jeden Tag mit friedlicher, zielgerichteter *Stille* zu beginnen.

Wie bei den meisten Menschen fing auch mein Tag vor dem *Miracle Morning* mit dem Schrillen des Weckers an, der mir befahl, dass ich jetzt aufstehen musste. Danach rennen die meisten Leute von morgens bis abends hin und her und versuchen verzweifelt, ihren Tag unter Kontrolle zu bekommen. Das ist kein Zufall. Wenn du stattdessen jeden Tag mit einer Zeit der Stille beginnst, baust du dadurch Stress ab und kannst den Tag mit der Ruhe und der Klarheit beginnen, die du brauchst, um dich auf das Wesentliche zu konzentrieren.

Viele der erfolgreichsten Menschen der Welt umgeben sich jeden Tag mit Stille. Daran kannst du sehen, wie wichtig es ist. Es überrascht dich wahrscheinlich nicht, dass Fernsehstar Oprah Winfrey regelmäßig meditiert – und dass sie außerdem fast alle der anderen *Life S.A.V.E.R.S.* anwendet. Die Musikerin Katy Perry praktiziert Transzendentale Meditation, ebenso wie Sheryl Crow und Sir Paul McCartney. Film- und Fernsehstars wie Jennifer Aniston, Ellen DeGeneres, Jerry Seinfeld, Howard Stern, Cameron Diaz, Clint Eastwood und Hugh Jackman haben alle schon in Interviews von ihren täglichen Meditationsmethoden erzählt. Der Hip-Hop-Mogul Russell Simmons meditiert jeden Morgen 20 Minuten lang mit seinen beiden Töchtern. Sogar die berühmten Milliardäre Ray Dalio und Rupert Murdoch führen ihren finanziellen Erfolg darauf zurück, dass sie sich täglich mit Stille umgeben. Du bist also in guter (und stiller) Gesellschaft, wenn du es auch versuchst.

Wenn es jetzt so klingt, als würde ich dich bitten, einfach nur nichts zu tun, muss ich wohl noch ein bisschen mehr ins Detail gehen. Du hast eine Menge Möglichkeiten zur Auswahl, wie du deine stille Zeit am besten nutzt. Hier sind ein paar Vorschläge für den Anfang:

- Meditation
- Gebet
- Reflexion
- Tiefenatmung
- Dankbarkeit

Was auch immer du für dich auswählst, stell sicher, dass du dabei nicht im Bett bleibst. Am besten verlässt du dein Schlafzimmer dafür komplett.

In einem Interview mit der Zeitschrift *Shape* sagte die Schauspielerin Kristen Bell: „Mach jeden Morgen 10 Minuten lang meditatives Yoga. Wenn du ein Problem hast – mit dem Straßenverkehr, mit deinem Kerl oder bei der Arbeit – kann sich dank Meditation alles so entwickeln, wie es soll."

Fürchte dich nicht davor, deinen Horizont zu erweitern. Meditation hat viele Gesichter. Angelina Jolie erzählte im *Stylist*-Magazin einmal: „Ich finde meine Meditation, wenn ich eine Stunde lang mit den Kindern auf dem Boden sitze und male, oder auf dem Trampolin. Tu etwas, das du liebst und das dich glücklich macht – das ist deine Meditation."

Die Vorzüge der Stille

Wie oft sind wir im Stress? Wie oft müssen wir uns mit dringenden Dingen auseinandersetzen, die uns von unserer Vision oder unserem Plan ablenken? Stress ist eine der häufigsten Nebenwirkungen des Lebens als Lehrer. Wir müssen uns täglich der allgegenwärtigen Ablenkung durch andere Menschen stellen, die ebenso in unseren Zeitplan eingreifen wie die unvermeidlichen Notfälle, um die wir uns kümmern müssen. Deine Kollegen (und deine Schüler natürlich auch) haben eine fast übernatürliche Fähigkeit, genau die Knöpfe bei dir zu drücken, die dich besonders stressen. Allzu oft nimmt ein Schüler, der seine Hausaufgaben vergessen oder ein Problem zu Hause hat, Priorität über deine eigentliche Aufgabe ein: zu unterrichten. Ganz zu schweigen von den Verwaltungsaufgaben (und die Verwaltung selbst!), um die du dich kümmern musst.

Übermäßiger Stress hat verheerende Auswirkungen auf unsere Gesundheit. Er löst bei uns den Instinkt aus, zu kämpfen oder zu fliehen, der wiederum eine ganze Bandbreite von giftigen Hormonen durch unseren Körper jagt, die sich dort tagelang festsetzen können. Das ist kein Problem, wenn du dich dieser Art von Stress nur ab und zu aussetzt. Als Lehrer setzt du dich aber jeden Tag einer Menge Stressfaktoren aus, deshalb ist es für dich besonders vorteilhaft, täglich zu meditieren.

Ein Artikel auf www.PsychologyToday.com beschreibt es so: „Das Stresshormon Cortisol ist die größte Gefahr für die öffentliche Gesundheit. Wissenschaftler wissen schon seit Jahren, dass ein erhöhter Cortisolspiegel unsere Lernfähigkeit und unser Gedächtnis beeinträchtigt, unser Immunsystem und unsere Knochendichte verschlechtert, Gewichtszunahme, Blutdruck, den Cholesterinspiegel und die Anfälligkeit für Herzkrankheiten beeinflusst … Die Liste nimmt kein Ende. Chronischer Stress und ein erhöhter Cortisolspiegel steigern außerdem das Depressionsrisiko und verkürzen unsere Lebenserwartung."

Stille in Form von Meditation kann Stress abbauen und damit die Gesundheit verbessern. Eine wichtige Studie, die von verschiedenen Gruppen durchgeführt wurde, darunter auch die *National Institutes of Health*, die *American Medical Association*, die *Mayo Clinic* und Wissenschaftler von den Universitäten Harvard und Stanford, hat gezeigt, dass Meditation Stress abbaut und gegen hohen Blutdruck hilft. Eine Studie von Dr. Norman Rosenthal, einem weltbekannten Psychiater, der eng mit der David-Lynch-Stiftung zusammenarbeitet, hat erst kürzlich sogar gezeigt, dass das Herzkrankheitsrisiko von Menschen, die meditieren, um 30 % sinkt.

Eine andere Harvard-Studie hat herausgefunden, dass nur acht Wochen Meditation ausreichen, um „die Dichte des Hirnoberflächengewebes im Hippocampus zu erhöhen, der direkt mit Lernfähigkeit und Erinnerungsvermögen zusammenhängt. Des Weiteren waren Hirnareale betroffen, die mit Selbsterfahrung, Mitgefühl und Introspektion in Verbindung gebracht werden."

Meditation hilft dir, einen Gang zurückzuschalten und dich auf dich selbst zu konzentrieren, selbst wenn es nur kurz ist.

„Ich habe angefangen zu meditieren, weil ich das Gefühl hatte, dass mir mein Leben davonlief", sagt die Sängerin Sheryl Crow. „Meditation hat mir geholfen, meinen Tag langsamer laufen zu lassen." Sie widmet noch heute jeden Tag 20 Minuten morgens und 20 Minuten abends der Meditation.

Monica Dix, eine der Mütter aus der *Miracle Morning*-Community, hat uns ihre Geschichte erzählt. Beim Frühstück sagte ihre fünfjährige Tochter plötzlich: „Ich mag es, wenn du so tust, als wärst du auf einem Berg." Monica fragte sie, was sie damit meinte, und die Kleine antwortete: „Wenn du so tust, als wärst du auf einem

Berg und der Himmel ist blau und du atmest einfach nur." „Wenn ich meditiere?", fragte Monica, und ihre Tochter antwortete: „Ja." Sie schwieg kurz, dann sagte sie: „Es wäre schön, wenn du das öfter machen könntest. Du bist eine gute Mama." Es macht so viel Mut, wenn unsere Kinder sehen, welche Mühe wir uns ihretwegen geben und uns noch anspornen!

Wenn du still bist, legst du deine eigene Sauerstoffmaske an, bevor du anderen hilfst. Die Vorzüge dieser Methode sind riesig und können dir dringend benötigte Klarheit und Seelenruhe bringen. Mit anderen Worten: Wenn du Stille praktizierst, baust du Stress ab, verbesserst deine kognitive Leistung und gewinnst gleichzeitig Selbstvertrauen.

Geführte Meditationen und Meditations-Apps

Mit dem Meditieren verhält es sich wie mit den meisten anderen Dingen: Wenn man es noch nie ausprobiert hat, kann es sich am Anfang schwierig oder peinlich anfühlen. Wenn du noch nie meditiert hast, würde ich dir empfehlen, mit einer geführten Meditation anzufangen.

Hier sind ein paar meiner Lieblings-Meditations-Apps, die sowohl für iPhone und iPad als auch für Android-Geräte verfügbar sind:

- Headspace
- Calm
- Omvana
- Simply Being
- Insight Timer

Zwischen diesen Meditations-Apps gibt es kleine, aber wichtige Unterschiede, darunter auch die Stimme des Sprechers bzw. der Sprecherin.

Wenn du kein Gerät hast, auf das du Apps herunterladen kannst, such doch einfach bei YouTube oder Google nach dem Stichwort

„geführte Meditation". Du kannst auch nach einer bestimmten Dauer suchen (z. B. nach „geführte Meditation 5 Minuten"), oder nach einem Thema (z. B. „geführte Meditation für mehr Selbstvertrauen").

Die (individuelle) Miracle Morning-Meditation

Wenn du dich dafür bereit fühlst, ohne Anleitung zu meditieren, kannst du für deinen *Miracle Morning* diese Schritt-für-Schritt-Meditation nutzen, auch wenn du es noch nie zuvor ausprobiert hast.

- Bevor du anfängst, ist es wichtig, dass du dich mental darauf einstellst und deine Erwartungen festlegst. Nutze diese Zeit, um deine Gedanken zu beruhigen und den ewigen Drang, ständig über etwas nachzudenken, loszulassen. Hör auf, über Vergangenes nachzugrübeln oder dir Sorgen um die Zukunft zu machen, aber dabei nie ganz im Hier und Jetzt zu sein. In dieser Zeit darfst du deine Stressfaktoren vergessen, dir eine Pause davon gönnen, permanent auf deinen Problemen herumzukauen, und dich ganz auf den aktuellen Moment konzentrieren. Es ist eine Zeit, in der du ganz bei dir selbst und deinem innersten Kern bist und tiefer in dich eintauchst, als nur zu sehen, was du besitzt, was du tust oder in welche Schubladen du schon so lange gesteckt wirst, dass du selbst angefangen hast, sie zu verinnerlichen. Wenn dir das seltsam und esoterisch vorkommt, ist das okay. So ging es mir auch. Das liegt wahrscheinlich daran, dass du es noch nie ausprobiert hast. Zum Glück kannst du jetzt damit loslegen.
- Such dir einen Ort, an dem du bequem sitzen kannst: auf der Couch, auf einem Stuhl, auf dem Boden oder auf einem Kissen.
- Setz dich aufrecht im Schneidersitz hin. Du kannst die Augen schließen oder einen Punkt auf dem Boden, ungefähr einen halben Meter vor dir, anschauen.

- Konzentriere dich zunächst auf deine Atmung. Atme tief und langsam ein und aus. Atme dabei durch die Nase ein und durch den Mund wieder aus. Wenn du richtig atmest, spürst du es im Bauch, nicht in der Brust.
- Fang jetzt an, möglichst gleichmäßig zu atmen: Atme drei Sekunden lang ein und zähl im Kopf mit („einundzwanzig, zweiundzwanzig, dreiundzwanzig"), halte drei Sekunden lang die Luft an und atme dann langsam über drei Sekunden aus. Spüre dabei, wie sich deine Gedanken und Gefühle beruhigen, während du dich auf deine Atmung konzentrierst. Es kann sein, dass ab und zu ein Gedanke vorbeikommt, während du deinen Geist zur Ruhe bringst. Nimm ihn kurz wahr, lass ihn wieder ziehen und konzentriere dich weiter auf deine Atmung.
- Lass zu, dass du völlig im Augenblick existierst. Konzentriere dich darauf, einfach nur zu *sein*. Achte weiterhin auf deinen Atem und stell dir vor, dass du positive, liebevolle und friedliche Energie einatmest, während du gleichzeitig alle Sorgen und allen Stress ausatmest. Genieß die Stille. Genieß den Augenblick. Atme. Sei.
- Wenn du merkst, dass dennoch weiter Gedanken auf dich einprasseln, kann es hilfreich sein, wenn du dich auf ein einziges Wort, einen Satz oder ein Mantra konzentrierst, das du innerlich wiederholst, während du ruhig weiteratmest. Du könntest zum Beispiel so etwas ausprobieren: (beim Einatmen) „Ich atme Selbstbewusstsein ein …" (beim Ausatmen) „… Ich atme Furcht aus."
  Natürlich kannst du die Wörter „Selbstbewusstsein" und „Furcht" durch andere ersetzen. „Selbstbewusstsein" kann auch alles andere sein, von dem du dir mehr in deinem Leben wünschst (Liebe, Kraft, Energie usw.), statt „Furcht" kannst du auch etwas anderes nehmen, das du loslassen musst (Stress, Sorgen, Unzufriedenheit usw.).
- Meditation ist ein Geschenk, das du dir selbst jeden Tag machst. Für mich ist die Zeit, die ich mit Meditation verbringe, einer meiner Lieblingsteile der Routine. Ich fühle mich

friedlich, dankbar und befreit von allem, was mir täglich Stress und Sorgen bereitet.

Du kannst dir deine tägliche Meditation wie eine Auszeit von deinen Problemen vorstellen. Die sind zwar immer noch da, wenn du fertig meditiert hast, aber du wirst merken, dass du mehr bei dir selbst bist und sie deshalb auch besser lösen kannst.

A wie Affirmations – Affirmationen

Hast du dich schon einmal gefragt, wie manche Menschen es schaffen, anscheinend *alles* zu erreichen, was sie anpacken, und anhaltend auf einem so hohen Level zu arbeiten, dass du dir kaum vorstellen kannst, irgendwann auch dort anzukommen? Und warum andere es kaum schaffen, irgendwie durchzukommen? Es hat sich immer wieder gezeigt, dass die *Geisteshaltung* einer Person der entscheidende Faktor für die erbrachte Leistung und die erzielten Resultate ist.

Als Geisteshaltung bezeichnen wir alle angesammelten Glaubensgrundsätze, Haltungen und die emotionale Intelligenz eines Menschen. In ihrem Bestseller *Selbstbild: Wie unser Denken Erfolge oder Niederlagen bewirkt* erklärt Dr. Carol Dweck: „Meine Forschung zeigt seit zwanzig Jahren, dass das Selbstbild, das man hat, tiefschürfend beeinflusst, was für ein Leben man führt."

Die Menschen, die dich umgeben, können deine Geisteshaltung spüren. Sie zeigt sich in deiner Sprache, deinem Selbstvertrauen und deinem Verhalten. Deine Geisteshaltung zeigt sich in allem! Zeige mir einen Menschen mit erfolgreicher Geisteshaltung, dann zeige ich dir einen erfolgreichen Lehrer!

Ich weiß allerdings aus Erfahrung, dass es schwierig sein kann, sich das Selbstvertrauen und die Begeisterung – ganz zu schweigen von der Motivation – zu erhalten, wenn sie sich der Achterbahnfahrt aussetzt, auf der man sich auf als Lehrer ständig befindet. Das liegt zu einem nicht unwesentlichen Teil daran, dass wir unsere Geisteshaltung oft akzeptieren, ohne bewusst darüber nachzudenken. Unbewusst werden wir alle darauf programmiert, auf eine bestimmte Art zu denken, zu glauben, zu handeln und über uns selbst zu reden.

Diese Programmierung stammt aus vielen Quellen, zum Beispiel aus der Art, wie andere mit uns umgehen, daraus, was wir uns selbst einreden, und aus all unseren guten und schlechten Erfahrungen im Leben. Sie zeigt sich in jedem Bereich unseres Lebens, auch darin, wie wir mit unseren Schülern umgehen. Das heißt, dass du deine geistige Programmierung verbessern musst, wenn du dir eine bessere Dynamik in deiner Klasse wünschst.

Affirmationen sind die Methode, mit der du genau das erreichen kannst. Sie versetzen dich in die Lage, deine Ziele bewusster zu verfolgen, und verleihen dir gleichzeitig die Bestärkung und die positive Geisteshaltung, die du brauchst, um sie zu erreichen. Wenn du dir immer wieder sagst, wer du sein möchtest, was du erreichen willst und wie du es schaffen wirst, werden sich deine Überzeugungen und dein Verhalten durch dein Unterbewusstsein verändern. Sobald du Neues glaubst und dich entsprechend verhältst, wirst du anfangen, deine Affirmationen in der Wirklichkeit zu erkennen.

Es ist wissenschaftlich belegt, dass Affirmationen – wenn man sie richtig einsetzt – eine der wirksamsten Methoden sind, zu der Person zu werden, die man werden muss, um alles zu erreichen, was man sich im Leben wünscht – für sich selbst, das eigene Leben und die Schulklasse. Trotzdem werden Affirmationen oft als etwas Negatives angesehen. Viele von uns haben sie ausprobiert und waren dann enttäuscht, weil sie nur geringe oder gar keine Ergebnisse verspürten. Es gibt aber eine Methode, Affirmationen so einzusetzen, dass sie garantiert Früchte tragen.

Wenn du dir immer wieder sagst, **was** du erreichen willst, **warum** es dir wichtig ist, **was** du dafür tun wirst und – am allerwichtigsten – **wann** genau du es tun wirst, veränderst du damit deine unterbewussten Überzeugungen und dein Verhalten. Wenn du auf neue Arten denkst und handelst, werden sich deine Affirmationen ganz automatisch schon bald in der Wirklichkeit zeigen. Aber lass mich erst etwas erklären:

Warum Affirmationen nach der alten Methode nicht wirken

Unzählige sogenannte Experten und Gurus für Persönlichkeitsentwicklung lehren schon seit Jahrzehnten Affirmationen, die erwiesenermaßen nicht funktionieren und stattdessen dafür sorgen, dass viele Menschen daran scheitern.

Hier sind zwei der häufigsten Probleme mit Affirmationen:

Problem Nr. 1: Sich selbst zu belügen funktioniert nicht

„Ich bin Millionär." Wirklich?
„Ich habe 7 Prozent Körperfett." Im Ernst?
„Ich habe dieses Jahr alle meine Ziele erreicht." Stimmt das?

Affirmationen auf der Basis zu entwickeln, dass du bereits etwas erreicht hast oder geworden bist, ist wahrscheinlich der Hauptgrund dafür, dass sie bei vielen Menschen nicht funktionieren.

Bei dieser Technik lehnt dein Unterbewusstsein jedes Mal die Affirmation ab, die nicht in der Wahrheit begründet liegt. Als intelligenter, nicht von Wahnvorstellungen besessener Mensch kannst du ja gar nicht davon profitieren, dir immer wieder selbst in die Tasche zu lügen. *Die Wahrheit wird sich stets durchsetzen.*

Problem Nr. 2: Passive Sprache bringt keine Ergebnisse

Viele Affirmationen sind so formuliert, dass sie dir ein leeres Versprechen von etwas liefern, das du dir wünschst. Denk zum Beispiel mal an diese sehr beliebte Geld-Affirmation, die von vielen weltberühmten „Gurus" gelehrt wird:

Ich bin ein Geldmagnet. Geld fließt mir einfach und reichlich zu.

Diese Art von Affirmation sorgt vielleicht dafür, dass du dich für den Moment gut fühlst, weil du deine Geldsorgen vorübergehend verdrängen kannst, aber sie verschafft dir kein Einkommen. Menschen, die sich untätig hinsetzen und darauf warten, dass das Geld wunderbarerweise von selbst zu ihnen kommt, besitzen meist nicht allzu viel.

Um die Art von Reichtum zu erlangen, die du dir wünschst (oder irgendein anderes Ergebnis, was das betrifft), musst du tatsächlich etwas tun. Dein Handeln muss auf das erwünschte Ergebnis ausgerichtet sein und deine Affirmationen müssen beides – das Ergebnis und dein Handeln – ansprechen und bestätigen.

In vier Schritten zur Miracle Morning-Affirmation (die tatsächlich wirkt)

Hier sind vier einfache Schritte, die dir helfen, zielorientierte *Miracle Morning*-Affirmationen zu entwickeln und anzuwenden, die deine bewussten und unbewussten Gedanken umprogrammieren. Damit richtest du dein Denken darauf aus, dein Handeln zu verbessern, sodass du Ergebnisse erzielen und deinen privaten und professionellen Erfolg in Höhen heben kannst, die du noch nie zuvor gekannt hast.

Erster Schritt: Finde das ideale Ergebnis, dem du dich verschreiben willst, und bestimme, warum es dir wichtig ist

Es ist dir sicher aufgefallen, dass ich nicht frage, was du *willst*. Jeder will irgendetwas, aber wir bekommen nicht das, was wir wollen, sondern das, dem wir uns voll und ganz verschrieben haben.

Du willst ein großartiges Vorbild für deine Schüler sein? Wer nicht? Willkommen im nicht besonders exklusiven Club. Aber wenn du dich zu 100 Prozent dem Ziel verschreibst, „Lehrer des Jahres" zu werden, indem du so lange alles tust, was nötig ist, bis du zu es erreicht hast?

Dann könnte etwas daraus werden.

Übung:
Schreib zuerst ein spezifisches, außergewöhnliches Ergebnis auf – eines, das dich herausfordert, das dein Leben signifikant verbessern würde, und dem du dich vollkommen verschreiben würdest –, auch, wenn du noch gar nicht weißt, wie du es erreichen kannst. Dann verstärkst du deinen Entschluss, indem du einen zwingenden *Grund* hinzufügst, der dich bei der Stange hält.

Beispiele:
Ich nehme mir fest vor, jeden meiner Schüler zu bestärken und ihnen zu helfen, damit sie alle die besten Noten bekommen, die sie erreichen können.

Oder:
Ich verspreche mir selbst hundertprozentig, der beste Mensch zu werden, der ich sein kann, damit ich der bestmögliche Lehrer werde und bei meinen Schülern und Kollegen immer vollkommen präsent bin.

Oder:
Ich werde den Notendurchschnitt meiner Klasse in diesem Schuljahr von ____ auf ____ steigern, damit meine Schüler alles im Leben bekommen können, was sie wollen.

Zweiter Schritt: Was du tun wirst und wann du es tun wirst

Eine Affirmation aufzuschreiben, die nur bestätigt, was du *willst*, ohne gleichzeitig zu beschreiben, was du dafür zu *tun* bereit bist, ist fast völlig nutzlos. Es kann sogar kontraproduktiv sein, weil es dein Unterbewusstsein dazu verleiten kann, zu glauben, das Ergebnis würde automatisch eintreten, ohne dass du etwas dafür tun musst.

Übung:
Benenne spezifische Handlungen, Aktivitäten oder Gewohnheiten, die du brauchst, um dein Wunschziel zu erreichen, und leg dabei ganz deutlich fest, wann und wie oft du die notwendigen Handlungen durchführen wirst.

Beispiele:
Um sicherzustellen, dass meine Schüler körperlich, geistig und emotional zu Höchstleistungen bereit sind, werde ich sie jeden Morgen zu Beginn des Schultages durch die Life S.A.V.E.R.S. führen.

Oder:
Um sicherzustellen, dass ich als Lehrer so gut wie möglich bin, verspreche ich mir hoch und heilig, jeden Morgen zwischen 6 und 7 Uhr einen Miracle Morning zu machen.

Oder:
Um zu garantieren, dass sich der Notendurchschnitt meiner Schüler hebt, werde ich ihnen jeden Morgen vor der Schule, zwischen 7:15 Uhr und 7:30 Uhr Einzelunterricht anbieten und an fünf Tagen die Woche von 8 Uhr bis 8:06 Uhr mit ihnen Life S.A.V.E.R.S. machen – EGAL, WAS KOMMT.

Je präziser du deine Handlungen beschreibst, desto besser. Je effektiver du beschreibst, wie du dich ihnen verschrieben hast, desto wahrscheinlicher ist es, dass du bei der Stange bleibst. Achte darauf, dass du auf jeden Fall aufschreibst, *wann*, *wie häufig* und *wie lange* du die Handlungen durchführen wirst.

Dritter Schritt: Sprich deine Affirmationen jeden Morgen mit Gefühl laut aus

Denk daran, dass deine *Miracle Morning*-Affirmationen nicht nur dazu dienen, dass du dich besser fühlst. Diese aufgeschriebenen Absichtserklärungen sollen strategisch eingesetzt werden, um dein Unterbewusstsein mit Überzeugungen und einer Geisteshaltung neu zu programmieren, die du brauchst, um deine Wunschziele zu erlangen, und gleichzeitig dein bewusstes Denken zu steuern, damit du dich auf deine obersten Prioritäten konzentrierst und die Schritte unternimmst, die dich zum Ziel bringen.

Damit deine Affirmationen ihre ganze Wirkung entfalten, ist es allerdings wichtig, dass du mit deinen Emotionen in Berührung bist, wenn du sie aufsagst. Eine Affirmation gedankenlos herunterzubeten, ohne dabei bewusst zu spüren, wie wahr sie ist, wird dich nicht viel weiterbringen. Du bist selbst dafür zuständig, authentische Emotionen in dir zu finden, zum Beispiel Vorfreude und Entschlossenheit, und diese Emotionen jedes Mal in deine Affirmationen einfließen zu lassen, wenn du sie laut aussprichst.

Bestätige dir selbst, wer du werden musst, um die Dinge tun zu können, die du tun musst, um deine Wunschziele zu erreichen. Ich sage es nochmal: Das ist keine Hexerei. Diese Strategie funktioniert, wenn es dir gelingt, *mit der Person in Kontakt zu treten, zu der du auf dem Weg zu deinem Ziel werden musst.* Wer du bist, beeinflusst das Ergebnis viel mehr als alles andere.

Übung:
Nimm dir jeden Tag Zeit, während des *Miracle Morning* deine Affirmationen zu lesen, um dein Unterbewusstsein zu programmieren und dein bewusstes Denken darauf zu fokussieren, was dir am wichtigsten ist und was du bereit bist, dafür zu unternehmen. Du hast richtig gelesen: jeden Tag. Affirmationen nur hin und wieder zu lesen ist so effektiv wie nur ab und zu Sport zu treiben. Resultate siehst du nur, wenn du es zum Teil deiner täglichen Routine machst.

Ein hervorragender Ort, um dir deine Affirmationen vorzunehmen, ist unter der Dusche. Wenn du sie laminierst und dort liegen lässt, hast du sie jeden Tag gleich zur Hand. Bewahre sie dort auf, wo du dich an sie erinnerst: unter der Sonnenblende deines Autos, am Badezimmerspiegel. Je öfter sie dir begegnen, desto einfacher fällt es deinem Unterbewusstsein, sie zu verinnerlichen und dein Denken und Handeln zu ändern. Du kannst sie sogar mit Whiteboardmarker oder Badefarben direkt auf den Spiegel schreiben.

Vierter Schritt: Pass deine Affirmationen ständig an

Während du wächst und dich dabei verbesserst und entwickelst, sollte das Gleiche auch für deine Affirmationen gelten. Wenn dir ein neues Ziel, ein neuer Traum oder ein anderes außergewöhnliches Ergebnis einfällt, das du im Leben erschaffen willst, füge es einfach zur Liste deiner Affirmationen hinzu.

Ich persönlich habe Affirmationen für jeden wichtigen Bereich meines Lebens (Finanzen, Gesundheit, Glück, Beziehungen, Kinder usw.) und passe sie jedes Mal an, wenn ich etwas Neues lerne. Ich bin immer auf der Suche nach Zitaten, Strategien und Philosophien, die ich hinzufügen kann, um meine Geisteshaltung weiter zu verbessern. Denk einfach jedes Mal, wenn dir ein inspirierendes Zitat oder ein philosophischer Ansatz begegnet, der dich anspricht: *Wow, in diesem Bereich könnte ich mich noch mächtig verbessern*, und erweitere deine Affirmationen entsprechend.

Denk dabei daran, dass deine Affirmationen auf dich zugeschnitten sein müssen und mit dem Wort „ich" beginnen sollten. Sie müssen spezifisch sein, damit sie eine Auswirkung auf dein Unterbewusstsein haben.

Deine Programmierung kann ab sofort jederzeit verändert und verbessert werden. Du kannst alles, von dem du glaubst, dass es dich einschränkt, wegprogrammieren und durch neue Grundsätze und Verhaltensweisen ersetzen, die dir helfen, in jedem Lebensbereich erfolgreicher zu werden.

Kurz gesagt: Deine neuen Selbstbestätigungen drücken die großen Ziele aus, denen du dich verschrieben hast, und warum sie dir so wichtig sind.

Von noch größerer Bedeutung ist allerdings, dass du darin formulierst, was du dir vornimmst, dafür zu tun, und wann du es tun wirst. Nur so kannst du sicherstellen, dass du das hohe Maß an Erfolg erreichst, das du im Leben willst (und verdienst).

Affirmationen, die dich zu einem legendären Lehrer machen

Zusätzlich zu der oben aufgeführten Formel, mit der du deine eigenen Affirmationen erschaffen kannst, gebe ich dir eine Liste von Beispielen an die Hand, die deine Kreativität anregen können. Falls dich eine oder mehrere davon ansprechen, kannst du sie gern zu einem Teil deiner eigenen Affirmationen machen.

- Ich bin es ebenso wert, ein toller Lehrer zu werden, wie jeder andere Mensch auf der Welt; ich habe es verdient und ich kann es schaffen – und heute werde ich das durch alles, was ich tue, beweisen.

- Wo ich jetzt bin, hängt von der Person ab, die ich *war*, aber wohin ich gehe, liegt allein an der Person, die zu sein ich mich ab sofort *entscheide*.

- Ich nehme mir fest vor, 30 bis 60 Minuten meines Tages in den *Miracle Morning* und die *Life S.A.V.E.R.S.* zu investieren, damit ich weiter zu der Person werden kann, die ich sein muss, um alles zu erschaffen, was ich mir in meinem Leben wünsche.

- Mein oberstes Ziel ist es, als Lehrer so gut zu werden, wie ich kann, weil ich weiß, dass ich positiven Einfluss auf meine Schüler haben kann, und weil ich will, dass sie so gut wie möglich in ihr Leben starten.

- Ich werde mich darauf konzentrieren, neue Dinge zu lernen und meine didaktischen Fähigkeiten jeden Tag zu verbessern, deshalb werde ich ab sofort jeden Monat mindestens ein Buch lesen oder wieder lesen.

- Ich werde mich ständig und immer weiter in den Aufgaben verbessern, die nötig sind, damit ich jeden Tag optimal arbeiten kann.

- Ich versetze mich jeden Tag in meinen optimalen Zustand, bevor mir auch nur ein Schüler oder Kollege begegnet, damit ich einen positiven Einfluss auf alle Menschen nehmen kann, mit denen ich in Kontakt komme.

- Ich verspreche mir selbst, dass ich jeden Tag zwanzig Minuten lesen werde, um meine Persönlichkeit weiter zu entwickeln.

Das sind nur ein paar Beispiele für Affirmationen. Du kannst sie gerne verwenden oder dir nach der oben beschriebenen Formel deine eigenen erschaffen. Alles, was du dir regelmäßig mit Gefühl selbst sagst, wird in dein Unterbewusstsein einprogrammiert, hilft dir, neue Überzeugungen zu finden und zeigt sich in dem, was du tust.

V für Visualization – Visualisierung

Visualisierung ist schon seit langem eine beliebte Methode für Spitzensportler, die ihre Leistungen noch verbessern möchten. Olympiateilnehmer und Überflieger in vielen Sportarten nutzen die Kraft der Visualisierung als Teil ihres täglichen Trainings. Weniger bekannt ist die Tatsache, dass auch andere erfolgreiche Menschen, die Höchstleistungsträger in so gut wie jedem Bereich (ja, auch Lehrer), diese Methode häufig anwenden.

Visualisierung ist eine Technik, bei der man seine Fantasie dafür nutzt, sich ein überzeugendes Bild der Zukunft zu erschaffen, um dadurch mehr Klarheit und Motivation zu erlangen, die dabei helfen, diese Vision wahr werden zu lassen.

Wenn du ein paar faszinierende Infos darüber erhalten möchtest, *warum* Visualisierungen funktionieren, google einfach mal nach „Spiegelneuronen“. Neuronen sind Zellen, die das Gehirn mit anderen Körperteilen verbinden, und Spiegelneuronen sind eine Unterart davon, die immer dann aktiv wird, wenn wir etwas tun oder jemand anderen dabei beobachten, wie er etwas tut.

Dieser Forschungsbereich der Neurologie ist noch relativ jung, aber es scheint so, als könnten uns diese Zellen helfen, unsere eigenen Fähigkeiten zu verbessern, indem wir anderen Menschen dabei zusehen, wie sie etwas machen, *oder* indem wir uns vorstellen, es selbst zu tun.

Manche Studien deuten darauf hin, dass erfahrene Gewichtheber ihre Muskelmasse allein dadurch vergrößern können, dass sie es sich vorstellen. Das ist die Kraft von Spiegelneuronen. In bestimmten Hinsichten kann unser Gehirn nicht zwischen einer lebhaften

Visualisierung und einer tatsächlichen Erfahrung unterscheiden. Verrückt, nicht wahr?

Ich war bisher immer ein wenig skeptisch, was Visualisierungen angeht, weil es mir ein bisschen zu esoterisch klang. Dann habe ich aber angefangen, mich mehr mit Spiegelneuronen auseinanderzusetzen, und musste umdenken. Wissenschaftliche Erkenntnisse lassen sich eben nicht einfach ignorieren, oder?

Was visualisierst du?

Die meisten Menschen schränken sich selbst ein, indem sie sich ihre Resultate aus der Vergangenheit vorstellen. Vor ihrem inneren Auge tauchen immer wieder Gelegenheiten auf, bei denen sie gescheitert sind oder ihnen das Herz gebrochen ist.

Kreative Visualisierung dagegen ermöglicht dir, eine neue Vision zu entwerfen, die deinen Geist beschäftigt und sicherstellt, dass die Zukunft dein größter Einfluss ist – eine überzeugende, spannende und grenzenlose Zukunft.

Nachdem ich meine Affirmationen gelesen habe, setze ich mich aufrecht hin, schließe die Augen und atme ein paar Mal langsam, tief durch. Dann visualisiere ich fünf bis zehn Minuten lang die *konkreten Maßnahmen*, die notwendig sind, um meine kurz- bis langfristigen Ziele zu verwirklichen.

Hast du gemerkt, dass ich *nicht* gesagt habe, ich würde die Ergebnisse visualisieren?

Viele Menschen werden in dieser Frage anderer Meinung sein, aber es gibt einige Studien, die zeigen, dass die Visualisierung eines Resultats (des Autos, des Hauses, des Schritts über die Ziellinie, des Applauses, den du auf der Bühne entgegennimmst usw.) deinen Antrieb sogar verringern kann, weil dein Gehirn die Belohnung auf einer gewissen Ebene bereits erlebt hat.

Stattdessen empfehle ich dir, dich bei deiner Visualisierung auf die nötigen Schritte zum Ziel zu konzentrieren. Stell dir vor, wie du Dinge tust – insbesondere solche, die du für gewöhnlich nicht gerne tust und häufig aufschiebst –, und zwar auf eine Weise, die dir ein überzeugendes geistiges und emotionales Bild dieser Tätigkeit erschafft.

Hal zum Beispiel hasste Laufen, aber er nahm sich trotzdem vor, einen 52-Meilen-Ultramarathon zu laufen (und sprach auch in der Öffentlichkeit darüber). Während seiner fünf Trainingsmonate nutzte er die *Miracle Morning*-Visualisierungen dafür, sich vorzustellen, wie er sich die Laufschuhe zuband und loslief – *mit schwungvollen Schritten und einem Lächeln im Gesicht* –, also hatte er die Erfahrung bereits zu etwas Positivem und Angenehmen umprogrammiert, als es Zeit war, mit dem Training loszulegen.

Als Lehrer könntest du dir zum Beispiel vorstellen, wie du dich gut gelaunt mit deinen Schülern unterhältst, oder vielleicht möchtest du visualisieren, dass sie alle zu Einserkandidaten geworden sind. Wie sieht dein Erfolg aus? Wie fühlst du dich, wenn deine Schüler ihre Klassenarbeiten anschauen, ihre Note finden und sich ein Lächeln auf ihren Gesichtern ausbreitet, wenn sie merken, dass sie die Eins bekommen haben, die sie visualisiert und auf die sie hingearbeitet haben?

Stell dir vor, wie du ganz ruhig mit Rückschlägen und Hindernissen umgehst – mit Schreib- oder Rechenfehlern oder sogar mit zu spät eingereichten Arbeiten. Sieh dich selbst, wie du deinen Schülern Mut machst, damit sie es beim nächsten Mal besser machen, oder wie du ihnen gratulierst, wenn sie merken, dass sie etwas geschafft haben.

Du kannst dir ausmalen, wie du ganz ruhig bleibst, wenn ein Schüler sich aufmüpfig oder respektlos verhält, und wie du die Situation einfach und gekonnt entschärfst. Und vergiss nicht, dir vorzustellen, wie du es feierst und wie fantastisch du dich fühlst, wenn etwas besser läuft als gedacht!

Such dir die wichtigen Tätigkeiten oder Fähigkeiten aus, bei denen du das Gefühl hast, du könntest sie noch besser machen. Wenn du sowohl das Ergebnis als auch die Schritte auf dem Weg dorthin visualisierst, ist es fast garantiert, dass dein Tag ein voller Erfolg wird.

Drei einfache Schritte für die Miracle Morning-Visualisierung

Unmittelbar nach dem Leser deiner Affirmationen ist der perfekte Zeitpunkt, dir vorzustellen, wie du ideal im Einklang mit ihnen lebst.

Erster Schritt: Vorbereitung

Manche Menschen lassen bei der Visualisierung gerne Instrumentalmusik im Hintergrund laufen, zum Beispiel klassische oder Barockmusik (Johann Sebastian Bach ist sehr beliebt). Wenn du mit Musik experimentieren willst, ist es wichtig, dass du sie nicht zu laut drehst. Mich persönlich lenkt alles zu sehr ab, was einen Text hat.

Setz dich jetzt bequem hin, auf einen Stuhl, aufs Sofa oder mit einem Kissen auf den Boden. Atme tief durch. Schließ die Augen, schieb deine Gedanken beiseite und lass alle selbstauferlegten Einschränkungen los, während du dich darauf vorbereitest, die Vorteile von Visualisierungen zu genießen.

Zweiter Schritt: Visualisiere, was du wirklich willst

Vielen Menschen gefällt der Gedanke nicht, sich Erfolg vorzustellen; manche haben sogar Angst davor, zu erfolgreich zu werden. Dadurch spüren sie einen inneren Widerstand gegen diese Methode. Einige von ihnen fühlen sich sogar schuldig, weil sie 95 Prozent der anderen hinter sich lassen, wenn sie Erfolg haben.

Dieses berühmte Zitat von Marianne Williamson hilft allen, die mentalen oder emotionalen Widerstand verspüren, wenn sie versuchen zu visualisieren: *Unsere tiefste Angst ist nicht, nicht genug zu sein. Unsere tiefsitzendste Angst ist es, grenzenlose Macht zu haben. Unser Licht jagt uns mehr Furcht ein als unsere Finsternis. Wir fragen uns: „Wer bin ich, dass ich brillant, wunderschön, talentiert, großartig sein sollte?“ Ich frage zurück: Wer bist du, dass du es nicht bist? Du bist ein Kind Gottes. Du hilfst der Welt nicht, indem du dich klein machst. Zu schrumpfen, um andere nicht zu verunsichern, hat nichts mit Erleuchtung zu tun. Wir sind dafür gemacht zu strahlen, so wie alle Kinder. Wir sind dazu geboren, Gottes Glanz, der in uns schlummert, in die Welt zu tragen. Und das betrifft nicht nur manche von uns, der Glanz steckt in jedem. Wenn wir unser eigenes Licht scheinen lassen, geben wir damit unbewusst den Menschen in unserer Umgebung die Erlaubnis, das Gleiche zu tun. Wenn wir unsere eigene Furcht abstreifen, befreien wir damit automatisch andere.*

Betrachte das als das größte Geschenk, das du deinen Liebsten – und deinen Schülern – machen kannst: dass du dein ganzes Potenzial im Leben ausschöpfst. Wie sieht das für dich aus? Was willst du wirklich? Vergiss Logik, Einschränkungen und praktische Überlegungen. Wenn du alles erreichen könntest, beruflich und privat, wie sähe das dann aus?

Sieh, fühle, höre, berühre und schmecke jede Einzelheit deiner Vision. Setz alle deine Sinne ein, um deine Visualisierung noch wirksamer zu gestalten. Je lebendiger sie dir vor Augen steht, desto größer wird dein Antrieb, die nötigen Schritte zu unternehmen, um sie wahr werden zu lassen (und desto schneller wird es gehen).

Dritter Schritt: Visualisiere, wie du dein Ziel problemlos (und mit Freuden) erreichst

Sobald du dir ein klares Bild davon erschaffen hast, was du willst, führe dir vor Augen, was du genau tun musst, um deine Vision mit dem größten Selbstvertrauen und Vergnügen wahr werden zu lassen. Stell dir vor, wie du die notwendigen Schritte ausführst (wie du dich bewegst, schreibst, unterrichtest, Tests und Klassenarbeiten erstellst, benotest, einem Schüler Einzelunterricht gibst, Eltern triffst, dich weiterbildest usw.). Stell dir vor, dass man dir das enorme Selbstvertrauen ansieht, das du spürst, während du deine Stunden hältst und in den Gesichtern deiner Schüler sehen kannst, dass sie den Stoff begreifen. Sieh und *spüre*, wie du am Ende des Schuljahres das Klassenzimmer aufräumst und dabei lächelst, weil du so stolz darauf bist, dass du die Selbstdisziplin aufgebracht hast, bei der Stange zu bleiben und dein bestes Jahr bis jetzt abzuliefern. Mit anderen Worten: Visualisiere dich selbst, wie du voller Freude tust, was zu tun ist – insbesondere, wenn es etwas ist, das du normalerweise nicht so gerne machst. Stell dir vor, wie es sich anfühlt, wenn es dir doch Spaß macht.

Sieh vor deinem inneren Auge, wie entschlossen dein Gesicht aussieht, während du immer wieder den Kontakt zu deinen Schülern suchst, dir ihre Bedürfnisse anhörst und dann umsetzt, was sie von dir brauchen. Visualisiere, wie deine Schüler, ihre Eltern, deine Kollegen und die Verwaltung in der Schule auf deine neue, positive Haltung und deinen Optimismus reagieren. Du wirst überrascht sein, was geschieht, wenn du dir das Ergebnis vorstellst, das du dir wirklich wünschst – sogar in Bereichen, in denen du in der Vergangenheit Schwierigkeiten hattest. Erfolg beginnt im Gehirn, mit dem mentalen Film, der vor der eigentlichen Situation vor deinem inneren Auge abläuft.

Dich selbst als Lehrer zu sehen, der alles im Griff hat, ist der erste Schritt auf dem Weg dazu, ein Lehrer zu werden, der alles im Griff hat. Stell dir vor, wie du dich voller Vorfreude mit deinem Kalender hinsetzt und die kommenden Tage und Wochen mit Unterricht und Schulstunden planst. Visualisiere, wie du jeden Tag glücklich und erfüllt nach Hause fährst, weil du weißt, dass der Tag gut gelaufen ist und deine Schüler sich für den Rest ihres Lebens daran erinnern werden, was für ein positiver Einfluss du auf sie warst.

Abschließende Gedanken zur Visualisierung

Wenn du deine Visualisierungen jeden Morgen mit den Affirmationen kombinierst, kurbelst du damit die Umprogrammierung deines Unterbewusstseins so richtig an, damit du schon bald durch Höchstleistungen zum Erfolg kommst. Deine Gedanken und Gefühle richten sich nach deiner Vision aus, sodass es dir leichter fällt, die wichtigen Dinge zu tun und all deine Ziele und Träume zu erreichen. Täglich zu visualisieren richtet deine Gedanken, deine Gefühle und dein Verhalten ganz auf deine Vision aus. Dadurch wird es dir viel leichter fallen, dir die Motivation zu erhalten, die du brauchst, um immer wieder zu tun, was nötig ist. Visualisierung kann ein mächtiges Werkzeug sein, wenn es darum geht, selbsteinschränkende Überzeugungen (zum Beispiel die Angewohnheit, alles auf die lange Bank zu schieben) zu überwinden und endlich zu tun, was nötig ist, um außergewöhnliche Ergebnisse zu erreichen.

E wie Exercise – Bewegung

Bewegung sollte einen festen Bestandteil deines *Miracle Morning* darstellen. Schon ein paar Minuten körperlicher Ertüchtigung pro Tag verbessern deine Gesundheit, dein Selbstvertrauen und deine emotionale Balance entscheidend und helfen dir dabei, klarer zu denken und dich länger zu konzentrieren. Du wirst außerdem feststellen, wie viel mehr Energie du hast, wenn du dich täglich bewegst, und das merken auch deine Schüler (deren Energieniveau sich ebenfalls merklich verbessern wird).

Die Experten für Persönlichkeitsentwicklung und Selfmade-Multimillionäre Eben Pagan und Tony Robins (der darüber hinaus auch noch Bestsellerautor ist) sind sich einig, dass der Schlüssel zum Erfolg darin liegt, jeden Morgen mit einem Erfolgsritual zu beginnen. Beide schwören in ihren jeweiligen Ritualen auf irgendeine Art von Bewegung. Eben betont, wie wichtig ihm *Früh*sport ist: „Du musst jeden Morgen dafür sorgen, dass dein Puls und dein Kreislauf in Schwung kommen, und dass sich deine Lungen mit Sauerstoff füllen." Er fährt fort: „Beweg dich nicht nur abends oder im Lauf des Tages. Selbst wenn du lieber zu diesen Zeiten Sport treibst, solltest du morgens zumindest 10 bis 20 Minuten lang Hampelmänner oder eine andere Art von Aerobic-Übung machen." Hey, wenn das für Eben und Tony funktioniert, dann passt das für mich auch.

Wenn du jetzt denkst, du müsstest gleich anfangen, für einen Triathlon oder einen Marathon zu trainieren, kann ich dich beruhigen. Wenn du bereits Sport treibst, muss die neue Bewegung am Morgen auch nicht das ersetzen, was du nachmittags oder abends machst. Du kannst immer noch zur gewohnten Zeit ins Fitnessstudio gehen. Die Vorzüge, wenn du dich auch nur fünf Minuten zusätzlich am Morgen bewegst, sind jedoch nicht zu übersehen: Dein Blutdruck und dein Blutzuckerspiegel werden sich verbessern und gleichzeitig sinkt das Risiko, an einigen besonders fiesen Dingen wie Herzkrankheiten, Osteoporose, Krebs und Diabetes zu erkranken. Am wichtigsten ist allerdings wahrscheinlich, dass du nach einer Runde Bewegung am Morgen mehr Energie für den anspruchsvollen Rest des Tages hast.

Wie wäre es zum Beispiel mit einem Spaziergang, einer Runde Laufen oder einem Yogavideo auf YouTube? Du kannst dir auch einen *Life S.A.V.E.R.S.*-Partner suchen, mit dem du früh am Morgen Squash spielen gehst. Oder vielleicht probierst du mal die hervorragende App *7-Minute Workout* aus, die dir in nur 7 Minuten ein umfassendes Ganzkörpertraining verschafft. Du hast die Wahl; such dir eine Sportart aus und leg einfach los!

Als Lehrer ist man die ganze Zeit unter Druck. Deshalb brauchst du einen unerschöpflichen Energievorrat, um dir keine der großartigen Gelegenheiten entgehen zu lassen, die dir jeden Tag begegnen – und ein tägliches Frühsportritual verleiht dir genau das.

Frühsport fürs Gehirn

Falls dir deine körperliche Fitness völlig egal sein sollte, solltest du bedenken, dass Bewegung dich außerdem klüger macht, was deine Fähigkeit, Probleme zu lösen, nur verbessern kann. Dr. Steven Masley, ein Arzt und Ernährungsexperte aus Florida, der sich in seiner Praxis auf Manager spezialisiert hat, erklärt den direkten Zusammenhang zwischen Bewegung und geistigen Fähigkeiten:

„Wenn wir über Hirnleistung sprechen, stellen wir schnell fest, dass die aerobe Kapazität die beste Methode ist, zu messen, wie schnell das Gehirn funktioniert. Wie schnell man einen Hügel hinauf laufen kann, steht in direktem Zusammenhang dazu, wie schnell das Gehirn funktioniert und auf neue Eindrücke und Herausforderungen reagiert."

Masley hat ein Wellnessprogramm für Unternehmen entwickelt, das auf der Arbeit mit über 1000 Patienten basiert. „Im Durchschnitt verbessert sich die Hirngeschwindigkeit der Teilnehmer an diesem Programm um 25 bis 30 Prozent."

Hal hat sich für seinen Frühsport für Yoga entschieden und damit kurz nach der Erfindung des *Miracle Morning* angefangen. Seither praktiziert er es regelmäßig und mit wachsender Begeisterung. Mein Bewegungsritual sieht etwas anders aus. Ich mache jeden Morgen zehn bis zwanzig Minuten lang Yoga. Abends lege ich dann eine zweite Trainingseinheit ein, die aus Kardio- und/oder Muskelaufbautraining besteht.

Abschließende Gedanken zur Bewegung

Du weißt wahrscheinlich schon, dass du dich regelmäßig bewegen musst, wenn du gesund bleiben und mehr Energie bekommen willst. Das ist schließlich allgemein bekannt. Was aber nicht so bekannt ist, ist, wie einfach es ist, Ausreden zu finden. Die zwei häufigsten sind: „Ich habe keine Zeit" und „Ich bin zu müde", aber die Liste ist natürlich noch viel länger. Du kannst dir praktisch unendlich viele verschiedene Ausreden ausdenken. Und je kreativer du bist, desto mehr fallen dir ein.

Das ist das Schöne daran, Bewegung zu einem Teil deines *Miracle Morning* zu machen: Du kümmerst dich darum, bevor du von deinem Tag erschöpft bist und einen ganzen Tag lang Zeit hattest, dir Ausreden auszudenken. Weil der *Miracle Morning* jeden Tag als Erstes kommt, ist er eine todsichere Methode, deinen inneren Schweinehund zu überwinden und Frühsport zu einer täglichen Angewohnheit zu machen.

Haftungsausschluss: Es versteht sich von selbst, aber wir weisen vorsichtshalber darauf hin, dass du mit deinem Hausarzt sprechen solltest, bevor du anfängst, Sport zu treiben, insbesondere dann, wenn du Schmerzen, Beschwerden oder Behinderungen hast. Es ist möglich, dass du deine sportlichen Betätigungen deinen persönlichen Bedürfnissen anpassen oder sogar ganz darauf verzichten musst.

R wie Reading – Lesen

Eine der schnellsten Methoden, alles zu erreichen, was man sich wünscht, ist, sich erfolgreiche Vorbilder zu suchen. Welches Ziel du dir auch immer gesteckt hast, es ist sehr wahrscheinlich, dass es irgendwo einen Experten gibt, der das gleiche oder ein ähnliches Ziel bereits erreicht hat. Tony Robbins drückt es so aus: „Erfolg hinterlässt Spuren."

Glücklicherweise teilen einige der Allerbesten ihre Geschichten in schriftlicher Form. Das bedeutet, dass all diese Baupläne für Erfolg nur darauf warten, von jemandem angewandt zu werden, der sich die Zeit nimmt, sie zu studieren. Bücher sind eine schier unerschöpfliche Quelle für Hilfe und praktische Anleitungen, die du jederzeit zu Rate ziehen kannst.

Wenn du sowieso schon gerne liest, ist das toll! Aber falls du kein Buch mehr in die Hand genommen hast, seit du zum letzten Mal im Studium eine Pflichtlektüre absolvieren musstest, eröffnen sich dir tolle, neue Möglichkeiten.

Lesen produziert zwar keine *direkten* Resultate (zumindest keine kurzfristigen), deshalb zieht es uns oft zu anderen Aufgaben hin, deren Früchte offensichtlicher sind. Langfristig profitieren wir davon aber viel weniger als von einer konsequenten Lesegewohnheit.

Du willst im Handumdrehen zum Millionär werden? Du willst lernen, wie man denken muss, um reich zu werden? Du möchtest deinen inneren Riesen erwecken? Grundlos glücklich sein? Nur noch vier Stunden pro Woche arbeiten? Deinen Umsatz und Gewinn in drei Jahren oder weniger verdoppeln? Dann hast du Glück – ich habe gehört, dass mehrere Autoren Bücher über genau diese Themen geschrieben haben.

Manchmal höre ich jemanden sagen: „Ich bin so beschäftigt, zum Lesen habe ich einfach keine Zeit." Das kann ich verstehen. So etwas habe ich auch einmal geglaubt. Aber jetzt rufe ich mir ins Gedächtnis, was mein Mentor mir beigebracht hat: „Die größten Denker der Menschheitsgeschichte haben Jahre damit verbracht, das Beste, was sie wissen, auf ein paar Buchseiten einzudampfen, die man für ein paar Dollars kaufen und in ein paar Stunden lesen kann, und damit verkürzt man seine Lernkurve um Jahrzehnte. Aber ich verstehe schon: Du hast keine Zeit.“ Autsch.

Es zahlt sich aus, jeden Tag eine, zehn oder sogar zwanzig Minuten Zeit zu finden, um sich die Weisheit zu erschließen, die in Büchern steckt. Nutze einfach ein paar der Strategien, die wir weiter vorne im Buch beschrieben haben, surfe fünf Minuten weniger auf Facebook herum, bevor du in den Tag startest, oder lies beim Mittagessen und ernähre gleichzeitig deinen Körper und deinen Geist.

Hier sind ein paar Buchempfehlungen von Hal und mir, mit denen du anfangen kannst. Glaub uns, wenn du erst einmal angefangen hast zu lesen, wirst du nie wieder damit aufhören wollen!

Zum Thema Schule, Unterricht und Erziehung:

- *Was gute Lehrer anders machen: 14 Dinge, auf die es wirklich ankommt* von Todd Whitaker
- *Courage to Grow: How Acton Academy Turns Learning Upside Down* von Laura A. Sandefer
- *So bekomme ich meine Klasse ruhig – vom Chaos zur Stille: Wirkungsvolle Methoden bei Unterrrichtsstörungen* von Rob Plevin
- *Kids Deserve It: Pushing Boundaries and Challenging Conventional Thinking* von Todd Nesloney und Adam Welcome
- *Teach Like a PIRATE: Increase Student Engagement, Boost Your Creativity, and Transform Your Life as an Educator* von Dave Burgess
- *Ditch That Textbook: Free Your Teaching and Revolutionize Your Classroom* von Matt Miller
- *Amplify: Digital Teaching and Learning in the K-6 Classroom* von Katie Muhtaris und Kristin Ziemke
- *The Innovator's Mindset: Empower Learning, Unleash Talent, and Lead a Culture of Creativity* von George Couros
- *The Book Whisperer: Awakening the Inner Reader in Every Child* von Donalyn Miller
- *Game Changer! Book Access for All Kids* von Donalyn Miller und Colby Sharp

- *Sparks in the Dark: Lessons, Ideas and Strategies to Illuminate the Reading and Writing Lives in All of Us* von Travis Crowder und Todd Nesloney
- *Mindsets in the Classroom: Building a Growth Mindset Learning Community* von Mary Cay Ricci
- *Verloren in der Schule: Wie wir herausfordernden Kindern helfen können* von Ross W. Greene
- *Teaching With Love and Logic: Taking Control of the Classroom* von Jim Fay und David Funk

Zum Thema Persönlichkeitsentwicklung:

- *The Art of Exceptional Living* von Jim Rohn
- *The One Thing: Die überraschend einfache Wahrheit über außergewöhnlichen Erfolg* von Gary Keller und Jay Papasan
- *Die 7 Wege zur Effektivität: Prinzipien für persönlichen und beruflichen Erfolg* von Stephen R. Covey
- *Perfekt! Der überlegene Weg zum Erfolg* von Robert Greene
- *Das Lebensspiel und seine Regeln* von Florence Scovel Shinn
- *The Compound Effect: Jumpstart Your Income, Your Life, Your Success* von Darren Hardy
- *Denke nach und werde reich* von Napoleon Hill
- *In meinem Element. Wie wir von erfolgreichen Menschen lernen können, unser Potenzial zu entdecken* von Sir Ken Robinson und Lou Aronica
- *Spirit Led Instead: The Little Tool Book of Limitless Transformation* von Jenai Lane
- *Vision to Reality: How Short Term Massive Action Equals Long Term Maximum Results* und *Business Dating: Applying Relationship Rules in Business for Ultimate Success* von Honorée Corder
- *Taking Life Head On: How to Love the Life You Have While You Create the Life of Your Dreams* von Hal Elrod

Bücher sind nicht nur Werkzeuge, die dich zum Erfolg als Lehrer führen. Sie können dir auch helfen, deine Beziehungen zu verändern, dein Selbstwertgefühl zu steigern und deine Kommunikationsfähigkeit zu verbessern. Du kannst daraus lernen, wie man gesund lebt und jeden anderen Lebensbereich verbessert, den du dir vorstellen kannst. Geh in die Bibliothek oder die Buchhandlung bei dir vor Ort, frage Kollegen und enge Freunde, denen du vertraust oder mach es wie wir und geh auf www.amazon.de – du wirst mehr Bücher zu jedem Lebensbereich finden, den du verbessern willst, als du dir vorstellen kannst.

Eine vollständige Liste von Hals Lieblingsbüchern zum Thema Persönlichkeitsentwicklung – darunter auch die, die den größten Einfluss auf seinen Erfolg, seine Gesundheit und sein Glück hatten – findest du auf der Liste mit Leseempfehlungen auf:

www.TMMBook.com.

Wie viel sollte ich lesen?

Ich würde empfehlen, dass du dir mindestens zehn Seiten am Tag vornimmst (es ist aber auch okay, mit fünf Seiten am Tag anzufangen, wenn du langsam liest oder noch nicht so viel Spaß daran hast).

Zehn Seiten klingt nach nicht besonders viel, aber rechnen wir es doch mal durch. Wenn du jeden Tag zehn Seiten liest, kommst du im Jahr auf 3.650 Seiten – also ungefähr achtzehn Bücher mit je 200 Seiten, die dich auf die nächste Stufe heben, damit du viel erfolgreicher werden kannst.

Und das alles in nur zehn bis fünfzehn Minuten am Tag, oder vielleicht fünfzehn bis dreißig Minuten, wenn du nicht so schnell liest.

Glaubst du, dass du deine Geisteshaltung verbessern, selbstbewusster werden und neue Erfolgsstrategien lernen kannst, wenn du in den nächsten zwölf Monaten achtzehn Bücher über Persönlichkeitsentwicklung und Lehrmethoden liest?

Dass du zu einer besseren, fähigeren Version der Person werden kannst, die du heute bist? Dass sich das auch in deinem Unterricht zeigen wird?

Dann liegst du genau richtig! Jeden Tag zehn Seiten zu lesen ist nur wenig Aufwand, aber die Früchte, die es trägt, sind enorm.

Abschließende Gedanken zum Lesen

- Denk am besten bereits an das Ergebnis, wenn du loslegst. Was erhoffst du dir von einem bestimmten Buch? Nimm dir jetzt einen Moment Zeit und stell dir diese Frage zu diesem Buch.
- Du musst dich nicht zwingen, ein Buch von Anfang bis Ende durchzulesen; du musst es nicht einmal ganz zu Ende lesen. Denk daran, dass deine Lesezeit ganz dir selbst gehört. Schau ins Inhaltsverzeichnis, um keine Teile zu übersehen, die dich interessieren, und zögere nicht, ein Buch wegzulegen und ein anderes zur Hand zu nehmen, wenn es dir nicht zusagt. Es gibt so unendlich viele interessante Informationen, da brauchst du keine Zeit auf mittelmäßige Bücher zu verschwenden.
- Viele Anwender des *Miracle Morning* nutzen ihre Lesezeit für religiöse Texte wie die Bibel oder die Torah.
- Wenn du das Buch nicht gerade aus einer Bibliothek oder von einem Freund geliehen hast, nimm dir die Freiheit, Passagen, Sätze und einzelne wichtige Wörter zu unterstreichen, einzukreisen und zu markieren, dem Buch Eselsohren zuzufügen und Randnotizen zu machen. Wenn du das Buch beim Lesen so markierst, kannst du jederzeit zu ihm zurückkehren und gezielt die wichtigsten Ideen, Lehrsätze und Inspirationen finden, ohne es noch einmal komplett lesen zu müssen. Auf einem E-Book-Reader wie dem Kindle oder Nook, oder über die iBooks-App, kannst du solche Hervorhebungen ganz leicht sortieren, sodass du sie jedes Mal siehst, wenn du das Buch durchblätterst. Du kannst sogar direkt in die Liste deiner Notizen und Markierungen gehen.
- Halte die wichtigsten Ideen, Einsichten und denkwürdigen Passagen in deinem Journal fest. So baust du dir deine eigene Zusammenfassung deiner Lieblingsbücher auf, in der du in nur ein paar Minuten die Schlüsselinhalte nachschlagen kannst.
- Gute Bücher über Persönlichkeitsentwicklung mehrmals zu lesen ist eine sehr wirksame Strategie, die leider oft unterschätzt wird. Dabei kommt es nur sehr selten vor, dass man den ge-

samten Wert eines Buches schon beim ersten Lesen vollständig erfasst. Um Meister einer Disziplin zu werden, muss man üben. Ich habe Bücher wie *Spirit Led Instead* von Jenai Lane schon dreimal gelesen und schlage mehrmals im Jahr etwas darin nach. Versuch es doch gleich einmal mit diesem Buch! Nimm dir vor, es gleich noch einmal anzufangen, wenn du damit fertig bist, um mehr zu lernen und dir selbst mehr Zeit zu schenken, um den *Miracle Morning* zu meistern.

- Hörbücher sind auch Bücher! Du bekommst die gleichen Informationen, aber du kannst nebenher noch etwas anderes machen, dich zum Beispiel bewegen oder zur Arbeit fahren. Wenn ich ein Buch besonders eingehend studieren will, höre ich das Hörbuch an, während ich gleichzeitig den Text lese. Dadurch kann ich mir Notizen machen oder etwas unterstreichen, ohne mich zu lange damit aufzuhalten. Ich lese relativ langsam, aber Hörbücher kann ich auf anderthalbfacher oder doppelter Geschwindigkeit hören, sodass ich viel schneller vorwärtskomme.
- Am wichtigsten ist, dass du sofort umsetzt, was du liest. Plane *gleich beim Lesen* Zeit ein, um die Schritte, die dich ansprechen, in die Tat umzusetzen. Am besten legst du deinen Kalender vorher bereit und trägst gleich ein, wann du das Gelernte anwenden wirst. Werde nicht zum Persönlichkeitsentwicklungsjunkie, der alles liest, aber nichts davon umsetzt. Ich kenne viele Menschen, die sehr stolz darauf sind, wie viele Bücher sie gelesen haben, als wäre das schon ein Wert an sich. Mir persönlich ist es lieber, ein gutes Buch zu lesen und anzuwenden, als zehn Bücher zu lesen und dann nichts anderes zu tun, als das elfte Buch anzufangen. Lesen ist zwar eine großartige Methode, sich Wissen, Einsichten und Strategien anzueignen, aber was dich im Leben und in deiner Karriere wirklich voranbringt, ist es, diese neuen Strategien auch in der Praxis umzusetzen.

Bist du entschlossen genug, das, was du in diesem Buch lernst, anzuwenden, indem du die 30-Tage-Challenge am Ende annimmst?

Das ist schön zu hören! Dann kommen wir jetzt zum zweiten „S" in *Life S.A.V.E.R.S.*

S wie Scribing – Schreiben

„Scribing" bedeutet nichts anderes als „Schreiben", der letzte Bestandteil der *Life S.A.V.E.R.S.* Dieser Teil hilft dir, zu notieren, wofür du dankbar bist und deine Gedanken, Ideen, Inspirationen, Feststellungen, Erfolge und gelernten Lektionen ebenso wie neue Bereiche für Potenzial, persönliche Entwicklung und Verbesserung festzuhalten.

Die meisten Anwender des *Miracle Morning* schreiben jeden Tag während des Rituals fünf bis zehn Minuten Tagebuch. Indem du deine Gedanken aus dem Kopf bekommst und sie schriftlich festhältst, verschaffst du dir sofort höhere Aufmerksamkeit, mehr Klarheit und wertvolle Erkenntnisse, die dir sonst entgangen wären.

Wenn es dir genauso geht wie Hal früher, hast du wahrscheinlich zumindest ein paar angefangene und dann nie wieder angefasste Notiz- und Tagebücher. Für ihn wurde das Schreiben erst zu einer seiner liebsten täglichen Gewohnheiten, als er anfing, den *Miracle Morning* anzuwenden.

Tägliches Schreiben ermöglicht dir, deine Gedanken bewusst zu ordnen. Was aber noch wichtiger ist, sind die Einsichten, zu denen du gelangst, wenn du deine Journale noch einmal von Anfang bis Ende durchgehst – insbesondere, wenn das Jahr sich dem Ende zuneigt. Wie Tony Robbins häufig sagt: „Ein lebenswertes Leben ist es auch wert, festgehalten zu werden."

Es ist nicht leicht in Worte zu fassen, wie unglaublich konstruktiv es ist, seine alten Tagebücher noch einmal durchzulesen. Michael Maher, der Co-Autor von *The Miracle Morning for Real Estate Agents*, ist ein glühender Anhänger der *Life S.A.V.E.R.S.* Ein Teil seiner Morgenroutine besteht darin, dass er das, was er zu schätzen weiß und seine Affirmationen in einem Journal festhält, das er sein „Segensbuch" nennt. Er hat die besten Worte dafür gefunden:

„Was wir zu schätzen wissen … weiß auch uns zu schätzen. Es ist an der Zeit, dass wir unseren unstillbaren Hunger nach dem, was wir wollen, durch unendliche Dankbarkeit für und Lust auf das ersetzen, was wir schon haben. Schreib auf, wofür du dankbar bist, bleib dankbar und anerkennend, dann bekommst du auch mehr von dem, was du brauchst: bessere Beziehungen, größeren materiellen Wohlstand und mehr Glück."

Es liegt eine besondere Kraft darin, aufzuschreiben, was du zu schätzen weißt. Dieses Material noch einmal durchzulesen kann deine Geisteshaltung an einem schwierigen Tag verbessern. Eine tolle Übung, die du zum Teil deiner Routine machen kannst, ist, täglich aufzuschreiben, was du an jedem deiner Kinder, deinem Partner und ganz besonders an dir selbst magst. Wenn wir niederschreiben, was wir an unseren Liebsten schätzen – sogar dann (oder gerade dann), wenn wir nicht unbedingt zufrieden sind – können wir uns leichter auf das konzentrieren, was wir an ihnen mögen.

Stell dir zum Beispiel vor, du bist wütend auf deinen Sohn, weil er deine Tochter geschlagen hat, obwohl er hinterher versucht hat, sie zu trösten. Statt dich auf sein ungünstiges Verhalten zu konzentrieren, könntest du auch dankbar sein, dass er danach Mitgefühl gezeigt hat. Ein anderes Beispiel: Dein Partner verspätet sich, wenn ihr euch für ein bisschen Zeit zu zweit verabredet habt. Du könntest entweder sauer werden oder dankbar sein, dass er es sicher nach Hause geschafft hat und ihr jetzt ungestört Zeit ohne die Kinder zusammen verbringen könnt.

Täglich Tagebuch zu schreiben bringt viele wertvolle Vorteile mit sich. Hier sind einige meiner liebsten. Wenn du regelmäßig schreibst, erhältst du:

- **Mehr Klarheit** – Tagebuch zu führen, wird dir helfen, deine Vergangenheit und deine aktuellen Lebensumstände klar zu sehen und zu verstehen, damit du dich kommenden Herausforderungen leichter stellen kannst. Gleichzeitig kannst du dabei Ideen sammeln, Prioritäten festlegen und deine Handlungen für jeden Tag planen, damit du deine Zukunft besser gestalten kannst.

- **Überblick über deine Ideen** – Indem du deine Ideen aufschreibst, hältst du sie fest und kannst sie besser ordnen und ausbauen. Außerdem verhindert es, dass du die wichtigen Ideen vergisst, die du dir für einen passenden Moment in der Zukunft aufhebst.
- **Lernen durch Wiederholung** – Ein Tagebuch ist perfekt dafür geeignet, das festzuhalten, zu reflektieren und zu wiederholen, was du aus deinen Erfolgen und Misserfolgen gelernt hast.
- **Aufzeichnen von Fortschritten** – Deine alten Tagebucheinträge aus dem letzten Jahr oder auch nur der letzten Woche noch einmal herauszuholen und zu lesen, ist wundervoll, denn es zeigt dir deutlich, wie viele Fortschritte du in der Zwischenzeit gemacht hast. Das zu sehen ist eine der angenehmsten, aufschlussreichsten und bestärkendsten Erfahrungen, die man machen kann. Sie ist durch nichts anderes zu ersetzen.
- **Verbesserung des Gedächtnisses** – Man glaubt ja oft, dass man sich an alles erinnern wird, aber wenn du schon mal ohne Einkaufszettel im Supermarkt warst, weißt du, dass das einfach nicht stimmt. Wenn wir etwas aufschreiben, erhöhen wir damit die Wahrscheinlichkeit, dass wir uns daran erinnern. Und wenn wir dann doch etwas vergessen sollten, können wir einfach noch mal zurückblättern und es erneut nachlesen.

Wirksames Tagebuchschreiben

Diese drei einfachen Schritte helfen dir dabei, mit dem Tagebuchschreiben anzufangen oder deinen aktuellen Schreibprozess zu verbessern.

1. Schritt: Wähle ein Format, physisch oder digital. Du solltest dich vorab entscheiden, ob du lieber ein traditionelles Papiertagebuch führen möchtest oder ob du besser mit einem digitalen Journal zurechtkommst (auf dem Computer oder als App auf dem Handy oder Tablet). Wenn du dich nicht entscheiden kannst, probiere beides einmal aus und leg dich dann fest.

2. Schritt: Besorg dir ein Tagebuch. Es ist nicht so, als würde alles andere nicht funktionieren, aber wenn es um ein „echtes" Tagebuch aus Papier geht, spricht einiges für ein hübsches, langlebiges Buch, das du gern anschaust und in die Hand nimmst. Idealerweise wirst du es schließlich für den Rest deines Lebens behalten.

Ich kaufe gern schöne, ledergebundene Bücher mit linierten Seiten, aber es ist dein Tagebuch, also such dir eines aus, das dir gefällt. Manche Menschen haben lieber leere Seiten, damit sie kleine Zeichnungen einfügen oder Mindmaps erschaffen können. Andere mögen Kalender mit einer Seite pro Tag, weil es ihnen hilft, bei der Stange zu bleiben.

Hier sind ein paar der beliebtesten Papiertagebücher der TMM-Facebookgruppe:

- *The Five Minute Journal* ist unter Leistungsträgern sehr beliebt. Es enthält Denkanstöße für jeden Tag, zum Beispiel „Ich bin dankbar für …" oder „Wodurch könnte dieser Tag besonders gut werden?". Es lässt sich in fünf Minuten oder weniger ausfüllen und enthält ein Feld für den Abend, in dem man den Tag noch einmal Revue passieren lassen kann. www.FiveMinuteJournal.com
- *The Freedom Journal* enthält einen strukturierten, täglichen Prozess, der darauf ausgerichtet ist, dir bei genau einer Sache zu helfen: in 100 Tagen dein wichtigstes Ziel zu erreichen. Erschaffen wurde es von John Lee Dumas von *Entrepreneurs On Fire*, speziell als Werkzeug dafür, sich ein bestimmtes Ziel nach dem anderen zu setzen und zu erreichen. www.TheFreedomJournal.com
- *The Plan: Your Legendary Life Planner* wurde von Freunden von uns entworfen. Es ist ein ganzes System, mit dem du Ziele festlegen und Fortschritte bei Gewohnheiten aufzeichnen

kannst. Dieses Tagebuch ist besonders für Menschen geeignet, die bereit sind, ihr Leben ins Gleichgewicht zu bekommen und zielgerichtet in jedem Lebensbereich 10 von 10 möglichen Punkten zu erreichen. www.LegendaryLifePlan.com

- *The Miracle Morning Journal* ist so formatiert, dass es dich beim *Miracle Morning* unterstützt und dir hilft, organisiert zu bleiben, regelmäßig Bilanz zu ziehen und deine *S.A.V.E.R.S.* täglich aufzuzeichnen.Du kannst dir auf www.TMMbook.com sofort eine Leseprobe des *Miracle Morning Journals* herunterladen und ausprobieren, ob es für dich geeignet ist. www.MiracleMorningJournal.com

Wenn dir ein digitales Journal lieber ist, hast du ebenfalls eine Menge Auswahl. Hier sind ein paar meiner Favoriten:

- *The Five-Minute Journal* gibt es auch als App für iPhones, die das gleiche Format hat wie die Papierversion, in die du aber außerdem Fotos deiner täglichen Einträge hochladen kannst. Darüber hinaus schickt dir die App morgens und abends hilfreiche Erinnerungen daran, dass du Einträge machen sollst. www.FiveMinuteJournal.com
- *Day One* ist eine sehr beliebte Tagebuch-App und eignet sich optimal für dich, wenn du keine vorgegebene Struktur magst und Wert darauf legst, so viel schreiben zu können, wie du willst. In *Day One* findest du leere Seiten für deine täglichen Einträge. Wenn du also gern längere Tagebucheinträge schreibst, ist diese App genau richtig für dich. www.DayOneApp.com
- *Penzu* ist ein Online-Journal, auf das du direkt vom Computer aus zugreifen kannst. Du brauchst also kein iPhone, iPad oder Android-Gerät. www.Penzu.com

Am wichtigsten bei der Auswahl ist natürlich, was du dir von einem Tagebuch wünschst und welche Funktionen du erwartest. Wenn dir keine dieser digitalen Versionen zusagt, google einfach nach „Online-Journal" oder such in deinem App Store nach dem Stichwort „Tagebuch". So bekommst du eine breite Auswahl an anderen Möglichkeiten.

3. Schritt: Schreib täglich. Es gibt unendlich viel, über das du schreiben kannst – Notizen zu dem Buch, das du gerade liest, eine Liste der Dinge, für die du dankbar bist, oder deine obersten drei bis fünf Prioritäten für den Tag sind ein guter Anfang. Schreib alles auf, was dafür sorgt, dass du dich gut fühlst und dass dein Tag optimal verläuft. Mach dir dabei keine Gedanken um Grammatik, Rechtschreibung oder Zeichensetzung. Dein Tagebuch ist ein Raum für ungebremste Fantasie. Also leg deinem inneren Kritiker einen Maulkorb an und überarbeite nichts – schreib einfach drauflos!

Pass die S.A.V.E.R.S. auf deine Bedürfnisse an!

Ich weiß, an manchen Tagen wirst du es nicht schaffen, einen ganzen *Miracle Morning* auf einmal zu machen. Teil die *Life S.A.V.E.R.S.* also ruhig so auf, wie es dir am besten passt. Ich möchte ein paar Ideen mit dir teilen, die dir helfen, die *Life S.A.V.E.R.S.* genau auf deinen Zeitplan und deine Bedürfnisse abzustimmen. Deine aktuelle Morgenroutine erlaubt dir vielleicht nur eine sechs, zwanzig oder dreißig Minuten lange Variante des *Miracle Morning*, aber du kannst dir auch vornehmen, am Wochenende eine längere Version davon zu machen.

Der sechzig Minuten lange *Miracle Morning* mit den *Life S.A.V.E.R.S.* hat für viele Menschen diese oder eine ähnliche Struktur:

Silence – Stille: 10 Minuten
Affirmations – Affirmationen: 5 Minuten
Visualization – Visualisierung: 5 Minuten
Exercise – Bewegung: 10 Minuten
Reading – Lesen: 20 Minuten
Scribing – Schreiben: 10 Minuten

Du kannst die Reihenfolge natürlich ändern, wenn du willst. Ich zum Beispiel lese und schreibe am liebsten zuerst, weil ich mich dabei am stärksten konzentrieren muss, was nicht so einfach ist, wenn mich jemand stört. Hal fängt seinen Tag am liebsten mit einer Weile friedlicher, zielgerichteter Stille an, damit er langsam aufwachen, seine Gedanken sammeln und seine Energie konzentrieren kann. Denk daran: Der *Miracle Morning* gehört ganz dir allein. Probiere also ruhig verschiedene Abfolgen aus, um die zu finden, die am besten zu dir passt.

Ego-Depletion und dein Miracle Morning

Hast du dich schon mal gefragt, warum du einer kleinen Süßigkeit am Morgen relativ leicht widerstehen kannst, warum es aber gegen Nachmittag und Abend immer schwerer wird? Woher kommt es, dass unsere Willenskraft manchmal so unerschütterlich ist und uns dann wieder völlig im Stich lässt? Das liegt daran, dass unsere Willenskraft wie ein Muskel ist, der müde wird, wenn man ihn benutzt. Deshalb fällt es uns am Ende des Tages schwerer, uns selbst davon zu überzeugen, Dinge zu tun, die gut für uns sind und solche zu vermeiden, die uns schaden. Es bedeutet auch, dass wir nachmittags und abends nicht mehr besonders geduldig mit unseren Liebsten umgehen können – gerade dann, wenn es wahrscheinlich am nötigsten wäre.

Die gute Nachricht ist, dass wir diesen Mechanismus verstanden haben und unseren Tag so planen können, dass uns mit Sicherheit alles gelingt. Und die wirklich großartige Nachricht? Der *Miracle Morning* ist ein wesentlicher Teil des Plans. Um zu sehen, wie das funktioniert, müssen wir uns aber erst mal über Ego-Depletion unterhalten.

In ihrem Buch *Die Macht der Disziplin: Wie wir unseren Willen trainieren können* beschreiben die Autoren Roy F. Baumeister und John Tierney *Ego-Depletion* als „die verminderte Fähigkeit einer Person, ihre Gedanken, Gefühle und Handlungen zu regulieren."

Ego-Depletion wird gegen Ende des Tages und immer dann, wenn wir Hunger haben, müde sind oder unsere Willenskraft zu oft oder zu lange unter Beweis stellen müssen, schlimmer.

Wenn du mit den wichtigen Dingen, die dir Energie verleihen und dir helfen, die Person zu werden, die du sein willst, bis zum Abend wartest, wirst du feststellen, dass deine Ausreden sich viel einleuchtender anhören und deine Motivation komplett flöten gegangen ist. Aber wenn du aufwachst und gleich als Erstes deinen *Miracle Morning* durchführst, bekommst du dein erhöhtes Energieniveau und die Achtsamkeit, die die *Life S.A.V.E.R.S.* dir bringen, bevor die Ego-Depletion dir in die Quere kommen kann.

Wenn du die *Life S.A.V.E.R.S.* gewohnheitsmäßig jeden Tag durchführst, lernst du dadurch außerdem, wie man sich eine Gewohnheit zulegt, während man die meiste Willenskraft besitzt. Dieses Wissen und die Energie, die du am Morgen gewinnst, kannst du dann dazu nutzen, dir auch zu anderen Tageszeiten kleine, machbare Gewohnheiten anzueignen.

Abschließende Gedanken zu den Life S.A.V.E.R.S.

Alles ist so lange schwer, bis es einfach wird. Jede neue Erfahrung ist so lange unbequem, bis wir uns daran gewöhnen. Je länger du die *Life S.A.V.E.R.S.* anwendest, desto natürlicher und normaler werden sie sich anfühlen.

Als Hal zum ersten Mal versuchte, zu meditieren, hätte er beinahe gleich wieder das Handtuch geworfen, weil seine Gedanken rasten wie ein Ferrari und völlig unkontrolliert von einem Thema zum nächsten sprangen wie die Kugel in einem Flipper. Heute liebt er Meditation, und auch wenn er immer noch kein Meister darin ist, sagt er, er sei nicht schlecht.

So ähnlich ging es mir mit den Affirmationen, als ich zum ersten Mal den *Miracle Morning* ausprobierte. Ich hatte einfach keine Ahnung, was ich mir bestätigen wollte, also benutzte ich ein paar aus *Miracle Morning: Die Stunde, die alles verändert* und dachte mir dazu selbst ein paar aus. Das war okay, aber es *bedeutete* mir zunächst nicht besonders viel. Mit der Zeit begegneten mir aber immer mehr Dinge, die mich ansprachen und mir wichtig vorkamen, also fügte ich sie meinen Affirmationen hinzu und passte die ursprünglichen entsprechend an. Inzwischen bedeuten mir meine Affirmationen eine Menge, und sie täglich anzuwenden, ist mir viel wichtiger geworden.

Übrigens, die Affirmation „Ich verspreche mir selbst, dass ich *Miracle Morning für Lehrer* noch dieses Jahr fertigschreiben werde, indem ich mich an meine Deadlines halten und mir die Zeit zum Schreiben nehmen werde" habe ich genutzt, um mich täglich zu motivieren, dieses Buch zu schreiben!

Ich empfehle dir, sofort mit den *Life S.A.V.E.R.S.* anzufangen, damit du sie so schnell wie möglich als bekannt und bequem empfindest. Damit hast du schon einen Vorsprung, wenn du die 30-Tage-*Miracle-Morning*-Challenge beginnst.

Der Miracle Morning in sechs Minuten

Wenn es dein größtes Problem ist, genug Zeit für einen *Miracle Morning* zu finden, kann ich dir helfen. Du kannst nämlich in nur sechs Minuten einen ganzen *Miracle Morning* schaffen und von allen Vorzügen der *Life S.A.V.E.R.S.* profitieren. Ich würde dir zwar nicht empfehlen, den *Miracle Morning* jeden Tag in sechs Minuten zu absolvieren, aber für Tage, an denen man rein gar keine Zeit hat, ist es eine tolle Abkürzung, jeden der *S.A.V.E.R.S.* eine Minute lang zu machen.

Als wir deine Lehrerkollegen baten, die *S.A.V.E.R.S.* mit ihren Klassen auszuprobieren, baten wir sie tatsächlich nur um sechs Minuten pro Tag – schließlich wussten wir, dass sie nicht einfach eine Stunde länger unterrichten können. Die Geschichten, die du dazu in diesem Buch lesen kannst, lassen auch die letzten Zweifel dahinschmelzen: Ein täglicher *Miracle Morning* in sechs Minuten kann einen riesigen Unterschied machen!

- **Minute eins (S)**: Schließ die Augen und gönn dir einen Moment friedlicher, zielgerichteter Stille, um den Kopf klar zu bekommen und deine Mitte für den Tag zu finden.
- **Minute zwei (A)**: Lies dir deine wichtigste Affirmation laut vor, um zu verstärken, *was* du erreichen willst, *warum* es dir wichtig ist, *was* du tun musst, um es zu erreichen und – vor allem – *wann* du die entsprechenden Handlungen vornehmen wirst.
- **Minute drei (V)**: Visualisiere, wie du die wichtigste Herausforderung des kommenden Tages problemlos meisterst.
- **Minute vier (E):** Steh auf und mach 50 bis 60 energische Hampelmänner oder leg dich hin und mach Liegestützen und Rumpfbeugen, um deinen Puls anzuregen und deinen Körper in Schwung zu bringen.
- **Minute fünf (R)**: Schnapp dir das Buch, das du gerade liest, und lies einen Absatz oder eine Seite.
- **Minute sechs (S):** Nimm dein Journal zur Hand und notiere eine Sache, für die du dankbar bist, und ein wichtiges Ziel für den kommenden Tag.

Jetzt siehst du sicher schon, wie die *S.A.V.E.R.S.* dich in nur sechs Minuten auf den Tag vorbereiten können – und falls du später noch einmal die Gelegenheit dazu hast, dich um einen oder mehrere der *S.A.V.E.R.S.* zu kümmern, kannst du sie ja immer noch nachholen. Die Sechs-Minuten-Übung ist auf jeden Fall eine tolle Methode, eine Art Mini-Gewohnheit aufzubauen, die dir auch an einem stressigen Morgen Selbstsicherheit verleiht oder als Platzhalter für den vollen *Miracle Morning* steht, wenn du ihn sonst einfach nicht schaffst. Eine andere Mini-Gewohnheit, die du dir zu eigen machen kannst, ist, vorerst nur mit einem der *Life S.A.V.E.R.S.* anzufangen (genau so, wie du es gerade mit dem „R" machst, indem du dieses Buch liest) und die anderen fünf nach und nach hinzuzufügen, wenn du immer früher aufstehst. Denk daran, dass das Ziel ist, dir mehr Zeit zu verschaffen, um an deinen persönlichen Zielen und deiner Geisteshaltung zu arbeiten. Wenn du dich überfordert fühlst, kann das Ganze nicht funktionieren.

Mein persönlicher *Miracle Morning* ist inzwischen zu einem täglichen Erneuerungs- und Inspirationsritual geworden, das ich liebe. In den kommenden Kapiteln werde ich auf die Vorzüge der *Life S.A.V.E.R.S.* aufbauen und dir eine Menge Informationen an die Hand geben, die dich zu einem wirklich selbstbewussten Lehrer machen können. Ich kann es kaum erwarten, sie mir dir zu teilen!

Legendäre Lehrer

CANDACE KLUBA

Lehrerin an der Grundschule in Campbelltown, dritte Klasse

Nachdem wir unseren ersten gemeinsamen Monat mit den *Life S.A.V.E.R.S.* beendet hatten, waren meine Schüler ganz versessen auf die stille Minute und baten mich um immer mehr und längere Stille. Ich weiß nicht, wie es dir geht, aber ich kann mich nicht an das letzte Mal erinnern, als mich ein Achtjähriger darum gebeten hat, still sein zu dürfen! Sie lieben die stille Minute. Ganz ehrlich, ich habe keine Ahnung, woran sie in dieser Zeit denken. In Wahrheit interessiert es mich auch gar nicht. Wenn ich es ihnen erlaube, kann ich oft ganz einfach eine zusätzliche Minute oder mehr bekommen, in der die ganze Klasse still ist.

Für meine Schüler ist es die einzige Minute des ganzen Tages, in der sie Ruhe und Frieden genießen dürfen, ohne irgendwelche Erwartungen erfüllen zu müssen. Sie lieben ihre einzige Gelegenheit, in völliger Stille zu sitzen und ihren Gedanken nachzuhängen.

Außerdem haben meine Schüler die Minuten zu schätzen gelernt, in denen sie lesen und schreiben dürfen. Sie werden unglücklich, wenn sie nicht in der einen Minute mit ihrer Leseaufgabe fertig werden, sie zeichnen auf, wie viel sie jeden Tag schreiben und suchen ständig nach anderen Gelegenheiten, schreiben zu können. Bevor wir mit den *Life S.A.V.E.R.S.* angefangen hatten, kannten meine Schüler sich schon mit Affirmationen aus und wendeten sie täglich an.

Damals fühlten sie sich aber viel automatischer an, weil meine Schüler sie ohne große Gefühle herunterbeteten. Als wir mit den *Life S.A.V.E.R.S.* als Ganzes anfingen, bat ich sie, ihre eigenen Affirmationen zu erschaffen. Dadurch spürten sie sie auf einer viel tieferen Ebene als die Affirmationen, die ich am Anfang des Schuljahres für sie geschrieben hatte.

Inzwischen haben meine Schüler mich sogar darum gebeten, nach der Mittagspause eine Art zusätzliches Mini-*Life-S.A.V.E.R.S.*-Programm mit ihnen zu machen, bei dem wir uns eine Minute lang bewegen und eine Minute Stille genießen. Sie mögen es, sich einen Augenblick Zeit nehmen zu können, um ihren Körper zur Ruhe zu bringen und geistig wieder zurück ins Klassenzimmer zu kommen, bevor sie weiterlernen.

Weil wir die *Life S.A.V.E.R.S.* erst seit einem Monat anwenden, haben sich meine Schüler noch nicht großartig verändert. Es zeichnet sich aber jetzt schon ab, dass sie sich weiterhin positive Gewohnheiten aufbauen werden, weil sie jeden Tag in den Genuss der *Life S.A.V.E.R.S.* kommen. Sie sitzen immer noch gern still da und atmen, um ihre Herzen und Hirne in Einklang zu bringen. Dabei entdecken sie, wie gut ihnen diese Routinen tun, und lernen schon sehr jung die Methoden erfolgreicher Menschen. Wenn sie damit weitermachen, ist es so gut wie garantiert, dass sie auch später im Leben erfolgreich sein werden.

Legendäre Lehrer

CHARLOTTE COUNCIL

Sechsfache Mutter, die ihre Kinder zu Hause unterrichtet

Mein Experiment für *Miracle Morning für Lehrer* sieht wahrscheinlich ein bisschen anders aus als bei den meisten anderen Lehrern. Ich hatte das große Vergnügen, fünf unserer sechs Kinder bis zum Schulabschluss zu Hause zu unterrichten und tue das Gleiche aktuell für unser jüngstes Kind, den Teenager Ethan.

Als ich letztes Jahr versuchte, den *Miracle Morning* und die *Life S.A.V.E.R.S.* ohne einen Rechenschaftspartner anzuwenden, merkte ich, dass ich es nicht schaffte, mich an den Plan zu halten. Allerdings war ich sehr gespannt darauf, was mein Sohn von diesem Konzept halten würde. Ein Partner für den *Miracle Morning* war genau das, was ich brauchte, um eine positive Veränderung in meinem eigenen Leben herbeizuführen. Ethan war bereit, jeden Tag ein paar Minuten lang mit mir an unserem neuen, gemeinsamen Projekt zu arbeiten.

Wir merkten schnell, dass es uns schwerfallen würde, jeden Morgen gemeinsame Zeit zu finden. Unser Zeitplan sorgte dafür, dass unser *Miracle Morning* sehr häufig erst abends stattfinden konnte. Manchmal mussten wir ihn auch allein machen, aber wir legten uns trotzdem immer gegenseitig Rechenschaft darüber ab.

In unserer Stillezeit drückten wir unseren Glauben an Jesus Christus im Gebet aus. Wir sprachen aber auch über die zahlreichen Vorzüge, die man durch Meditation erlangen kann.

Das Konzept der Affirmationen war etwas ganz Neues für Ethan. Wir schrieben jeden Tag so viele Affirmationen in unsere Journale, wie wir in der Zeit schafften. Positive Aussagen über uns selbst aufzuschreiben und zu glauben, wurde zu einer enorm bedeutsamen Übung für uns beide.

Ziele zu setzen fällt mir schon lange sehr schwer. Wir verstehen inzwischen beide, dass es wichtig ist, Ziele zu haben, die unserem Leben eine Richtung und einen Zweck verleihen. Für Ethan war das ganz offensichtlich. Er hat außerdem inzwischen verstanden, dass er seine Träume wahr werden lassen kann, wenn er dafür einen Plan hat, und er wird seine Ziele weiterverfolgen und sich ständig neue setzen.

Eine gute Stretching-Einheit stellte sich als eine körperliche Betätigung heraus, die uns beiden gut tat. Wir haben festgestellt, dass schon eine Minute Dehnungsübungen ausreichten, um uns beiden einen Energieschub zu verleihen.

Ich liebe es, für meine Persönlichkeitsentwicklung zu lesen, also fiel es mir leicht, mir ein Buch auszusuchen. Ethan liest nicht so gerne, also habe ich *Denke nach und werde reich* von Napoleon Hill für ihn ausgesucht. Dieses Buch regte ihn dazu an, über sich selbst und seine Zukunft nachzudenken. Lesen hilft uns, unsere Gedanken zu entwickeln und schenkt uns endlos Wissen und Weisheit, während es gleichzeitig unsere Gehirne aktiv beschäftigt.

Die tägliche Angewohnheit, unsere Affirmationen niederzuschreiben, erlaubte Ethan und mir, besser in Balance mit uns selbst und unseren Zielen zu leben. Tägliches Tagebuchschreiben ist außerdem eine tolle bildliche Darstellung dessen, was man schon erreicht hat. Es ist ein Teil des Bauplans für die Träume, die wir wahr werden lassen wollen.

Gegen Ende unseres Experiments für *Miracle Morning für Lehrer* meinte Ethan, dass es für ihn den größten Unterschied gemacht hätte, seine Affirmationen aufzuschreiben. Aussagen zu erschaffen, die seine Persönlichkeit, seine Ziele und seine Träume reflektierten, wurde für ihn zu einem Spiel. Er hat jetzt das Gefühl, dass er auf dem richtigen Weg ist, erfolgreich zu leben. Deshalb möchte er seine Erfahrungen mit dem *Miracle Morning* unbedingt mit anderen teilen, besonders mit seinen Altersgenossen.

TEIL II:

DIE NICHT GANZ OFFENSICHTLICHEN LEHRERPRINZIPIEN

4. Nicht ganz offensichtliches Lehrerprinzip Nr. 1:

SELBSTFÜHRUNG

Das Niveau deiner Persönlichkeitsentwicklung wird so gut wie immer höher sein als dein Erfolgspegel. Erfolg ist nämlich etwas, das du anziehst, indem du ein anderer Mensch wirst.

JIM ROHN

Man hat uns angelogen. Richtig gehört. Die Gesellschaft hat uns alle darauf konditioniert, dass wir glauben, wir müssten immer mehr *geben*, wenn wir mehr *haben* wollen.

Du willst mehr Geld? Dann arbeite *mehr* und mach *noch mehr* Überstunden.

Du willst mehr Glück? Dann mach *mehr* von den Dingen, die dir Freude machen.

Du willst mehr Liebe? Dann tu *mehr* für deinen Partner oder deine Partnerin, als sie für dich tun.

Aber was wäre, wenn das wahre Geheimnis dahinter, mehr im Leben zu bekommen, nicht darin läge, mehr zu *tun*, sondern darin, mehr zu *werden*?

Das ist die Philosophie, die zum *Miracle Morning* geführt hat und bis heute seine Grundlage bildet: *Unser Erfolgspegel in jedem*

Bereich unseres Lebens hängt unmittelbar mit dem Niveau unserer Persönlichkeitsentwicklung (also unseren Überzeugungen, unserem Wissen, unserer emotionalen Intelligenz, unseren Fähigkeiten, unserem Glauben und so weiter) *zusammen*. Wenn wir also mehr erreichen wollen, müssen wir zuerst mehr werden.

Betrachte es doch einmal so: Wenn du deinen Erfolg in verschiedenen Bereichen deines Lebens auf einer Skala von 1 bis 10 messen könntest, hättest du doch bestimmt gern überall eine 10, oder? Ich habe noch nie jemanden getroffen, der gesagt hätte: „Ach, ich will gar nicht allzu glücklich, gesund oder wohlhabend sein. Mir reicht es, mein Potenzial nicht voll auszuschöpfen und mich mit einem Leben auf Stufe 5 zufriedenzugeben."

Also ist die Frage: Was tust du jeden Tag, um sicherzustellen, dass du eine 10er-Person wirst?

Mit anderen Worten: Wer du wirst, ist viel wichtiger, als was du tust, aber die Ironie an der Sache ist, dass das, was du jeden Tag tust, bestimmt, wer du werden kannst.

Andrew Bryant, der Gründer von *Self-Leadership International*, fasst es so zusammen: „Selbstführung ist eine Methode, dein Denken, deine Gefühle und dein Verhalten zielgerichtet darauf auszurichten, dass du dein(e) Ziel(e) erreichst … Es bedeutet, dass du einen Sinn dafür entwickelst, wer du bist, was du kannst, und wohin du gehst, verbunden mit der Fähigkeit, deine Kommunikation, deine Emotionen und dein Verhalten so zu beeinflussen, dass du es auch erreichst."

Bevor ich auf die Schlüsselprinzipien der Selbstführung eingehe, möchte ich etwas mit dir teilen, was ich über den grundlegenden Einfluss der *Geisteshaltung* auf effektive Selbstführung gelernt habe. Deine Überzeugungen, dein Selbstbild und deine Fähigkeit, dich in wichtigen Momenten auf andere zu verlassen und mit ihnen zusammenzuarbeiten, die du in der Vergangenheit besessen hast, sind ein wichtiger Faktor, wenn es darum geht, dich selbst so gut wie möglich zu führen.

Mach dir deine selbst auferlegten Einschränkungen bewusst und betrachte sie skeptisch

Vielleicht hältst du immer noch an falschen, einschränkenden Überzeugungen fest, die dich unbewusst daran hindern, deine beruflichen und privaten Ziele zu erreichen.

Zum Beispiel könntest du zu den Menschen gehören, die sich immer wieder sagen: „Ich wünschte, ich wäre besser organisiert", oder „Ich bin nun mal kein besonders gut organisierter Mensch".

In Wirklichkeit bist du aber sehr wohl in der Lage, dir die Struktur und die Inspiration zu erschaffen, die man braucht, um gut organisiert zu sein. Wenn du aber glaubst, du könntest es nicht, setzt du bereits voraus, dass du scheitern wirst, und nimmst dir dadurch selbst die Möglichkeit, erfolgreich zu werden. Im Leben hat man schon genug Hindernisse, also hör auf, dir noch mehr davon zu erschaffen!

Personen, die sich effektiv selbst führen, untersuchen ihre Überzeugungen kritisch, entscheiden, welche davon ihnen nützen, und löschen die, die es nicht tun, aus.

Wenn du ab sofort merkst, dass du etwas denkst oder sagst, das nach einer einschränkenden Überzeugung klingt, von „Ich habe nicht genug Zeit" bis hin zu „Das könnte ich nie", nimm dir einen Moment Zeit, und verwandle diese selbsteinschränkende Aussage in eine Frage, die dir hilft, dich selbst zu ermächtigen: *Wie kann ich mehr Zeit in meinem Zeitplan schaffen? Wie könnte ich das auch schaffen?*

Dadurch zapfst du deine angeborene Kreativität an und findest leichter Lösungen. Wenn du dich einer Sache verschrieben hast, findest du nämlich immer einen Weg. Wie Tennislegende Martina Navratilova einmal gesagt hat: „Der Unterschied zwischen etwas, das man macht und etwas, dem man sich voll verschrieben hat, ist wie der Unterschied zwischen Schinken und Ei. Das Huhn macht mit, aber das Schwein ist voll dabei." Und voll dabei zu sein ist der Schlüssel dazu, etwas zustande zu bringen.

Sieh dich selbst als besser denn je

Wie Hal in *Miracle Morning: Die Stunde, die alles verändert* schreibt, leiden wir alle am Rückspiegelsyndrom. Das bedeutet, dass wir unsere aktuellen und zukünftigen Ergebnisse dadurch einschränken, wer wir in der Vergangenheit waren. Denk daran, *wer du jetzt bist, ist zwar das Ergebnis davon, wer du in der Vergangenheit warst, aber wohin du gehst, hängt allein von der Person ab, die zu sein du dich jetzt entscheidest.* Das ist für Lehrer besonders wichtig. Du wirst Fehler machen. Aber lass dich durch dein schlechtes Gewissen nicht davon abhalten, nach vorne zu schauen. Lerne aus deinen Fehlern und mach es beim nächsten Mal besser.

Ich habe einmal ein Interview mit Sara Blakely gesehen, der Gründerin von *Spanx* und jüngsten Selfmade-Milliardärin in den USA. Sie führt ihren Erfolg auf die Geisteshaltung zurück, die ihr Vater ihr vermittelt hat: „Als ich klein war, ermutigte er uns zu scheitern. Wenn wir aus der Schule kamen, fragte er uns beim Abendessen: ‚Und, woran seid ihr heute gescheitert?' und war enttäuscht, wenn wir ihm nichts zu erzählen hatten. Das war eine sehr interessante Art von umgekehrter Psychologie. Wenn ich nach Hause kam und ihm erzählte, dass ich etwas ausprobiert hatte und furchtbar schlecht darin war, gratulierte er mir." Wenn wir es zulassen, können unsere Fehler zu den besten Lebenslektionen werden.

Wir alle machen Fehler! Menschen kommen nun mal nicht mit einer Gebrauchsanweisung und es wird sich immer jemand finden, der dir ungefragt erzählen möchte, was du im Leben besser machen könntest. Hör nicht auf solches Hintergrundrauschen! Vertraue deinen Entscheidungen und such dir Rat und Hilfe, wenn du dir nicht sicher bist.

Alle erfolgreichen Menschen haben sich irgendwann entschieden, sich selbst als besser zu betrachten, als sie es je zuvor getan hatten. Sie hörten auf, einschränkende Überzeugungen aufrechtzuerhalten, die sie in der Vergangenheit aufgebaut hatten, und ersetzten sie durch Überzeugungen, die im Glauben an ihr eigenes unbegrenztes Potenzial gründeten.

Eine der besten Methoden, das zu schaffen, ist es, der vierstufigen *Miracle Morning*-Affirmationsformel zu folgen und erfolgsorientierte Affirmationen zu erschaffen, wie im letzten Kapitel beschrieben. Achte darauf, dass deine Affirmationen bestätigen, was dir möglich ist. Beschreibe dein ideales Ergebnis, warum es für dich wichtig ist, was du bereit bist, dafür zu tun, und wann genau du es tun wirst.

Suche aktiv nach Unterstützung

Für Lehrer ist es unentbehrlich, sich Unterstützung zu suchen. Trotzdem tun sich viele damit schwer und leiden lieber still vor sich hin, weil sie annehmen, alle anderen wären einfach besser.

Manche Lehrer weigern sich geradezu, um Hilfe und Unterstützung zu bitten.

Menschen, die sich gut selbst führen, wissen, dass sie es nicht allein schaffen können. Vielleicht brauchst du zum Beispiel jemanden, der dich moralisch unterstützt, damit du die Batterien wieder aufladen kannst, die das Leben nur zu gerne immer wieder leert. Oder du brauchst eine Person, der du Rechenschaft ablegen kannst, damit du nicht immer wieder aufgibst, wenn eine Aufgabe ein bisschen schwieriger wird als gedacht.

Wir brauchen alle Hilfe in verschiedenen Lebensbereichen – das verstehen die Menschen, die sich am besten selbst führen, und sie nutzen es zu ihrem Vorteil.

Die *Miracle Morning*-Community auf Facebook ist ein perfekter Ausgangspunkt auf der Suche nach Unterstützung. Ihre Mitglieder sind positiv und reaktionsfreudig.

Darüber hinaus könntest du dich aber auch einer Gruppe bei dir vor Ort anschließen. Auf Meetup.com oder sogar Nebenan.de kannst du ganz einfach Menschen finden, denen es ähnlich geht wie dir.

Ich kann dir nur empfehlen, dir einen Rechenschaftspartner und, wenn möglich, einen Life oder Business Coach zu suchen, der dir hilft.

Die fünf grundlegenden Prinzipien der Selbstführung

Selbstführung ist eine Fähigkeit und gründet wie alle Fähigkeiten auf einer Basis aus Prinzipien. Um zu wachsen und den Erfolg deiner Träume zu erreichen, musst du zunächst lernen, wie du dich am besten selbst führst.

Meine Lieblingsmethode, die Lernkurve zu verkürzen und schneller im obersten Prozent anzukommen, ist es, die Prinzipien, Wesenszüge und Verhaltensweisen derer nachzuahmen, die bereits erreicht haben, was ich mir wünsche.

Ich habe schon massenhaft Führungspersönlichkeiten und unzählige effektive Strategien kennengelernt, du bestimmt auch. Diese fünf Prinzipien haben meines Erachtens den größten Einfluss auf die Fähigkeit zur Selbstführung:

1. Übernimm die Verantwortung zu 100 Prozent.
2. Mach Fitness zu einer Priorität und genieße Bewegung.
3. Setz dir finanzielle Freiheit zum Ziel.
4. Systematisiere deine Welt.
5. Verschreib dich ganz dem Prozess, der Resultate produziert.

Prinzip Nr. 1: Übernimm die Verantwortung zu 100 Prozent

Es ist nicht besonders schön, aber es ist wahr: Wenn du im Leben und in deiner Karriere nicht dort stehst, wo du sein möchtest, ist das allein deine Schuld.

Je schneller du dich dieser Wahrheit stellst, desto schneller kannst du beginnen, weiter voranzukommen. Das ist nicht böse gemeint. Erfolgreiche Menschen sind nur selten Opfer. Im Gegenteil, einer der Gründe für ihren Erfolg liegt darin, dass sie absolut, komplett und total die Verantwortung für jeden Bereich ihres Lebens übernehmen – und zwar sowohl im Geschäft als auch im Privatleben, für das Gute wie das Schlechte und für ihre eigenen Aufgaben ebenso wie für die von anderen.

Opfer neigen dazu, Zeit und Energie darauf zu verschwenden, die Schuld bei anderen zu suchen und sich zu beschweren. Erfolgreiche Menschen nutzen ihre Zeit lieber dafür, die Ergebnisse und Lebensumstände zu erschaffen, die sie sich wünschen. Mittelmäßige Lehrer jammern, dass ihre Schüler sich aus dem einen oder anderen Grund nicht so entwickeln, wie sie sollten, oder dass die Schulleitung schuld daran ist, dass nicht alles optimal läuft, während erfolgreiche Lehrer sich zu 100 Prozent selbst dafür verantwortlich fühlen, Methoden zu finden, mit denen sie ihre Schüler motivieren und dafür sorgen, dass sie nicht nur gute Noten schreiben, sondern den Stoff verinnerlichen. Lehrer, die die Verantwortung auf sich nehmen, sind so darauf fokussiert, positive Ergebnisse zu erschaffen, dass sie keine Zeit zum Jammern haben.

Ich habe Hal einmal in einer seiner Reden eine wichtige Unterscheidung machen gehört: „Der Moment, in dem du 100 Prozent der Verantwortung für alles in deinem Leben übernimmst, ist der Moment, indem du die Macht erhältst, alles an deinem Leben zu verändern. Dabei ist es allerdings wichtig, festzuhalten, dass Verantwortung nicht das Gleiche ist wie Schuld. Bei Schuld geht es darum, herauszufinden, wer eine bestimmte Situation verursacht hat, bei Verantwortung liegt der Fokus darauf, herauszufinden, wer die Situation verbessern wird. Wer schuld an einer Sache ist, spielt nur sehr selten eine Rolle. Alles, was zählt, ist, was du zu tun bereit bist, um deine Situation zu verbessern.“ Er hat recht. Und es gibt dir jede Menge Kraft, so zu denken und zu handeln. Plötzlich hast du die Kontrolle über dein eigenes Leben und deine Ergebnisse.

Wenn du dein Leben wahrhaftig in Besitz nimmst, bleibt dir keine Zeit, darüber zu diskutieren, wer an irgendetwas schuld ist oder etwas verbockt hat. Die Schuld bei anderen zu suchen, ist immer einfach, aber dafür gibt es jetzt keinen Platz mehr in deiner Welt. Andere Lehrer mögen Ausflüchte suchen, warum sie ihre Ziele nicht erreicht haben, oder warum ihre Schüler nicht gut genug sind, du nicht. Dir gehören deine Resultate selbst – die guten und die schlechten. Die guten kannst du feiern, von den sogenannten schlechten kannst du lernen. So oder so hast du immer eine Wahl, wie du auf eine bestimmte Situation reagierst und was du daraus machst.

Einer der Gründe, warum diese Geisteshaltung so wichtig ist, liegt darin, dass du ein Vorbild für andere bist. Wenn du immer auf der Suche nach einem Schuldigen bist, merken deine Schulleitung, die Kollegen, die Schüler und die Eltern das und respektieren es vermutlich nicht besonders (und dich auch nicht). Es ist wie bei Eltern, die das Beste aus ihren Kindern herausholen wollen: Du stehst meistens unter Beobachtung, deshalb ist es so wichtig, dass du die Werte lebst, die du anderen mitgeben willst.

Ich rate dir, ab sofort bewusst diese Veränderung in deiner Geisteshaltung herbeizuführen: Nimm all deine Entscheidungen, Handlungen und Resultate in Besitz. Ersetze die unnötige Suche nach Schuld durch unerschütterliche Verantwortung. Wenn jemand anders einen Fehler macht, frag dich selbst, was du dagegen hättest unternehmen können. Du kannst zwar nicht ändern, was bereits passiert ist, aber die gute Nachricht ist, dass du alles andere selbst in der Hand hast.

Ab sofort gibt es keinen Zweifel mehr, wer das Steuer in der Hand hat und für all deine Ergebnisse verantwortlich ist. Du triffst die Entscheidungen, du tust, was nötig ist, du bestimmst die Resultate, die du willst, und du erreichst sie. Deine Ergebnisse sind zu 100 Prozent deine eigene Verantwortung. Alles klar?

Denk daran, dass du in einer Machtposition bist. Du hast die Kontrolle; du kannst alles erreichen, was du willst.

Prinzip Nr. 2: Mach Fitness zu einer Priorität und genieße Bewegung

Wo würdest du dein Fitnessniveau und deine Gesundheit auf einer Skala von 1 bis 10 einschätzen? Bis du fit? Stark? Geht es dir öfter gut als schlecht?

Wie steht es um deinen Energiepegel im Laufe des Tages? Hast du mehr Energie, als du brauchst? Kannst du aufwachen, bevor der

Wecker klingelt, alles schaffen, was der Tag dir bringt, und dich um die unvermeidlichen Notfälle kümmern, ohne jemals aus der Puste oder ans Ende deiner Kräfte zu kommen?

Wir haben bereits über Bewegung, das „E" in *S.A.V.E.R.S.*, gesprochen, aber ich will es trotzdem noch einmal tun. Es ist eine Tatsache, dass dein Gesundheitszustand und deine Fitness ein riesiger Faktor sind, wenn es um deinen Energiepegel und deinen Erfolg geht – besonders als Lehrer. Anders als die meisten Arbeitnehmer wirst du nämlich nicht für die Zeit bezahlt, die du am Arbeitsplatz verbringst, und auch nicht für die reine Unterrichtszeit. Deine Bezahlung errechnet sich daraus, welche Ergebnisse du während der Arbeitszeit erbringst. Das Leben als Lehrer ist eine Art Sport, der ständig an deiner Energie zehrt. Und wie für jeden Sport brauchst du deshalb besonders viel Energie und Durchhaltevermögen.

Es überrascht daher nicht besonders, dass die drei obersten Prioritäten der Top-Leistungsträger damit zu tun haben, was sie essen, wie sie schlafen und wie viel sie sich bewegen. Das musst du dir auch unbedingt aneignen! Im nächsten Kapitel, wenn wir über Energiemanagement reden, betrachten wir diese drei Bereiche noch einmal genauer, aber fangen wir doch gleich schon mal damit an, sicherzustellen, dass du dich jeden Tag ausreichend bewegst. Und der Schlüssel dazu ist es, eine Sportart zu finden, die dir wirklich Spaß macht.

Sorge dafür, dass du Freude an der Bewegung hast. Der Zusammenhang zwischen körperlicher Fitness, Glück und Erfolg ist unbestreitbar. Es ist kein Zufall, dass du selten einen Höchstleistungsträger treffen wirst, der körperlich nicht in Form ist. Die meisten von ihnen planen täglich 30 bis 60 Minuten ein, die sie dafür investieren, im Fitnessstudio zu trainieren oder laufen zu gehen, weil sie wissen, wie wichtig tägliche Bewegung für ihren Erfolg ist.

Das „E" in *S.A.V.E.R.S.* sorgt schon mal dafür, dass du jeden Tag mit 5 bis 10 Minuten Bewegung beginnst, aber wir empfehlen dir, dir vorzunehmen, mindestens drei- bis fünfmal pro Woche zusätzlich 30 bis 60 Minuten lang zu trainieren. Dadurch steigt dein

Fitnesslevel und verleiht dir die Energie und das Selbstbewusstsein, das du brauchst, um richtig erfolgreich zu werden.

Noch besser ist es, wenn du eine Sportart für dich findest, die dir von Grund auf Spaß macht. Das kann eine Wanderung in der Natur sein, ein wenig Ultimate Frisbee, oder ein Ergometer, den du vor dem Fernseher aufstellst, damit du beim Sport eine Folge „Breaking Bad" schauen und ganz vergessen kannst, dass du gerade trainierst. Du kannst es auch machen wie Hal. Er liebt Wakeboarding und Basketball – zwei großartige Sportarten –, also macht er an jedem Werktag eins von beidem. Weiter hinten in diesem Buch zeigen wir dir Hals grundlegenden Zeitplan, in dem du sehen kannst, wie er diese Aktivitäten mit dem Rest seiner Prioritäten unter einen Hut bringt.

Welche körperlichen Betätigungen machen dir so viel Spaß, dass du sie als Teil einer täglichen Fitnessroutine in deinen Kalender aufnehmen kannst?

Prinzip Nr. 3: Setz dir finanzielle Freiheit zum Ziel

Wo bist du auf dem Weg zur finanziellen Unabhängigkeit? Verdienst du jeden Monat deutlich mehr Geld, als du zum Überleben brauchst? Kannst du regelmäßig einen beträchtlichen Teil deines Einkommens sparen, investieren und spenden? Bist du schuldenfrei und hast ordentliche Rücklagen, die du nutzen kannst, wenn sich eine gute Gelegenheit bietet, oder um eine finanziell ungünstige Phase durchzustehen?

Läuft dein Weg zur finanziellen Freiheit dahin, dass dein passives Einkommen regelmäßig deine monatlichen Fixkosten übersteigt? Wenn ja, herzlichen Glückwunsch! Dann gehörst du zu den sehr wenigen Lehrern, deren Finanzen wirklich in Ordnung sind.

Wenn nicht, bist du damit aber wenigstens nicht alleine. Die meisten Menschen besitzen nicht mehr als 10.000 Dollar und haben im Durchschnitt 16.000 Dollar ungedeckte Schulden. Wenn deine Finanzen nicht ganz dem entsprechen, was du dir wünschst, schau ich dich also nicht schief an. Stattdessen möchte ich dich zurück auf Prinzip Nr. 1 verweisen und dir raten, 100 Prozent der Verantwortung für deine finanzielle Situation zu übernehmen.

Ich habe schon alle möglichen Gründe und Ausreden gesehen und gehört, warum man Schulden macht, nichts spart und keine Rücklagen bildet. Darum geht es jetzt aber überhaupt nicht. Natürlich wäre die beste Zeit, einen Teil deines Einkommens anzusparen, vor fünf, zehn oder sogar zwanzig Jahren gewesen. Aber der zweitbeste Zeitpunkt dafür ist genau jetzt.

Egal, ob du 20, 40, 60 oder 80 Jahre alt bist, es ist nie zu spät, die Kontrolle über deine persönlichen Finanzen zu übernehmen. Du wirst merken, dass es dir geradezu Flügel verleiht, wenn du das Steuer in die Hand nimmst. Dein angespartes Vermögen wirst du nutzen können, um noch mehr Wohlstand zu erschaffen, weil du dann tatsächlich die Mittel hast, in gute Gelegenheiten zu investieren. Klingt doch gut, oder?

Es ist ziemlich unwahrscheinlich, dass du dich dafür entschieden hast, Lehrer zu werden, weil du finanziell unabhängig werden wolltest, aber es ist durchaus möglich, sich mit einem Lehrergehalt finanzielle Freiheit zu erschaffen. Tatsächlich ist es nur die halbe Miete, Geld zu verdienen.

Zu lernen, wie man es behält, indem man spart und klug investiert, ist die zweite Hälfte, und herauszufinden, wie man sich mehrere Einkommensquellen erschließt, damit man nie wieder von nur einer abhängig ist, ist die nächste Stufe, über die wir auf den nächsten Seiten reden werden. Keine Sorge, wenn du darüber noch nie nachgedacht hast – wenn dir der Gedanke gefällt, zeigen wir dir in diesem Buch mehrere Möglichkeiten, wie du dieses Ziel erreichen kannst.

Finanzielle Freiheit ist nichts, was man von einem auf den anderen Tag erschaffen kann. Sie ist das Ergebnis davon, sich die Geisteshaltung und die Gewohnheiten zuzulegen, die dich auf den richtigen Weg zur finanziellen Unabhängigkeit bringen.

Hier sind vier praktische Schritte, mit denen du heute schon anfangen kannst, auf diesen Weg zu starten.

1. Lege 10 Prozent deines Einkommens auf die Seite, um sie zu sparen und zu investieren

Daran führt kein Weg vorbei. Ich rate dir, jetzt gleich zehn Prozent des Geldes, das du aktuell auf der Bank hast, zu nehmen und auf ein separates Sparkonto zu überweisen. Ich warte so lange hier. Pass deinen Lebensstil so an, dass es dir möglich ist, von 90 Prozent dessen zu leben, was du gerade verdienst.

Ein wenig Disziplin und ein paar kleine Opfer machen dabei einen riesigen Unterschied. Wenn du siehst, wie diese zehn Prozent sich im Lauf der Zeit aufaddieren, wird es spannend, weil du dann anfängst zu spüren, welche Möglichkeiten du in Zukunft haben wirst.

2. Nimm noch mal 10 Prozent und verschenke sie

Die meisten wohlhabenden Menschen spenden einen Teil ihres Einkommens an gute Zwecke, an die sie glauben. Du brauchst aber nicht zu warten, bis du reich bist, um damit anzufangen. Tony Robbins hat einmal gesagt: „Wenn du nicht im Stande bist, 1 Dollar von 10 abzugeben, dann wirst du auch niemals eine Million von 10 Millionen spenden."

Schaffst du es nicht, 10 Prozent deines Einkommens abzugeben, weil du dann die Miete nicht bezahlen kannst? Dann fang mit fünf, zwei oder einem Prozent an. Dabei kommt es nicht auf die Höhe deiner Spende an, sondern darauf, dass du die Geisteshaltung entwickelst und dir eine Gewohnheit zulegst, die deine finanzielle Zukunft verändern und dir für den ganzen Rest deines Lebens dienlich sein wird.

Du musst deinem Unterbewusstsein beibringen, dass du ein mehr als ausreichendes Einkommen schaffen kannst, und dass immer mehr hinzukommen wird.

3. Mach dir deine Haltung zum Geld bewusst und arbeite daran

Das ist eines der wichtigsten Themenfelder, die du meistern musst. Fang am besten gleich damit an, indem du dir die folgenden Bücher auf deine Leseliste setzt, die verschiedene Aspekte des Wegs zur finanziellen Freiheit behandeln:

- *Wealth Can't Wait: Avoid the 7 Wealth Traps, Implement the 7 Business Pillars, and Complete a Life Audit Today* vom Co-Autor von *Miracle Morning für Millionäre* David Osborn, mit Paul Morris (diese Bücher werden dir beide helfen)
- *Profit First: Ein einfaches System, jedwedes Unternehmen von einem kapitalfressenden Monster in eine Geldmaschine zu verwandeln* von Mike Michalowicz
- *So denken Millionäre: Die Beziehung zwischen Ihrem Kopf und Ihrem Kontostand* von T. Harv Eker
- *The Total Money Makeover: A Proven Plan for Financial Fitness* von Dave Ramsey
- *The Millionaire Fastlane: Crack the Code to Wealth and Live Rich for a Lifetime* von M. J. DeMarco
- *Money: Die 7 einfachen Schritte zur finanziellen Freiheit* von Tony Robbins
- *Denke nach und werde reich. Die Erfolgsgesetze* von Napoleon Hill
- *Rich Dad Poor Dad: Was die Reichen ihren Kindern über Geld beibringen* von Robert Kiyosaki
- *Magic Money Books 1-3: A Course in Creating Abundance* von Holly Alexander

4. Finde und schaffe neue Einnahmequellen

Egal, ob du Vollzeitlehrer bist oder ob du zusätzlich noch einen Nebenjob hast: Wir vermuten stark, dass du deine aktuelle finanzielle Sicherheit liebst – und dass du dir gleichzeitig wünschst, so bald wie möglich finanziell unabhängig zu werden. Mehr als eine Einnahmequelle zu finden, ist also keine Luxusidee mehr. Heutzutage ist die wirtschaftliche Lage so schwer vorhersehbar, dass es einfach sein muss.

Neue Einnahmequellen zu erschließen, oder dir neue Einkommensströme zu sichern, ist eine der besten Entscheidungen, die du treffen kannst. Es schützt dich und deine Familie nicht nur vor den unvermeidlichen Schwankungen wirtschaftlicher Kreisläufe, es hilft dir außerdem, dir lebenslange finanzielle Unabhängigkeit zu sichern. Weil es finanziell sehr riskant ist, sich auf nur eine Einnahmequelle zu verlassen, rate ich dir, dich unbedingt darauf zu konzentrieren, mindestens eine zusätzliche Quelle zu erschließen, damit dir das Geld nie ausgeht.

Als Hal 25 Jahre alt war, begann er zu planen, wie er seine lukrative, ausgezeichnete Vertriebskarriere hinter sich lassen und sich den Traum erfüllen könnte, Vollzeitunternehmer zu werden. Noch während er weiter im Vertrieb arbeitete und sich damit ein regelmäßiges Einkommen sicherte, gründete er seine erste Firma und damit auch seine erste zusätzliche Einnahmequelle. Er coachte andere Verkäufer und Teams in Sachen Vertrieb. Als 2008 die Wirtschaftskrise zuschlug, hing Hals Einkommen fast ausschließlich von seinem Coachingbusiness ab. Plötzlich konnte ihn mehr als die Hälfte seiner Kunden nicht mehr für seine Dienste bezahlen und er verlor die Hälfte seines Einkommens. Damals schwor er sich, dass er sich nie wieder auf nur eine Einnahmequelle verlassen würde.

Also machte er sich an die Arbeit und erschuf sich Jahr für Jahr nach der unten beschriebenen Formel neue Einkommensströme – inzwischen ist er bei neun, darunter Coaching für Einzelpersonen und Gruppen, Bücher, Vorträge, die Organisation von Mastermind-Treffen, Podcasts, Lizenzvergabe seiner Bücher ins Ausland, Selbstverlag und Franchising der Bücher in der *Miracle Morning*-Serie, Einkommen durch sogenannte Affiliates und die Organisation von Live-Events mit 300 und mehr Teilnehmern.

Deine zusätzlichen Einnahmequellen können aktiv, passiv oder eine Kombination aus beidem sein. Durch manche kannst du vielleicht dafür bezahlt werden, das zu tun, was du liebst (aktiv), andere verschaffen dir ein Einkommen, für das du gar nicht viel tun musst (passiv). Du kannst dein Einkommen in verschiedenen Branchen suchen, sodass du davor geschützt bist, viel zu verlieren, wenn ein Markt gerade eine schwache Phase hat, und gleichzeitig von stärkerer Nachfrage in einem anderen Markt profitieren.

Auch wenn Hals weiter unten beschriebene Herangehensweise daran, sich mehrere Einkommensströme zu sichern, nur eine Möglichkeit von zahllosen ist, die du ausprobieren kannst (du könntest dir zum Beispiel Immobilien kaufen, an der Börse spekulieren, Nachhilfe geben, Bücher über dein Spezialgebiet schreiben und so weiter), werden dir die Schritte 4.1-4.8 einen praxisorientierten, einfachen Prozess an die Hand geben, der dir hilft, sofort mit dem Brainstormen und der Umsetzung anzufangen.

Das Wichtigste dabei ist, dass du es zu einer Priorität machst, dir neue Einnahmequellen zu erschließen. Schreib dir dafür Zeitblöcke in den Kalender – jeden Tag eine Stunde, einen Tag pro Woche oder ein paar Stunden jeden Samstag – damit du dir schnell neue Einkommensströme zulegst, die dir jeden Monat Geld einbringen. So schaffst du dir finanzielle Sicherheit für heute und finanzielle Freiheit für morgen.

Hier sind die acht Schritte, die Hal immer wieder ausgeführt hat. Wende sie direkt an oder pass sie auf deine eigene Situation an.

4.1 Schaff dir finanzielle Sicherheit

Dieser Schritt ist zwar nicht besonders sexy, aber er ist absolut notwendig. Betrachte ihn wie eine Art Sicherheitsnetz. Konzentriere deine Zeit und Energie auf keinen Fall darauf, eine zweite Einnahmequelle zu erschließen, solange deine erste nicht gesichert ist. Egal, ob du angestellt bist oder ein eigenes Unternehmen hast, achte zuerst darauf, dass deine monatlichen Haupteinnahmen gesichert sind, damit du deine Ausgaben stemmen kannst, bevor du dich an die weiteren Schritte machst.

Anders ausgedrückt: Verbrenne nicht deine Schiffe wie Hernán Cortés, bis du nicht zumindest ein Ruderboot hast, das dich über Wasser hält, während du an deiner Yacht baust.

4.2 Finde deinen einzigartigen Wert

Jeder Mensch auf diesem Planeten hat besondere Talente, Fähigkeiten, Erfahrungen und einen Wert, den er so anbieten kann, dass er dadurch Wert für andere schafft und sich dafür gut bezahlen lassen kann. Finde heraus, welches Wissen, welche Erfahrungen, welche Fähigkeiten oder welche Lösungen du hast oder schaffen kannst, in denen andere einen Wert sehen, für den sie dich gern bezahlen. Denk daran: Bloß, weil du etwas weißt, heißt das noch lange nicht, dass alle anderen es auch tun. Hier sind ein paar Methoden, mit denen du deinen eigenen Marktwert herausarbeiten kannst:

1. Wer du bist und deine einzigartige Persönlichkeit unterscheiden deinen Wert immer von dem jeder anderen Person auf der Welt. Viele Menschen werden dein Angebot besser bewerten als ähnliche Angebote, weil sie mit deiner Persönlichkeit besser klarkommen.

2. Wissen ist etwas, das du in relativ kurzer Zeit massiv vergrößern kannst. In *Money: Die 7 einfachen Schritte zur finanziellen Freiheit* schreibt Tony Robbins: „Ein Grund, aus dem Menschen erfolgreich werden, ist, dass sie mehr über etwas wissen als andere. Einen Arzt oder Anwalt zum Beispiel bezahlt man für Wissen, das man selbst nicht hat."

Dich in einem bestimmten Bereich weiterzubilden ist eine sehr effektive Methode, den Wert zu steigern, für den dich andere bezahlen – entweder dafür, dass du ihnen beibringst, was du weißt, oder dafür, dass du dein Wissen in ihrem Sinn einsetzt.

3. Wie du dich präsentierst, hat direkten Einfluss darauf, wie groß dein Marktwert ist. Als Hal das Buch *Miracle Morning: Die Stunde, die alles verändert* schrieb, musste er die Unsicherheit überwinden, dass er das Frühaufstehen an sich nicht unbedingt selbst erfunden hatte. Er fragte sich, ob er ein solches Buch überhaupt verkaufen könnte. Aber wie seither Hundertausende von Lesern berichten, war die Art, wie er die Informationen verpackte, der Grund dafür, dass das Buch so viel Eindruck hinterließ. Es war einfach und gab den Lesern eine Schritt-für-Schritt-Anleitung, die ihnen half, all ihre Lebensbereiche grundlegend zu verbessern, indem sie änderten, wie sie ihren Tag begannen. Wie kannst du dein Angebot so verpacken, dass es Wert für andere hat und dir eine zusätzliche Einkommensquelle erschließt?

4.3 Finde deine Zielgruppe

Wem kannst du am besten dienen? Hal hatte als Verkäufer Rekorde gebrochen und Auszeichnungen gesammelt, also beschloss er, dass er am besten dafür qualifiziert war, anderen Verkäufern zu helfen. Das führte zu seinem ersten Coachingprogramm. Inzwischen dient er mit der *Miracle Morning*-Buchserie und den *Best Year Ever Blueprint*-Live-Events einem viel größeren Publikum aus aller Welt. Ich dagegen coache Autoren und solche, die es werden und damit und mit ihren anderen Einnahmequellen siebenstellige Beträge verdienen wollen.

Denk über den Wert nach, den du für andere darstellen kannst, oder über die Probleme, für die du Lösungen finden kannst. Wer wird dich dafür bezahlen, deinen Wert nutzen zu können, seine Probleme zu lösen oder ihm zu helfen, bestimmte Ergebnisse zu erreichen?

4.4 Bau dir eine selbsterhaltende Community auf

Ein Wendepunkt in Hals finanziellem Leben kam, als er hörte, wie der Multimillionär Dan Kennedy erklärte, dass einer der wertvollsten Aktivposten im Leben eines Unternehmers seine E-Mail-Liste sei. Man solle sich also stets darauf konzentrieren, sie zu erweitern und zu pflegen. Damals standen auf Hals E-Mail-Liste nur seine Familie und seine Freunde, aber er machte sie sofort zu einer Priorität.

Heute, zehn Jahre später, hat er sich Dans Ratschlag nicht nur zu Herzen genommen und eine E-Mail-Liste von weit über 100.000 treuen Abonnenten aufgebaut, er ist sogar einen Schritt weiter gegangen und hat eine der aktivsten Online-Communitys der Welt gegründet und aufgebaut. Die *Miracle Morning*-Community auf Facebook ist ein Musterbeispiel geworden. Aktuell hat sie über 200.000 Mitglieder aus mehr als 70 Ländern, und sie wächst jeden Tag exponentiell. Es ist schon lange nicht mehr realistisch für Hal, sich allein um eine so große Gruppe zu kümmern, aber er verlässt sich dafür auch nicht auf sein Team. Stattdessen hat er es durch viele Versuche und Fehler geschafft, dafür zu sorgen, dass die Gruppe nicht nur automatisch wächst – um über 3.000 neue Mitglieder pro Monat –, sondern dass die Interaktionen zwischen den Mitgliedern ebenfalls automatisch funktionieren, sodass die Community sich also selbst erhält.

Hier sind ein paar seiner Tipps, wie man sich eine selbsterhaltende Community aufbaut:

Erstens: *Wähle deine Plattform.* Es ist zwar sehr wichtig, deine E-Mail-Liste aufzubauen und darüber mit den einzelnen Mitgliedern deiner Community zu kommunizieren, aber es ist auch unumgänglich, eine Plattform zu schaffen, durch die du nicht nur ständig Werte für andere erschaffst, sondern den Mitgliedern deiner Community auch erlaubst, sich untereinander auszutauschen und damit gegenseitig Werte füreinander zu erschaffen. Das kann durch eine Gruppenplattform wie Kajabi (www.kajabi.com) oder CMNTY (www.cmnty.com) geschehen, aber Hal hat festgestellt, dass eine Facebookgruppe aus vielen wichtigen Gründen am besten ist:

- Die meisten Menschen loggen sich sowieso jeden Tag bei Facebook ein.
- Die eingebauten Funktionen einer Facebookgruppe helfen der Community, sich selbst zu erhalten.
- Andere Facebooknutzer können zufällig über deine Community stolpern.
- Deine Fans können deine Inhalte und die von anderen Mitgliedern schnell und einfach teilen.

Zweitens: *Lade Menschen in deine Community ein.* Du hast vielleicht die Einladung von Hal auf den ersten Seiten dieses Buchs gesehen, die in jedem der *Miracle Morning*-Bücher abgedruckt ist. Das ist seine wichtigste Methode, ständig Menschen einzuladen, sich der Facebookgruppe anzuschließen. Für dich bietet sich vielleicht ein *PS* am Ende deiner E-Mails an, oder ein Button auf deiner Website, den man anklicken kann. Wenn du auf www.MiracleMorning.com gehst, lacht dich dort übrigens auch ein *Join the Community*-Button an, der dich auf die Facebookgruppe führt. Welche Methode du dir auch immer aussuchst, stell sicher, dass deine Kunden, zukünftigen Kunden und alle anderen, die du gern in deiner Community hättest, sie auch sehen können.

Drittens: *Rege deine Community dazu an, sich auszutauschen.* Am besten gibst du allen Neumitgliedern einfache Anweisungen, die sie dazu bringen werden, mit anderen Mitgliedern zu interagieren und Werte für sie zu schaffen. In der *Best Month Ever Challenge*-Facebookgruppe gibt es zum Beispiel vier einfache Anweisungen:
1) Schreib einen neuen Post, in dem du einen Lebensbereich oder ein Ziel teilst, das du diesen Monat auf jeden Fall verbessern wirst.
2) Hinterlasse einen positiven, hilfreichen oder ermutigenden Kommentar unter einem anderen Post.
3) Schau dir die BMEC-Videos an [mit Links zu den Videos].
4) Poste jeden Tag etwas in die Gruppe [mit spezifischen Anregungen, was man posten kann].

Hal empfiehlt allerdings, diese Anweisungen so einfach wie möglich zu gestalten, zum Beispiel das Posten-und-Kommentieren-Modell zu nutzen. Bitte einfach deine Neumitglieder, etwas zu *posten*, was ihnen wichtig ist, und einen anderen Post zu *kommentieren*. Durch dieses Format erschaffst du einen konstanten Fluss neuer Beiträge und Interaktionen unter jedem Post.

Eine andere, ebenfalls sehr engagierte Online-Community ist Jayson Gaignards *Mastermind Talks Alumni*-Facebookgruppe, die ausschließlich Menschen vorbehalten ist, die eines seiner *Mastermind*

Talks-Events besucht haben (wo Hal und ich uns kennengelernt haben). Jayson sorgt durch ein einfaches Geben-und-Nehmen-Modell für Interaktionen zwischen den Mitgliedern. Entweder bittet man um etwas (Rat, Feedback, eine Kontaktanbahnung und so weiter) oder man bietet etwas an (Expertise, Ressourcen, Tickets für eine Konferenz, etc.). Durch dieses Format hat er eine sehr engagierte, selbsterhaltende Community geschaffen, in der sich die Mitglieder dauerhaft gegenseitig unterstützen.

4. *Schaffe stetig Werte.* Nur weil deine Community und ihr Engagement sich selbst erhalten, heißt das noch lange nicht, dass du dich daraus zurückziehen solltest. Im Gegenteil, je mehr du dich einbringst, desto besser. Du könntest zum Beispiel einfach wertvolle Ressourcen oder deine eigenen Inhalte mit deiner Community teilen. Hal postet jeden Mittwoch eine Folge seines Podcasts in der Gruppe und teilt alle wertvollen Quellen, die ihm über den Weg laufen. Du kannst die Pflege deiner Community auch delegieren, wenn nötig. Hal zum Beispiel kann auf keinen Fall bei jedem Post „Gefällt mir“ klicken oder einen Kommentar hinterlassen, also ist sein Team ebenfalls in der Gruppe aktiv. Darüber hinaus hat er „Communitybotschafter“ in verschiedenen Ländern ernannt, die sich um die Mitglieder aus eben diesen Ländern kümmern.

4.5 Frage deine Community nach ihren Problemen und Wünschen

Manche Leute versuchen, zu erraten, was andere wollen oder brauchen, und investieren dann wertvolle Zeit in etwas, von dem sie *glauben*, es wäre gefragt, und dann *hoffen* sie, dass sie mit ihrer Annahme richtig liegen. Aber denk daran, Hoffen und Bangen ist selten die beste Strategie.

Stattdessen könntest du auch einfach allen Mitgliedern deiner Community eine E-Mail schreiben oder in deiner Gruppe einen Link zu einer Umfrage (bei einem kostenlosen Service wie *SurveyMonkey* oder *Google Forms*) posten. Frag die Mitglieder, was sie wollen oder wobei sie in deinem Expertenbereich Hilfe benötigen. Stell offene Fragen, um so viele unterschiedliche Antworten wie möglich zu bekommen, oder biete eine Multiple-Choice-Auswahl an, wenn du dir schon Gedanken gemacht hast, was du anbieten willst.

Wenn du noch tiefer in dieses Thema eintauchen willst, empfehlen wir dir diese umfassende Anleitung, wie man Umfragen nutzt, um herauszufinden, was die Zielgruppe will und wie man ihnen am besten dient: *Ask: The Counterintuitive Online Formula to Discover Exactly What Your Customers Want to Buy… Create a Mass of Raving Fans… and Take Any Business to the Next Level* von Ryan Levesque.

4.6 Erschaffe eine Lösung

Nachdem dir deine Community-Mitglieder erklärt haben, was sie brauchen, ist das eine einzigartige Chance für dich, es zu erschaffen. Dabei kann es sich um ein echtes oder digitales Produkt handeln (ein Buch, ein Podcast, ein Video, ein Trainingsprogramm, Software, etc.) oder um eine Dienstleistung (zum Beispiel als Hundefrisör, Babysitter, Coach, Consultant, Redner oder Trainer).

4.7 Plane die Produkteinführung

Denk mal daran, wie Apple seine neuen Produkte präsentiert. Sie schmeißen sie nicht einfach in die Regale oder auf ihre Website. Nein, sie machen daraus ein Event. Apple schürt die Vorfreude schon Monate im Voraus, sodass die Fans bereit sind, wochenlang vor den Läden zu kampieren, um ganz vorne in der Schlange zu stehen. Wie man so etwas zustande bringt, kannst du im definitiven Ratgeber zum Thema nachlesen: *Launch. Die Ultimative Anleitung für das E-Mail-Marketing* von Jeff Walker.

4.8 Finde einen Mentor

Je nachdem, wie erfahren du schon bist, solltest du diesen Schritt vielleicht ganz an den Anfang setzen. Du weißt ja schon, dass es eine der effektivsten Methoden ist, deine Lernkurve zu verkürzen und so schnell wie möglich zum gewünschten Resultat zu kommen, dir jemanden zu suchen, der dieses Ziel bereits erreicht hat, und seine Strategie nachzuahmen. Statt alles allein herausfinden zu müssen, kannst du auch einfach jemanden finden, der schon hat, was du willst, herausfinden, wie diese Person es zum Ziel geschafft hat, ungefähr das Gleiche machen und es an deine Bedürfnisse anpassen.

Dafür kannst du natürlich einen Mentor finden, mit dem du dich von Angesicht zu Angesicht oder virtuell unterhalten kannst, du kannst dich aber auch einer Mastermind-Gruppe anschließen oder mit einem Coach arbeiten. Sogar ein Buch wie dieses hier zu lesen bedeutet in gewisser Weise, dass du dir die Weisheit eines Mentors zunutze machst.

Abschließende Gedanken ... Egal, ob du diesen Schritten folgst, ein neues Unternehmen gründest oder anfängst, in Immobilien zu investieren, achte darauf, dass du genug Zeit einplanst, um eine weitere Einkommensquelle zu finden und entwickeln. Dann genießt du schon innerhalb von wenigen Monaten die Vorzüge, die finanzielle Sicherheit, die Seelenruhe und die Freiheit, die mehrere Einkommensströme mit sich bringen.

In zwei Jahren wirst du dir wünschen, du hättest schon heute damit angefangen. Worauf wartest du also? Leg los!

Prinzip Nr. 4: Systematisiere deine Welt

Menschen, die sich effektiv selbst führen, haben Systeme für so gut wie alles: von geschäftlichen Dingen wie Zeitplanung, Nachfassen, Unterrichtsvorbereitung und Bedankungskarten, bis hin zu persönlichen Aktivitäten wie Schlafen, Essen, Finanzplanung, Autos und Familienangelegenheiten.

Diese Systeme machen das Leben leichter und sorgen dafür, dass du stets auf alles vorbereitet bist.

Hier sind drei Beispiele für grundlegende Systeme, die du sofort anwenden kannst:

1. Automatisiere, was du kannst

In unserem Haushalt ist es sehr wichtig, dass immer genug Milch, Eier und Brot da sind. Früher mussten wir ständig in den Supermarkt rennen und einkaufen, was manchmal ganz schön viele Umstände machte. Dann entdeckte ich einen Service, der Lebensmittel nach Hause liefert, also beschlossen wir, dass wir sie ab sofort bestellen würden, statt ständig selbst einkaufen zu gehen. Wenn du etwas in deinem Leben findest, das dir keinen Spaß macht, versuche, es durch einen automatischen Prozess aus deinem Tagesplan zu streichen.

Ich zum Beispiel putze gar nicht gern die Toiletten; und Wäsche waschen mag ich auch nicht. Deshalb habe ich eine Haushaltshilfe eingestellt, die mir diese Aufgaben abnimmt. Ein Vorteil daran ist, dass es uns motiviert, dafür zu sorgen, dass das Haus nicht zu chaotisch wird. Die Putzfrau kann ihre Arbeit nämlich nur dann erledigen, wenn Böden und Oberflächen frei sind. Also ist jetzt Dienstagabend „Aufräumabend“. Die ganze Familie macht mit und gemeinsam machen wir das Haus bereit für die Haushaltshilfe. Ich weiß, dass sich nicht jede Familie eine Putzfrau leisten kann, aber wenn es bei euch finanziell nicht drin ist, könntest du zum Beispiel Freunde fragen, ob sie Aufgaben mit dir tauschen möchten, oder eine andere kreative Lösung finden. Eine meiner Freundinnen nutzt den Sportteil ihrer *Life S.A.V.E.R.S.* zum Hausputz. So schafft sie jeden Morgen ein kleines bisschen.

2. Aktentaschen und mehr

Hal ist nicht nur Bestsellerautor, er ist außerdem häufig auf Vortragsreisen. Oft reist er wochenlang durchs Land und ins Ausland, um die frohe Kunde vom *Miracle Morning* unters Volk zu bringen. Dabei hat er gemerkt, dass es viel Zeit verschlingt und dabei auch noch ineffizient und wenig effektiv ist, jedes Mal alles zusammenzupacken, was er unterwegs braucht. Es ist ihm nämlich schon viel zu oft passiert, dass er etwas Wichtiges zu Hause oder im Büro vergessen hat. Als er zum dritten Mal das Ladekabel für seinen Laptop zu Hause vergessen hatte und sich für 99 Dollar (autsch!) im Apple Store ein neues kaufen oder an der Rezeption nach einem Handyladekabel, einem Rasierer oder einem Paar Manschettenknöpfe fragen musste, die vielleicht ein anderer Gast im Hotel vergessen hatte, hatte er die Nase voll. Er stellte sich eine Reisetasche mit allem zusammen, was er unterwegs benötigte. Jetzt kann er jederzeit das Haus verlassen, weil er schon alles gepackt hat, was er braucht, um auf Reisen zu arbeiten: Visitenkarten, Broschüren, seine Bücher, Adapter und Ladekabel für Handy und Laptop. Er hat sogar Ohrstöpsel hineingepackt, falls der Zimmernachbar im Hotel besonders laut sein sollte.

Ein System brauchst du also immer dann, wenn eine Herausforderung öfter wiederkehrt, oder wenn du feststellst, dass dir zum x-ten Mal etwas Wichtiges fehlt, weil du dich nicht ausreichend vorbereitet hast. Wenn du ab und zu gerade noch rechtzeitig aus der Tür kommst, um zum ersten Ziel des Tages zu hetzen, nur um dann festzustellen, dass du vergessen hast, das Auto aufzutanken, brauchst du ein System, das dir erlaubt, früher aus dem Haus zu kommen. Hier sind ein paar Ideen, was du gut vorausplanen könntest:

- Pack dein Mittagessen, deine Hand- oder Aktentasche und deine Sporttasche abends zusammen und leg dir ein Outfit für den nächsten Tag zurecht.
- Stell dir eine Tasche mit allem zusammen, was du für den Unterricht brauchst (Stifte, Radiergummis, Papier, Wachskreiden, Stundenpläne, …)
- Bereite gesunde Snacks für Tage vor, an denen du viel unterwegs bist (Äpfel, Grünkohlchips, Möhren, usw.), damit du nicht unterwegs beim Bäcker oder gar im Schnellrestaurant etwas Ungesunderes holen musst.

Anders ausgedrückt: Immer, wenn es dir schwer fällt, die Kurve zu kriegen, brauchst du für diese Sache ein System. Ein Leben ohne Systeme ist ein Leben voll unnötigem Stress. Das gilt ganz besonders für vielbeschäftigte Lehrer.

3. Grundlegende Zeitplanung

Ein grundlegender Zeitplan ist der Schlüssel zu maximaler Konzentration, maximaler Produktivität und maximalem Einkommen. Wenn wir zu viele Tage damit verbringen, von einer Aufgabe zur nächsten zu springen und uns abends viel zu oft fragen, wohin die Zeit verschwunden ist und welche wichtigen Fortschritte wir heute gemacht haben, verpassen wir damit viel mehr gute und wichtige Gelegenheiten, als wir uns vorstellen können. Geht es dir auch manchmal so?

Ich teile jetzt etwas mit dir, das deine Fähigkeit, dauerhaft spektakuläre Erfolge zu erbringen, radikal verändern wird. *Du brauchst einen grundlegenden Zeitplan, der deine Tage und Wochen zielgerichtet strukturiert.* Ein grundlegender Zeitplan in unserem Sinne ist ein festgelegter, wiederkehrender Plan aus Zeitblöcken, in denen du dich auf deine wichtigsten Tätigkeiten konzentrierst. Den meisten von uns ist intuitiv klar, welche Vorzüge ein Zeitplan mit sich bringt, aber nur wenige setzen dieses Wissen konsequent in die Tat um.

Ich weiß, ich weiß. Du bist erwachsen geworden, um dich von festen Strukturen lösen zu können. Glaub mir, das verstehe ich gut. Aber je effizienter du deinen grundlegenden Zeitplan und seine Zeitblöcke nutzt, die ausschließlich den Projekten und Aufgaben gewidmet sind, die dir helfen, das Beste aus deiner Arbeit und deinem Leben herauszuholen, desto mehr Freiheit hast du letzten Endes.

Das soll natürlich nicht heißen, dass du deinen Zeitplan völlig starr einhalten musst. Im Gegenteil, ich würde dir dringend raten, Zeit für Flexibilität *einzuplanen*. Vergiss auch nicht, genug Zeit für die Familie, Hobbys, Freizeitaktivitäten und Erholung in deinen Kalender zu schreiben. Du könntest sogar so weit gehen, einen „wonach mir gerade ist"-Zeitblock aufzuschreiben, in dem du genau das machst: wonach dir in diesem Moment ist.

Wenn nötig kannst du die Zeitblöcke auch verschieben und austauschen. Wichtig daran ist, dass du mit möglichst viel Klarheit durch deine Tage und Wochen gehst und dabei jede Stunde deines Tages bewusst und zielgerichtet nutzt, sogar dann, wenn du sie nutzt, um einfach nur zu machen, was du willst. Wenigstens hast du es dann so geplant. Einen grundlegenden Zeitplan einzuhalten ist eine großartige Methode, deine Produktivität zu verbessern, sodass du dich in Zukunft abends nur noch sehr selten fragen musst, wohin deine Zeit verschwunden ist. Sie kann nämlich nicht mehr einfach so vergehen, ohne dass du eine bewusste Entscheidung dazu getroffen hast, weil du jede einzelne Minute zielgerichtet verbracht hast.

Ich habe Hal gebeten, seinen grundlegenden Wochenplan mit uns zu teilen, damit du dir ein mögliches Beispiel für einen solchen Plan anschauen kannst. Hal genießt zwar den Luxus unternehmerischer Freiheit und muss sich an keinen von außen auferlegten Zeitplan halten, aber wenn du ihn fragst, wird er dir sagen, dass dieser grundlegende Plan eine der Schlüsselstrategien ist, mit denen er sicherstellt, dass er aus jedem Tag das Beste herausholt.

Natürlich passiert es Hal (wie den meisten Menschen), dass er seinen grundlegenden Zeitplan abändern muss, zum Beispiel wenn er auf Vortragsreise, bei einem Event oder im Urlaub ist, aber diese Änderungen sind immer nur vorübergehend. Sobald er wieder zu Hause und in seinem Büro ist, fällt er wieder in diesen regelmäßigen Ablauf zurück.

Diese Methode ist unter anderem deshalb so effektiv, weil sie dir die emotionale Achterbahn erspart, auf die du dich begeben musst, wenn du Entscheidungen darüber triffst, was du jeden Tag tun wirst. Wie oft ist es dir schon passiert, dass ein Termin schlecht gelaufen ist und sich dadurch negativ auf deinen Gefühlszustand und deine Konzentrationsfähigkeit für den Rest des Tages ausgewirkt hat? Wenn du dann einem grundlegenden Zeitplan gefolgt wärst, an den du dich hältst, und dieser Kalender dir gesagt hätte, dass du dich als Nächstes um ein Netzwerkevent, Anzeigenschaltungen oder Anrufe kümmern musst, hättest du gewusst, was als Nächstes zu tun ist und trotzdem einen produktiven Nachmittag gehabt.

Hals grundlegender Zeitplan

Uhrzeit	Montag	Dienstag
4:00 Uhr	S.A.V.E.R.S.	S.A.V.E.R.S.
5:00 Uhr	Schreiben	Schreiben
6:00 Uhr	E-Mails	E-Mails
7:00 Uhr	Kinder zur Schule bringen	Kinder zur Schule bringen
8:00 Uhr	Belegschaftsmeeting	1. Priorität
9:00 Uhr	1. Priorität	Wakeboard
↓	↓	↓
11:00 Uhr	Mittagessen	Mittagessen
12:00 Uhr	Basketball	Prioritäten
13:00 Uhr	Prioritäten	Interview
14:00 Uhr	Prioritäten	Interview
15:00 Uhr	Prioritäten	Interview
16:00 Uhr	Prioritäten	Prioritäten
17:00 Uhr	FAMILIE	FAMILIE
↓	↓	↓
22:00 Uhr	Ins Bett	Ins Bett

(Hinweis: Jede Stunde ist durchgeplant.)

Mittwoch	Donnerstag	Freitag	Sa/Sonntag
S.A.V.E.R.S.	S.A.V.E.R.S.	S.A.V.E.R.S.	S.A.V.E.R.S.
Schreiben	Schreiben	Schreiben	Schreiben
E-Mails	E-Mails	E-Mails	↓
Kinder zur Schule bringen	Kinder zur Schule bringen	Kinder zur Schule bringen	Familienzeit
1. Priorität	1. Priorität	1. Priorität	↓
↓	Wakeboard	↓	↓
↓	↓	↓	↓
Mittagessen	Mittagessen	Mittagessen	↓
Basketball	Prioritäten	Basketball	↓
Kundenanrufe	Interview	Prioritäten	↓
Kundenanrufe	Interview	Prioritäten	↓
Kundenanrufe	Interview	Prioritäten	↓
Prioritäten	Prioritäten	PLANUNG	↓
FAMILIE	FAMILIE	Zeit zu zweit	↓
↓	↓	↓	↓
Ins Bett	Ins Bett	Ins Bett	Ins Bett

Übernimm die Kontrolle! Überlass deine Produktivität nicht mehr dem Zufall und lass deine Zeit nicht mehr von äußeren Einflüssen bestimmen. Erschaffe dir einen grundlegenden Zeitplan mit allem, was du schaffen musst, und Zeit für die Familie, Freizeitaktivitäten und Erholung, und halte dich daran, egal, was kommt.

Wenn du merkst, dass du Hilfe dabei brauchst, bei der Stange zu bleiben, schick deinem Rechenschaftspartner oder deinem Coach eine Kopie des Plans und bitte ihn oder sie, dich dabei zu unterstützen. Wenn du dich an dieses eine System hältst, bekommst du dadurch deutlich mehr Kontrolle über deine Produktivität und deine Ergebnisse.

Prinzip Nr. 5: Handle konsequent

Wenn es einen nicht ganz offensichtlichen Schlüssel zum Erfolg gibt, dann ist es dieser: *Handle immer konsequent.* Wenn du dir ein Ergebnis wünschst – von körperlicher Fitness über einen höheren Notendurchschnitt für deine Schüler bis hin zu mehr Familienzeit – musst du es konsequent verfolgen, um es zu erreichen.

In den kommenden Kapiteln werde ich dir helfen, die Einsicht und die richtige Richtung zu finden, die du brauchst, um konsequent zu handeln. Für den Moment reicht es, wenn du dich geistig darauf einstellst, das Durchhaltevermögen zu zeigen, das du brauchst, um immer weiterzumachen – sogar dann, wenn dir die Ergebnisse, die du dir wünschst, nicht schnell genug kommen. Die besten Lehrer bleiben konsequent, beständig und unermüdlich dabei, jeden Tag zu handeln. So musst du auch werden.

Wie steht es um dein Selbstwertgefühl?

Der amerikanische Dramatiker August Wilson hat einmal gesagt: „Stell dich deinen dunklen Seiten und arbeite daran, sie mit Licht und Vergebung zu vertreiben. Deine Bereitschaft, mit deinen Dämonen zu kämpfen, bringt deine Engel zum Singen.“ Selbstwertgefühl verleiht dir den Mut, Neues auszuprobieren, und die Kraft, an dich selbst zu glauben.

Es ist enorm wichtig, dass du dir erlaubst, stolz auf dich selbst zu sein. Wir müssen zwar realistisch bleiben, was unsere Schwächen betrifft, und ständig versuchen, uns zu verbessern, aber zögere auch nicht, stolz auf deine Stärken zu sein und deine Siege ein wenig zu genießen.

Viele Tage sind voll von Enttäuschungen, Verzögerungen und Ablehnungen, deshalb ist es umso wichtiger, dass du dich selbst liebst. Wenn du dein Bestes gibst, lobe dich auch dafür. Ich habe in meinem Tagebuch ein paar Extraseiten, die ich nutze, um mir selbst kleine Liebesbriefe zu schreiben. An Tagen, an denen ich ein bisschen mehr Ermutigung brauche, schreibe ich alles auf, was ich an mir liebe und schätze.

Ein unaufhaltsames Selbstwertgefühl ist ein mächtiges Werkzeug. Du weißt wahrscheinlich schon, dass dich eine negative Einstellung nicht weiterbringt – und das ganz schön schnell. Mit der richtigen Geisteshaltung kannst du die Herausforderungen des Tages einfach an dir abperlen lassen. Du bleibst ruhig und machst weiter. Wenn du deinen Fähigkeiten vertraust und dir vornimmst, immer konsequent zu handeln, wird sich dein Verhalten ändern – und dann wird es fast unvermeidlich, dass du erfolgreich sein wirst.

Selbstführung in der Praxis

Betrachten wir die Konzepte, um die es in diesem Kapitel ging, noch einmal. Wir haben darüber gesprochen, wie wichtig Selbstführung ist, wenn man sein Leben verbessern will. Wenn du dich selbst besser führst, nimmst du dadurch in deinem ganzen Leben das Steuer in die Hand. Verabschiede dich von der Opferrolle und lerne die Werte, Glaubensgrundsätze und Visionen besser kennen, die du dir für dein Leben wünschst.

Schritt 1: Lies dir die fünf Schlüsselprinzipien der Selbstführung noch einmal durch und verinnerliche sie:

1. **Übernimm die Verantwortung zu 100 Prozent.** Denk daran, der Moment, in dem du die Verantwortung für *alles* in deinem Leben übernimmst, ist der Moment, in dem du die Kontrolle über *alles* übernimmst, was du im Leben ändern möchtest. Dein Erfolg hängt zu 100 Prozent von dir selbst ab.
2. **Mach Fitness zu einer Priorität und genieße Bewegung.** Wenn tägliche Bewegung nicht bereits eine Priorität in deinem Leben ist, ändere das. Nimm dir drei- bis fünfmal pro Woche Zeit für 30 bis 60 Minuten Sport, zusätzlich zur Bewegung am Morgen. Übrigens, falls du dich jetzt fragst, welche Ernährung dir Energie ohne Ende verleiht: Darüber reden wir im nächsten Kapitel.
3. **Setz dir finanzielle Freiheit zum Ziel.** Fang an, Überzeugungen und Gewohnheiten zu entwickeln, die dich unaufhaltsam zu einem Leben in finanzieller Freiheit führen. Spare 10 Prozent deines Einkommens, mach dich schlau zum Thema Geld und such dir zusätzliche Einnahmequellen.
4. **Systematisiere deine Welt.** Erschaffe dir zuerst einen grundlegenden Zeitplan und such dann die Bereiche in deinem Leben und deinem Beruf, die sich durch Systeme und Zeitblöcke leicht verbessern lassen würden. Wenn du dich ganz auf den Prozess konzentrierst, der dir die besten Ergebnisse liefert, ist es so gut wie garantiert, dass du erfolgreich sein wirst. Am wichtigsten ist allerdings, dass du dir ein Rechenschaftssystem zulegst – entweder, indem du mit einem Kollegen oder einem Coach zusammenarbeitest, oder indem du deine Kollegen und Schüler nutzt, indem du dich ihnen gegenüber zu etwas verpflichtest und ihnen etwas vorlebst.
5. **Handle konsequent.** Jeder braucht Strukturen. Entscheide dich dafür, konsequent zu handeln und deine persönlichen Werte und Erwartungen einzuhalten. Wenn du eine neue Herangehensweise ausprobierst, gib ihr genug Zeit, um wirklich wirken zu können, bevor du die Flinte ins Korn wirfst.

Schritt 2: Nimm deine Affirmationen und Visualisierungen zu Hilfe, um deine Selbstkontrolle und dein Selbstbild zu verbessern. Achte darauf, sie so schnell wie möglich auf deine Bedürfnisse anzupassen – es dauert eine Weile, bis sie Früchte tragen, und je schneller du damit anfängst, desto früher siehst du Resultate.

Ich hoffe, du hast jetzt einen Einblick bekommen, wie wichtig deine Persönlichkeitsentwicklung ist. Während du dieses Buch liest (idealerweise mehrmals), solltest du dir systematisch die Bereiche vornehmen, von denen du weißt, dass du sie verbessern und erweitern musst. Wenn dein Selbstwertgefühl ein bisschen mehr Auftrieb gebrauchen könnte, schlage ich vor, die nötigen Schritte einzuleiten, es zu verbessern. Überlege dir Affirmationen, die es mit der Zeit steigern und weiterentwickeln. Visualisiere, wie du selbstbewusster handelst, deine persönlichen Standards erhöhst und dich selbst mehr liebst.

Das klingt jetzt vielleicht nach einer Menge, aber erinnere dich an die Macht der kleinen Schritte. Du musst nicht alles auf einmal machen. Und ich habe noch eine gute Nachricht für dich: Im nächsten Kapitel erkläre ich dir, wie du dir mehr als genug körperliche, geistige und emotionale Energie erschaffst, um jeden Tag außergewöhnlich viel Klarheit, Fokus und Handlungsfähigkeit zu erhalten.

Legendäre Lehrer

DEANNA PERKINS

Cedar Park, Texas, zweite Klasse

Der *Miracle Morning* schafft die Grundlage für bedeutungsvollere Tage. Samvi, sieben Jahre alt, kam eines Morgens ins Klassenzimmer und sagte: „Als ich heute Morgen aufgewacht bin, wollte ich nicht in die Schule gehen. Aber dann sind mir meine Affirmationen eingefallen und ich habe mich anders entschieden. Ich freue mich so, dass ich heute hier bin, Miss Perkins."

Ich heiße Deanna Perkins und ich unterrichte eine zweite Klasse in Cedar Park, Texas, USA. Ich bin seit 14 Jahren Lehrerin. Jedes Jahr merke ich, dass das Selbstvertrauen meiner Schüler ins Wanken kommt. Sie kommen ins Klassenzimmer und sagen: „Ich kann nicht gut lesen" oder „Ich bin schlecht im Rechnen". Diese Geisteshaltung versuche ich so schnell wie möglich zu verbessern.

Im April 2018 habe ich auf Empfehlung meiner besten Freundin Wendy das Buch *Miracle Morning: Die Stunde, die alles verändert* gelesen. Danach begann ich sofort, eine Stunde früher aufzustehen als gewohnt, um die *Life S.A.V.E.R.S.* zu machen. Meine Kinder haben gleich gemerkt, dass es mir morgens besser ging, und sie sagten, dass ihnen der Morgen dadurch auch viel besser gefiel. Da wusste ich, dass ich auch versuchen sollte, den *Miracle Morning* mit meinen Schülern anzuwenden.

Eine Woche, bevor wir offiziell mit den *Life S.A.V.E.R.S.* in der Schule anfingen, schenkte ich jedem meiner Schüler ein Spiralnotizbuch, das sie für den *Miracle Morning* verwenden sollten, und wir begannen, es gemeinsam zu füllen.

Jedes Kind schrieb zehn Affirmationen von einer Liste mit 101 positiven Gedanken für Kinder hinein. Das machte es meinen Sieben- und Achtjährigen viel leichter. Wir schauten uns Motivationsvideos an. Statt der *Life S.A.V.E.R.S.* machen wir *Life A.V.R.S.E.S.*

und fangen unsere Affirmationen immer mit unserem Mantra an: „Lies es, dann glaubst du es."

Als Visualisierung malen sie, was sie sich für ihre Zukunft wünschen. Es ist unglaublich, wie so kleine Kinder sich die Zukunft vorstellen können! Wir haben uns auch in die digitale Welt gewagt: Die Schüler haben mit Google Slides Vision Boards gebastelt, die sind einfach umwerfend!

Weil es in meiner Klasse unterschiedliche Lesestufen gibt, lasse ich meine Schüler selbst aussuchen, was sie lesen wollen. Es ist wichtig, ihnen die Wahl zu lassen. Dann schreiben sie eine Weile auf, was ihnen über sie selbst in den Sinn kommt.

Für die Bewegung haben wir uns von GoNoodle.com inspirieren lassen, einer Seite mit ganz vielen lustigen und ein bisschen verrückten Tänzen für Kinder und „große Kinder" (also uns Lehrer, die im Herzen jung geblieben sind).

Meditation war und ist ein bisschen schwierig für manche der Kinder. Dass sie dabei stillsitzen, die Augen schließen und sich auf ihre Atmung konzentrieren müssen, fällt ihnen nicht leicht. Ich nutze die App *Calm* und beruhigende Musik, und ich leite sie beim Atmen an („Ihr atmet Gutes ein, ihr atmet Schlechtes aus" oder „Atmet Wachstum ein, atmet eingefahrenes Denken aus"). Zuerst kam ihnen das komisch vor, aber sie merkten schnell, dass es ihnen tatsächlich beim Atmen und beim positiven Denken half. Ich nutze Meditation auch gerne vor Zeiten, in denen ich weiß, dass meine Schüler besonders angespannt sind, zum Beispiel vor Prüfungen.

Das Wichtigste ist, was die Kinder denken. Ainsley sagt: „Mein Lieblingsteil ist die Meditation, weil ich damit meine eigene Ruhe verteilen kann." Hollis meint: „Ich mag das Vision Board am liebsten, weil ich da malen kann, wie ich meine Zukunft haben will." Samvi sagt: „Ich finde sie toll. Sie machen mich bereit für den Tag."

Legendäre Lehrer

EMILY SCHWEPPE

Erste Klasse

Ich heiße Emily Schweppe und unterrichte seit fünf Jahren Erstklässler. Über den *Miracle Morning* bin ich in einer Facebookgruppe gestolpert, und die Idee, ihn mit meiner Klasse auszuprobieren, hat mich gleich begeistert. Soziales und emotionales Lernen zu fördern ist eine meiner obersten Prioritäten, deshalb wusste ich, dass der *Miracle Morning* meiner Klasse sehr gut tun würde.

Meine Schüler waren so gespannt auf den *Miracle Morning*! Am ersten Tag entwickelten wir gemeinsam ein Bild für jeden Teil der *Life S.A.V.E.R.S.*, das wir danach jeden Morgen benutzten. Am Anfang fiel es meinen Schülern schwer, sich Ziele zu setzen. Ein Schüler sagte: „Ich will im Herbst Fußball spielen", ein anderer sagte: „Ich will im Sommer Baseball spielen." Das sind zwar großartige Ziele, aber ich beschloss, dass es besser wäre, wir würden uns über kurzfristigere Ziele unterhalten und sie uns setzen. Am Ende des Monats hatten meine Schüler gelernt, ihre Ziele klar zu artikulieren: „Ich will mein Übungsheft fertig machen" oder: „Ich will zu Hause zwei Kapitel meines Buchs lesen." Mein Lieblingsziel kam von Charles: „Ich will heute beim Sportunterricht richtig sportlich und fair sein."

Eine stille Minute kannten sie schon, weil wir schon das ganze Jahr lang Achtsamkeits- und Atemübungen gemacht hatten. Meine Schüler mögen es besonders, wenn ich ihnen visuelle Anleitungen zum achtsamen Atmen gebe: „Riech an den Blumen" und „Mach Seifenblasen".

Mir fiel auf, dass meine Schüler sich am Anfang unwohl mit den Affirmationen fühlten, also hatten wir eine kleine Diskussion darüber und suchten zusammen ein paar allgemeine Affirmationen, von denen sie sich welche aussuchen konnten. Nach der zweiten

Woche wusste ich, dass meine Schüler sich an die Affirmationen gewöhnt hatten, weil sie anfingen, sich ihre eigenen zu erschaffen. Jason suchte sich diese aus: „Ich bin ein toller Skateboarder, ich bin ein toller Skateboarder“, Audrey entschied sich für: „Ich denke positiv, ich denke positiv.“

Ähnliche Schwierigkeiten wie mit den Affirmationen hatten sie auch mit den Visualisierungen, das verstanden sie am Anfang gar nicht. Ich glaube, das hängt direkt damit zusammen, dass sie sich nicht gut Ziele setzen konnten. Also führte ich sie mit Worten durch die Minute Visualisierung und erinnerte sie daran, was sie visualisieren sollten.

Während der Minute Lesen erweiterten wir ihren Wortschatz um Begriffe wie „Durchhaltevermögen“, „Einfühlungsvermögen“ und „Fairness“. Dafür habe ich mich entschieden, weil meine Schüler schon daran gewöhnt sind, mit Vokabelkärtchen zu arbeiten und ich ihnen eine positive Erfahrung mit den *S.A.V.E.R.S.* mitgeben wollte, obwohl ich viele Leseanfänger in der Klasse habe.

Meine Schüler erklärten, dass das Schreiben ihr Lieblingsteil wäre und verlangten dafür immer noch mehr Zeit. Jacob malte ein Bild, auf dem er seiner Mutter zeigte, dass er sein Buch zu Ende gelesen hatte, mit der Sprechblase „Ja!“

Alison hat schon gefragt, ob wir mit den *S.A.V.E.R.S.* weitermachen können, weil sie so gerne über ihre Ziele schreibt.

Wenn ich nächstes Jahr mit meinen neuen Schülern anfange, werde ich ihnen zuerst jeden der *S.A.V.E.R.S.* einzeln vorstellen und ihn ein paar Tage lang mit ihnen anwenden, bevor wir das ganze Puzzle zusammensetzen. Diese sechs *Miracle*-Minuten genießen wir nach wie vor jeden Morgen!

5. Nicht ganz offensichtliches Lehrerprinzip Nr. 2:

ENERGIEMANAGEMENT

Die Welt gehört dem, der Energie besitzt.

RALPH WALDO EMERSON

Für einen Lehrer steht und fällt alles mit der eigenen Energie. Wenn du nicht genug davon hast, kannst du nur in den seltensten Fällen so für deine Schüler da sein, wie du solltest. Das Problem daran ist allerdings, dass alles von dir abhängt. An manchen Tagen – und ich weiß genau, dass es dir auch manchmal so geht – wacht man auf und hat einfach nicht genug Energie, um sich den unvermeidlichen Herausforderungen zu stellen. Ein legendärer Lehrer zu werden kann sehr anstrengend sein, körperlich ebenso wie geistig – und das schon an guten Tagen! Mitten im Chaos und der Unsicherheit die Konzentration nicht zu verlieren, ist nicht einfach. An guten Tagen brauchst du Energie, Begeisterung und Durchhaltevermögen. An schlechten Tagen? Das Gleiche, und noch viel mehr davon.

Als Lehrer muss man vor Energie übersprudeln, daran führt kein Weg vorbei. Lehrer mit einem niedrigen Energiepegel müssen einiges erleiden. Es fällt ihnen schwer, motiviert zu bleiben. Konzentrieren können sie sich oft nur, wenn sie anregende Mittel zu sich nehmen, zum Beispiel die Lieblingsdroge aller Lehrer: Koffein. Du kannst die tollsten Schüler haben, den allerbesten Stundenplan und die größten Pläne für den Tag, aber wenn du nicht genug *Energie* hast, um das alles zu managen, wird es dir unnötig schwerfallen, deine Ziele zu erreichen. Wenn du möglichst erfolgreich werden und einen echten Unterschied im Leben deiner Schüler machen willst, brauchst du Energie – je mehr, desto besser, und je *anhaltender*, desto besser.

- Energie ist der Treibstoff, der dir erlaubt, klar im Kopf zu bleiben, dich zu konzentrieren und so zu handeln, dass du jeden Tag die besten Ergebnisse erbringst.
- Energie ist ansteckend. Sie springt von dir auf deine Umwelt über wie ein positives Virus, das überall Begeisterung und Zustimmung auslöst.
- Energie ist die Basis von so gut wie allem und wirkt sich direkt darauf aus, wie viel Erfolg wir haben.

Die Frage ist also: *Wie richtest du dein Leben strategisch so ein, dass du dauerhaft jede Menge nachhaltiger Energie hast*, auf die du jederzeit zurückgreifen kannst?

Wenn wir Probleme mit unserem Energiepegel haben, können wir sie eine Weile mit Kaffee und anderen anregenden Mitteln ausgleichen. Das funktioniert aber nicht ewig und endet unweigerlich in einem Crash. Das ist dir vielleicht auch schon auch mal aufgefallen: Die Energie geht immer dann zu Ende, wenn man sie gerade am dringendsten braucht. Hörst du gerade auch einen dieser Moderatoren aus einer Dauerwerbesendung? „Das muss doch auch anders gehen!"

Geht es auch.

Wenn du dich bisher nur mit Kaffee und purer Willenskraft betankt hast, hast du noch nicht einmal angefangen zu entdecken, was du alles schaffen kannst, wenn du verstehst, wie Energie funktioniert, und dein Leben auf optimales Energiemanagement ausrichtest.

Der natürliche Energiekreislauf

Als Erstes musst du verstehen, dass das Ziel beim Energiemanagement nicht ist, die ganze Zeit mit voller Kraft zu laufen. Es ist praktisch nicht möglich, immer nur Leistung zu erbringen. Bei uns Menschen unterliegt der Energiepegel natürlichen Gezeiten. Tatsächlich verhält es sich damit nicht so viel anders als mit dem Ziel, der bestmögliche Lehrer zu sein. Dafür musst du wissen, wie du zu besonders stressigen Zeiten des Jahres (zum Beispiel, wenn wichtige Klassenarbeiten oder Prüfungen anstehen) besonders tief aus deiner inneren Energiequelle schöpfen kannst, und wie du dir Zeit nimmst, um dich auszuruhen und aufzutanken, wenn der Stress nachlässt.

So wie eine Topfpflanze Wasser braucht, müssen auch unsere Energiereserven regelmäßig neu aufgefüllt werden. Du kannst eine ganze Weile unter Volldampf laufen, aber irgendwann musst du deinem Gehirn, deinem Körper und deinem Geist eine Pause gönnen. Stell dir dein Leben als ein Gefäß voll Energie vor. Wenn du nicht ordentlich mit seinem Inhalt umgehst, ist das, als hätte es ein Loch. Egal, wie viel du hineinschüttest, es wird nie ganz voll und du wirst dich nie von Energie erfüllt fühlen.

Lass also nicht zu, dass du an den Punkt kommst, an dem du völlig überarbeitet, abgekämpft und gestresst bist, sondern nimm dein Energieniveau selbst in die Hand und schaff dir ein System, das automatisch dafür sorgt, dass du dich erholen kannst! So stopfst du die Löcher in deinem Gefäß und erlaubst dir, es mit der Energie zu füllen, die du brauchst.

Wenn du dich damit abgefunden hast, dich müde, grantig, außer Form, immer ein bisschen hinterher auf deiner To-do-Liste und unglücklich zu fühlen, habe ich jetzt eine tolle Nachricht für dich.

Ständig erschöpft zu sein ist nicht nur inakzeptabel, *du musst dich auch nicht in dein Schicksal fügen.* Es gibt ein paar einfache Methoden, die dir bringen, was du brauchst und willst: mehr Ruhe, Zeit zum Auftanken, inneren Frieden und Glück. Ist das eine Menge? Ja. Unmöglich? Auf keinen Fall!

Hier geht es darum, wie du dein Leben strategisch so einrichtest, dass du möglichst viel und anhaltende körperliche, geistige und emotionale Energie erhältst. Ich folge diesen drei Prinzipien, um meine Energiereserven so voll zu halten, wie ich kann, damit sie mir jederzeit zur Verfügung stehen, wenn ich sie brauche.

1. Iss und trink für Energie

Für dein Energiemanagement ist es am allerwichtigsten, was du isst und trinkst. Wenn es dir geht wie den meisten Menschen, suchst du dir dein Essen nach dem Geschmack aus und denkst erst in zweiter Linie an die Folgen (wenn überhaupt). Leider ist das, was sich unsere Geschmacksknospen im entsprechenden Moment wünschen, nicht immer das Gleiche wie das, was uns Energie für den ganzen Tag spendet.

Es ist völlig in Ordnung, Dinge zu essen, die gut schmecken, aber wenn du wirklich gesund leben und Energie für Höchstleistungen haben willst, solltest du dir das hier hinter die Ohren schreiben: Es ist zwingend notwendig, dass wir eine bewusste Entscheidung treffen, **mehr Wert auf die Folgen unserer Ernährung für unsere Gesundheit und unseren Energiepegel zu legen als auf den Geschmack.** Warum? Weil es unseren Körper mit die meiste Energie überhaupt kostet, etwas zu verdauen. Brauchst du dafür einen Beweis? Dann denk daran, wie erschlagen du dich nach einer großen, schweren Mahlzeit wie einem Weihnachtsessen fühlst. Es ist kein Zufall, dass wir nach einer reichhaltigen Mahlzeit meistens schläfrig werden und oft erst mal ein Nickerchen machen müssen. Der Begriff „Fresskoma" kommt nicht von ungefähr.

Bestimmte Nahrungsmittel wie Brot, Fleisch, Milchprodukte und verarbeitete Produkte zu verdauen verbraucht mehr Energie, als sie deinem Körper zuführen. Statt dir also Energie zu verleihen, entziehen diese quasi „toten" Lebensmittel sie dir, damit du sie überhaupt verdauen kannst und du hast unterm Strich ein Energiedefizit. „Lebende" Nahrungsmittel dagegen – Obst, Gemüse, Nüsse und Samen zum Beispiel – verleihen dir in aller Regel mehr Energie als du brauchst, um sie zu verdauen, und verschaffen dir einen Energieüberschuss, mit dem du deine besten Leistungen erbringen kannst.

Ganz einfach ausgedrückt: Alles, was du in deinen Körper hineinsteckst, hat entweder gute oder schlechte Auswirkungen auf deine Gesundheit und deine Energie. Ein Glas Wasser ist ein Sternchen auf der Plusseite, ein doppelter Tequila eher nicht. Wenn du dich vorwiegend von frischem Obst und Gemüse ernährst, ist das jedes Mal ein weiteres Plus. Im Schnellimbiss ein paar Burger runterschlingen? Nicht so gut. Ich weiß, das ist dir schon klar. Hier geht es nicht um hochkomplizierte Wissenschaft, aber das ist vielleicht der wichtigste Bereich deines Lebens, den du optimieren solltest. Du musst nur aufhören, dir selbst etwas vorzugaukeln.

Wenn du es nicht bereits tust, ist jetzt der Zeitpunkt gekommen, um anzufangen, strategisch und bewusst zu essen – und zwar, was du isst, wann du isst und, am allerwichtigsten, warum du isst –, um dein Leben so einzurichten, dass du immer maximale Energie hast.

Strategische Ernährung

Bis jetzt hast du dich vielleicht gefragt: „Wann bekomme ich beim *Miracle Morning* eigentlich etwas zu essen?" Das erkläre ich dir jetzt. Außerdem verrate ich dir, was du am besten isst, um so viel Energie wie möglich zu erhalten, was sehr wichtig ist, und *warum* du dich manchmal für bestimmte Lebensmittel entscheidest, was wahrscheinlich die wichtigste Frage überhaupt ist.

Wann du essen solltest – Erinnere dich noch einmal daran, dass deine Verdauung jeden Tag eine Menge deiner Energie verbraucht. Je größer deine Mahlzeiten sind, desto mehr gibst du deinem Körper zu verdauen, und desto erschöpfter fühlst du dich. Mit dieser Information im Hinterkopf rate ich dir, deine erste Mahlzeit des Tages erst *nach* dem *Miracle Morning* zu dir zu nehmen. Dadurch ist sichergestellt, dass dein Blut während der *Life S.A.V.E.R.S.* ins Gehirn strömt, nicht in Magen und Darm, sodass du möglichst wach und konzentriert sein kannst.

Allerdings empfehle ich dir, den Tag mit einer kleinen Menge gesunder Fette als Hirnfutter zu beginnen. Studien haben gezeigt, dass die Art von Fetten, die du zu dir nimmst, großen Einfluss darauf haben, wie wach dein Geist und wie stabil deine Gefühlslage sind. „Unser Gehirn besteht zu mindestens 60 Prozent aus Fett. Diese Fette, Omega-3 zum Beispiel, müssen wir aus unserer Nahrung gewinnen", sagt Dr. med. Amy Jamieson-Petonic, eine lizensierte Ernährungsberaterin, Direktorin der Wellness-Coaching-Abteilung an der Klinik von Cleveland und Sprecherin der *American Dietetic Association.*

Hal beginnt jeden Morgen nach seinem ersten Glas Wasser mit einem Esslöffel Bio-Kokosnussbutter (genauer gesagt mit *Nutiva Organic Coconut Manna*, das man bei Amazon bestellen kann) und einer großen Tasse Bio-Kaffee mit Bulletproof-Kakaobutter (erhältlich auf www.bulletproof.com). Der Esslöffel Kokosnussbutter ist so wenig, dass er ihn leicht verdauen kann, und enthält genug gesunde Fette, dass er Hals Gehirn richtig ankurbelt. Die gesundheitlichen Vorzüge von Kakao sind zahlreich: Er kann unseren Blutdruck senken, ist eine hervorragende Quelle von Antioxidanten (Kakao steht auf der Liste der 20 besten Nahrungsmittel in Bezug auf ihre Fähigkeit, oxidierende Radikale zu binden, der „ORAC"-Skala) und vieles mehr.

Am wichtigsten ist allerdings, dass es uns glücklich macht, Kakao zu essen. Er enthält Phenylethylamin (auch bekannt als die „Liebesdroge"), das für unseren Gemütszustand verantwortlich ist und dafür sorgen kann, dass wir uns fühlen wie frisch verliebt. Außerdem wirkt es anregend und kann unsere Konzentrationsfähigkeit erhöhen. Kakao ist also der absolute Hauptgewinn!

Wenn du gar nicht darum herumkommst, morgens erst mal etwas zu essen, achte darauf, dass es nur eine kleine, leichte, gut verdauliche Mahlzeit ist, zum Beispiel frisches Obst oder ein Smoothie (dazu gleich mehr).

Warum du essen solltest – Nehmen wir uns einen Moment lang Zeit und betrachten wir ein wenig genauer, *warum* du isst, was du isst. Welche Kriterien legst du an, wenn du beim Einkaufen im Supermarkt oder beim Lesen einer Speisekarte entscheidest, was du zu dir nehmen willst? Gehst du ausschließlich nach dem Geschmack? Der Konsistenz? Deiner Bequemlichkeit? Denkst du an deine Gesundheit? Deine Energie? Gibt es Dinge, die du nicht verträgst, gegen die du allergisch bist oder die du einfach nicht gerne isst?

Die meisten Leute denken nur an den *Geschmack*, wenn sie sich für eine bestimmte Mahlzeit entscheiden, oder sie entscheiden aufgrund einer tiefliegenden emotionalen Verbundenheit zu Nahrungsmitteln, die sie mögen. Wenn du jemanden fragen würdest, warum er Eiscreme, Brathähnchen oder Softdrinks zu sich nimmt, würde er wahrscheinlich antworten, dass er Eiscreme einfach liebt, dass ihm gerade nach Brathähnchen war, oder dass er gern Softdrinks trinkt. All diese Antworten basieren auf einem Genussgefühl, das hauptsächlich daher kommt, wie diese Dinge schmecken. In diesen Fällen wird dir die befragte Person höchstwahrscheinlich nicht erzählen, dass sie sehr viel Wert darauf legt, dass diese Lebensmittel gesund sind oder ihr besonders viel anhaltende Energie verleihen.

Worauf ich hinauswill: Wenn wir mehr Energie wollen (und das tun wir alle), und wenn wir wollen, dass unser Leben gesund und frei von Krankheiten ist (was wir auch alle tun), müssen wir uns unbedingt klar darüber werden, warum wir essen, was wir essen. Ab sofort führt für dich kein Weg daran vorbei, *deutlich mehr Wert auf die Folgen deiner Ernährung für deine Gesundheit und deinen Energiepegel zu legen als auf den Geschmack.* Ich weiß, ich wiederhole mich, aber das kann man nicht oft genug sagen. Der Geschmack macht dir nur ein paar Minuten lang Freude, aber der Einfluss deiner Ernährung auf deine Energie und deine Gesundheit hält den ganzen Rest des Tages und den ganzen Rest deines Lebens an.

Was ich damit allerdings auf keinen Fall sagen will, ist, dass wir alle unserer Gesundheit und unserer Energie zuliebe Dinge essen sollten, die uns nicht schmecken. Ich sage dir, dass du beides haben kannst. Wenn wir jeden Tag vor Energie übersprudeln wollen, damit wir unsere besten Leistungen erbringen können, und obendrein noch ein langes und gesundes Leben haben wollen, müssen wir uns entscheiden, mehr Lebensmittel zu uns zu nehmen, die unserer Energie und unserer Gesundheit zugute kommen, dabei aber auch gut schmecken.

Was du essen solltest – Bevor wir betrachten, was du essen solltest, wenden wir uns erst mal kurz dem zu, was du *trinken* solltest. Erinnere dich an den vierten Schritt der fünfstufigen Anti-Schlummer-Aufwachstrategie: Trink jeden Morgen als Erstes ein ganzes Glas Wasser, um deinen Flüssigkeitshaushalt ins Gleichgewicht zu bringen und nach einer ganzen Nacht Schlaf Energie zu tanken.

Nachdem ich, ebenso wie Hal, ungefähr einen Dreiviertelliter Wasser getrunken habe, mache ich mir in aller Regel eine Kanne Kaffee. Normalerweise bereite ich meinen Kaffee schon am Abend vorher vor, während ich mich fürs Bett fertigmache. Meistens wache ich vor meinem Wecker auf, springe aus dem Bett, schalte die Kaffeemaschine ein und meditiere, während der Kaffee durchläuft.

Wenn es ums Essen geht, ist nachgewiesen, dass eine Ernährung, die zu großen Teilen aus *lebenden Nahrungsmitteln* wie frischem Obst und Gemüse besteht, deinen Energiepegel deutlich in die Höhe treibt, dir mehr geistigen Fokus und emotionales Wohlbefinden verleiht, deine Gesundheit verbessert und dich vor Krankheiten schützt. Hal hat den *Miracle Morning*-Superfood-Smoothie erfunden, bei dem in einem eiskalten Glas alles steckt, was dein Körper braucht.

Damit meine ich Proteine (*alle* wichtigen Aminosäuren), Antioxidanten gegen das Altern, essenzielle Omega-3-Fettsäuren (für dein Immunsystem, deine Herz-Kreislauf-Gesundheit und deine Hirnpower), sowie eine ganze Reihe von Vitaminen und Mineralstoffen – und das ist erst der Anfang! Dazu kommen noch jede Menge *Superfoods*, zum Beispiel die anregenden Gute-Laune-Bomben der sekundären Pflanzenstoffe in Kakao, der tropischen Bohne, aus der Schokolade hergestellt wird, die lang anhaltende Energiequelle Maca (ein Adaptogen aus den Anden, das dafür bekannt ist, den Hormonhaushalt auszugleichen) und Chia-Samen, die das Immunsystem auf Trab bringen und gleichzeitig den Appetit zügeln.

Der *Miracle Morning*-Superfood-Smoothie verleiht dir nicht nur jede Menge Energie, er schmeckt auch noch hervorragend. Vielleicht hilft er dir sogar, im täglichen Leben Wunder zu wirken. Du kannst dir das Rezept hier kostenlos herunterladen und ausdrucken: www.TMMBook.com.

Kennst du das alte Sprichwort „Du bist, was du isst"? Kümmere dich gut um deinen Körper, dann zahlt er es dir auch zurück. Du wirst dich sofort energiegeladener und klarer fühlen.

Ich habe mir abgewöhnt, Lebensmittel als eine kleine Belohnung oder einen Trost zu betrachten. Stattdessen sehe ich sie jetzt als Treibstoff. Ich möchte mich gerne lecker und gesund ernähren, von Dingen, die meinen Energiepegel erhöhen und mir erlauben, so lange alles zu geben, wie ich muss und will.

Versteh mich bitte nicht falsch. Ich esse auch gerne mal etwas, was nicht unbedingt gesund ist, aber ich achte strategisch darauf, das zu Zeiten zu tun, an denen ich nicht so viel Energie wie möglich brauche, zum Beispiel abends oder am Wochenende.

Bessere Entscheidungen über meine Ernährung zu treffen fällt mir leichter, wenn ich darauf achte, wie ich mich fühle, nachdem ich bestimmte Dinge gegessen habe. Ich habe angefangen, nach jeder Mahlzeit einen Wecker auf 60 Minuten zu stellen und mein Energieniveau zu betrachten, wenn er klingelt. Mit dieser Methode brauche ich nicht lange, um zu merken, welche Lebensmittel mir eine Menge Energie gaben und welche nicht. Tage, an denen ich einen Smoothie trinke oder einen Salat esse, fühlen sich deutlich anders an als Tage, an denen ich mir einen Hähnchenburger oder die Pizza, die so gut riecht, gönne. An den ersten Tagen habe ich mehr Energie, als ich benötige, an den anderen leide ich an Energiemangel.

Wie wäre es, wenn du deinem Körper genau das geben könntest, was er braucht, um so lange zu arbeiten und die Freizeit zu genießen, wie du willst? Wie wäre es, wenn du dir genau das gönnst, was du verdienst? Schenk dir selbst hervorragende Gesundheit, indem du dich bewusst dafür entscheidest, was du essen und trinken willst.

Wenn du den ganzen Tag lang fast vergisst, etwas zu dir zu nehmen und irgendwann total ausgehungert einen Stopp im Schnellrestaurant einlegst, solltest du unbedingt anfangen, über eine neue Strategie nachzudenken.

Diese Fragen solltest du dir stellen:

- Kann ich anfangen, bewusst über die Folgen dessen nachzudenken, was ich esse – sowohl für meine Gesundheit als auch für meine Energie – und sie höher bewerten als den Geschmack?
- Kann ich jederzeit Wasser griffbereit haben, damit ich mir zielgerichtet Flüssigkeit zuführen kann und vermeide, mich zu dehydrieren?
- Kann ich meine Mahlzeiten (und gesunden Snacks) so im Voraus planen, dass ich dadurch alle Muster durchbreche, die mir nicht gut tun?

Ja, das kannst du, und noch viel mehr. Stell dir vor, wie viel besser dein Leben sein wird und wie viel mehr Energie du für deine Schüler haben wirst, wenn du dir deine Ess- und Trinkgewohnheiten bewusst machst und sie zielgerichtet veränderst.

- Dein Geistes- und Gefühlszustand werden sich ganz einfach verbessern. Ein niedriger Energiepegel sorgt dafür, dass wir uns schlecht fühlen, aber wer viel Energie hat, bei dem sind auch Gemütszustand, Aussichten und die gesamte Haltung positiv.
- Du wirst mehr Selbstdisziplin haben. Wenn unser Energieniveau niedrig ist, haben wir weniger Willenskraft, sodass wir uns öfter für den *einfachen* Weg anstelle des *richtigen* entscheiden. Wer mehr Energie hat, hat auch mehr Selbstdisziplin.
- Du wirst den Menschen, die du führst, und den Menschen, die du liebst, ein gutes Vorbild. Wie wir unser Leben führen, erlaubt auch anderen um uns herum, es uns nachzutun.

- Du wirst gesünder und länger leben und dich dabei viel besser fühlen.
- Bonus: Du wirst dich ganz ohne zusätzlichen Aufwand auf dein Idealgewicht einpendeln.
- Und der beste Bonus überhaupt: Du wirst der beste Lehrer, der du sein kannst, und du wirst deine Schüler positiver und weitgehender beeinflussen können als je zuvor, weil du großartig aussiehst und dich auch so fühlst!

Vergiss nicht, den ganzen Tag lang auf deinen Flüssigkeitshaushalt zu achten. Wenn du zu wenig Wasser trinkst, kannst du dehydriert werden. Das bedeutet, dass dein Körper nicht mehr genug Wasser hat, um seine normalen Funktionen zu erfüllen. Schon leichte Dehydratation kann dazu führen, dass dein Energiepegel sinkt und du müde wirst.

Wenn du die fünfstufige Anti-Schlummer-Aufwachstrategie anwendest, beginnst du deinen Tag gleich mit einem Glas Wasser. Darüber hinaus empfehle ich dir, jederzeit eine große Wasserflasche dabei zu haben und alle ein bis zwei Stunden gewohnheitsmäßig einen halben Liter zu trinken. Wenn dir das schwer fallen sollte, stell dir einfach einen Wecker, der dich regelmäßig daran erinnert, die Flasche leerzutrinken und für die nächste Runde wieder aufzufüllen. Wenn du immer eine volle Flasche Wasser bei dir hast, kannst du immer so viel trinken, wie du brauchst.

Wenn es darum geht, wie oft du etwas essen solltest, ist es am besten, wenn du ungefähr alle drei oder vier Stunden eine kleine, leicht verdauliche Mahlzeit aus lebenden Nahrungsmitteln zu dir nimmst, um den Treibstofftank wieder aufzufüllen. Meine regelmäßigen Mahlzeiten bestehen aus irgendeiner Art von Protein und Gemüse. Damit mein Blutzuckerspiegel nicht zu weit sinkt, gönne ich mir häufig kleine Snacks aus lebenden Lebensmitteln wie frischem Obst und Nüssen, zum Beispiel meine Lieblingsnascherei: Walnüsse und eine Banane. Die besten Mahlzeiten plane ich für Tage ein, wenn ich im Voraus schon weiß, dass ich besonders produktiv sein muss.

Ich bin überzeugt davon, dass energiebewusstes Essen – von der ersten Mahlzeit des Tages, bis ich mit der Arbeit fertig bin – in Kombination mit regelmäßiger Bewegung dafür sorgt, dass ich frei bin, abends und am Wochenende zu essen, was ich will. Ich glaube, dass ich essen kann, was ich will, aber nicht immer so viel davon, wie ich gerne möchte. Ich habe gelernt, alles zu genießen, aber nur gerade so viel davon, dass ich damit zufrieden sein kann.

Letzten Endes musst du dir nur eine einfache Sache merken: Essen ist Treibstoff. Wir sollten es nutzen, um vom Anfang des Tages bis zum Ende zu kommen, uns dabei großartig zu fühlen und möglichst viel Energie zu haben. Mehr Wert auf die Folgen unserer Ernährung für unser Energieniveau zu legen, als darauf, wie es uns schmeckt, und bevorzugt Dinge zu essen, die unseren Energiepegel heben, ist der erste Schritt auf dem Weg zu besserem Energiemanagement.

2. Gut schlafen und als Gewinner aufwachen

Schlaf mehr, dann erreichst du mehr. Das ist vielleicht das am wenigsten offensichtliche Produktivitätsmantra, das du je hören wirst, aber es ist wahr. Der Körper braucht jede Nacht genug Erholung, um richtig zu funktionieren und sich nach einem anstrengenden Tag zu regenerieren. Schlaf spielt außerdem eine wichtige Rolle für unser Immunsystem, unseren Stoffwechsel, unser Gedächtnis, unsere Lernfähigkeit und andere wichtige Körperfunktionen. In dieser Zeit heilt und repariert sich unser Körper, ruht sich aus und wächst. Wenn man nicht genug schläft, treibt man dadurch Raubbau an sich selbst.

Schlaf und genug Schlaf

Wie viel Schlaf ist genug? Der Unterschied zwischen gerade genug Schlaf, um über die Runden zu kommen, und der Schlafmenge, die man braucht, um optimal zu funktionieren, ist gewaltig. Forscher an der *University of California* in San Francisco haben entdeckt, dass manche Menschen über ein Gen verfügen, das ihnen erlaubt, mit weniger als sechs Stunden Schlaf pro Nacht klarzukommen.

Allerdings ist dieses Gen sehr selten: Es kommt nur in weniger als drei Prozent der Bevölkerung vor. Für die restlichen 97 Prozent von uns sind sechs Stunden nicht einmal annähernd genug. Dass du es manchmal schaffst, mit nur fünf bis sechs Stunden Schlaf auszukommen, bedeutet nicht, dass du dich nicht viel besser fühlen und mehr schaffen könntest, wenn du dir ein oder zwei Stunden länger im Bett gönnen würdest.

Das klingt jetzt vielleicht etwas komisch. Du denkst bestimmt: „Mehr schlafen und trotzdem mehr schaffen? Wie soll das gehen?" Es ist aber gut belegt, dass genug Schlaf dem Körper erlaubt, höhere Leistungen zu erbringen. Du arbeitest dadurch nicht nur besser und schneller, es verbessert außerdem deine Einstellung.

Wie viel Schlaf jeder einzelne von uns braucht, ist von Mensch zu Mensch unterschiedlich, aber Studien zeigen, dass Erwachsene im Durchschnitt ungefähr sieben bis acht Stunden Schlaf brauchen, damit sie genug Energie tanken können, um mit dem Stress des täglichen Lebens umzugehen.

Viele von uns wurden darauf konditioniert, zu glauben, wir bräuchten acht bis zehn Stunden Schlaf. In Wahrheit brauchen wir aber manchmal mehr, manchmal weniger. Die beste Methode, um herauszufinden, ob man genug schläft, ist es, darauf zu achten, wie man sich im Lauf des Tages fühlt. Wenn du genug Schlaf bekommst, fühlst du dich den ganzen Tag energiegeladen und wach, von dem Moment, in dem du morgens die Augen aufschlägst, bis zu deiner üblichen Schlafenszeit. Wenn du dagegen am Vor- oder Nachmittag – oder beides – irgendwann Koffein oder Zucker brauchst, hast du nicht genug geschlafen.

Falls es dir so geht wie den meisten Leuten, kannst du dich nur schwer konzentrieren, klar denken oder dich an Dinge erinnern, wenn du nicht genug Ruhe bekommst. Vielleicht fällt dir auf, dass du zu Hause oder bei der Arbeit nicht effektiv oder konzentriert genug bist, vielleicht schiebst du das sogar darauf, dass du eben viel zu tun hast. Je mehr Schlaf dir fehlt, desto klarer treten diese Symptome zutage.

Darüber hinaus kann ein Mangel an Ruhe und Entspannung deine Stimmung gewaltig beeinflussen. Ein Lehrer darf aber niemals grantig sein!

Es ist wissenschaftlich bewiesen, dass sich bei Menschen, die nachts nicht genug schlafen, die Persönlichkeit verändert. Sie sind insgesamt schlechter gelaunt, ungeduldiger und schnauzen ihre Mitmenschen öfter an. Wenn du dir nicht genug wohlverdiente Ruhe gönnst, wirst du dadurch ein bisschen zum Monster, was für niemanden gut ist – auch nicht für dich selbst.

Die meisten Erwachsenen schlafen weniger, um mehr Aktivität in ihren Tag packen zu können. Wenn man gegen die Uhr arbeitet, um eine Deadline einhalten zu können, ist die Versuchung groß, ein bisschen weniger zu schlafen, um mehr zu schaffen. Leider führt Schlafmangel dazu, dass dein Körper schlappmacht und damit Krankheiten und Viren eine winzige Lücke gewährt, durch die sie angreifen können.

Wenn du nicht genug schläfst, schadest du damit deinem Immunsystem, sodass du dir alles Mögliche einfangen kannst. Eine durch Schlafmangel ausgelöste oder begünstigte Krankheit kann dich Arbeitstage oder sogar ganze Wochen kosten. Wie willst du unter solchen Umständen das Beste aus deinen Schülern herausholen?

Wenn du dagegen genug schläfst, läuft dein Körper so, wie er soll, es macht Spaß, in deiner Nähe zu sein, und dein Immunsystem ist stärker. Und genau aus diesem Grund wirst du geduldiger mit deinen Schülern und findest immer leichter eine unerschöpfliche Quelle der Begeisterung in dir selbst.

Gesunder Schlaf ist wie die Zeit, in der du deinen inneren Magneten einschaltest. Wenn du gut ausgeruht und gut gelaunt aufwachst und deine Laune durch die *Life S.A.V.E.R.S.* noch steigerst, wirst du zu einem immer besseren Lehrer, denn ein glücklicher Lehrer ist auch ein erfüllter Lehrer.

Die wahren Vorzüge des Schlafens

Vielleicht ist dir nicht klar, wie wichtig Schlafen wirklich ist. Während du fröhlich durch deine Träume spazierst, arbeitet dein Schlaf hart für dich und bringt dir eine Menge Vorzüge mit.

Schlafen verbessert dein Gedächtnis. Dein Geist ist überraschend aktiv, während du schlummerst. Im Schlaf reinigst du dich von schädlichen Giftstoffen, die jeden Tag durch deine Gehirnaktivitäten anfallen, verstärkst deine Erinnerungen und übst Dinge, die du gelernt hast, während du wach warst. Diesen Prozess nennt man „Konsolidierung".

„Wenn man versucht, etwas zu lernen, sei es körperlich oder geistig, kommt man mit Übung bis zu einem gewissen Punkt", sagt Dr. David Rapoport, Schlafexperte und Professor am *NYU Langone Medical Center*, „aber wenn man schläft, passiert etwas, wodurch man es noch besser lernt."

Mit anderen Worten: Wenn du versuchst, etwas Neues zu lernen, sei es eine Sprache, einen Tennisaufschlag oder deinen neuen Stundenplan, wird es dir leichter fallen, wenn du ausreichend viel schläfst.

Schlafen lässt dich länger leben. Zu viel oder zu wenig Schlaf kann mit einer verkürzten Lebensdauer in Zusammenhang gebracht werden, auch wenn nicht ganz klar ist, was Ursache und was Wirkung ist. In einer Studie von 2010, bei der Frauen zwischen 50 und 79 Jahren untersucht wurden, wurde festgestellt, dass Frauen, die weniger als fünf oder mehr als sechseinhalb Stunden pro Nacht schliefen, häufiger starben. Die richtige Menge Schlaf ist also langfristig *eine gute Idee für deine Gesundheit.*

Schlafen macht kreativer. Bevor du Pinsel und Staffelei oder Stift und Papier in die Hand nimmst, solltest du dir erst mal eine Mütze Schlaf gönnen! Schlafen konsolidiert und verstärkt nämlich nicht nur deine Erinnerungen, es sieht so aus, als nutzte dein Gehirn die Zeit auch, um sie neu zu ordnen, was zu mehr Kreativität führt.

Forscher der Universität Harvard und des Boston College haben herausgefunden, dass Menschen anscheinend die emotionale Komponente ihrer Erinnerungen verstärken, was vermutlich ebenfalls dabei hilft, kreativer zu denken.

Schlafen hilft dir, ein gesundes Gewicht zu erreichen und zu halten. Wenn du Übergewicht hast, kannst du nicht so viel Energie haben wie jemand, der ein gesundes Gewicht hält. Deshalb solltest du, wenn du dein Leben auf mehr Bewegung und eine bessere Ernährung ausrichtest, auch gleich eine frühere Schlafenszeit mit einplanen. Zusätzliche körperliche Beanspruchung bedeutet nämlich auch, dass du andererseits mehr Ruhe brauchst, um sie auszugleichen.

Die gute Nachricht daran: Forscher an der Universität von Chicago haben herausgefunden, dass Menschen, die auf Diät waren, viel mehr Fett abbauen konnten, wenn sie genug Schlaf erhielten – bis zu 56 Prozent mehr –, als andere, die zu wenig schliefen und mehr Muskelmasse verloren. Die Patienten waren sogar hungriger, wenn sie nicht genug Ruhe bekamen. Schlaf und Stoffwechsel werden nämlich von den gleichen Hirnarealen kontrolliert. Wenn du nicht genug schläfst, werden dadurch Hormone ausgeschüttet, die dich hungrig machen.

Schlafen baut Stress ab. Wenn es um unsere Gesundheit geht, stehen Stress und Schlaf in einem engen Zusammenhang, und beide haben Einfluss auf unser Herz-Kreislauf-System. Gesunder Schlaf baut Stress ab und verbessert deinen Blutdruck. Manche Forscher glauben sogar, dass Schlaf sich auf den Cholesterinspiegel auswirkt, der ebenfalls eine Rolle bei Herzkrankheiten spielen kann.

Schlafen hilft, Fehler und Unfälle zu vermeiden. Die National Traffic Safety Association berichtete im Jahr 2009, Erschöpfung sei der Grund für die meisten tödlichen Unfälle mit nur einem beteiligten Fahrzeug, das aufgrund eines Fahrerfehlers von der Straße abkommt – noch häufiger als Alkohol! Schlafmangel wird von den meisten Menschen gewaltig unterschätzt, aber er beeinträchtigt Reaktionsfähigkeit und Entscheidungsfindungsprozesse.

Wenn schon eine Nacht mit nicht genug Schlaf sich so stark auf deine Fahrtüchtigkeit auswirken kann wie ein Gläschen Alkohol, stell dir mal vor, was Müdigkeit aus deiner Fähigkeit macht, dich so lange und gut zu konzentrieren wie nötig, um ein großartiger Lehrer zu werden!

Also, wie viele Stunden Schlaf brauchst du nun *wirklich*, um von einem Erfolg zum nächsten zu stürmen? Das kannst nur du selbst wissen. Wenn es dir schwerfällt, ein- oder durchzuschlafen, und du dir deshalb Sorgen machst, empfehle ich dir Shawn Stevensons Buch *Jeder Mensch kann schlafen lernen*. Es ist eines der am besten recherchierten und geschriebenen Bücher zum Thema Schlaf, das ich kenne.

Dauerhaft effektiv auszuruhen ist ebenso wichtig für deine Leistung wie deine Ernährung. Gesunder Schlaf in der Nacht schafft die Grundlage für einen Tag mit klarem Kopf, anhaltender Energie und höchsten Leistungen. Du weißt wahrscheinlich schon, wie lange du schlafen musst, um dein höchstes Niveau zu erreichen, und es ist wichtig, dass du möglichst optimal schläfst. Viel wichtiger als die Anzahl der Stunden Schlaf, die du bekommst, ist allerdings vielleicht, wie du das Aufstehen am Morgen angehst.

Wer schlummert, verliert: die Wahrheit übers Aufwachen

Kennst du das Sprichwort: „Wer schläft, verliert"? Das ist natürlich nicht ganz wahr, aber wenn wir es auf das Schlummern ummünzen, erhält es plötzlich eine viel tiefere Bedeutung, als uns bisher klar war. Wenn du die Schlummertaste drückst und dadurch das Aufwachen so lange verschiebst, bis es gar nicht anders geht – bis du irgendwohin aufbrechen, etwas angehen oder dich um jemand anderen kümmern musst –, beginnst du deinen Tag gleich widerstrebend. Jedes Mal, wenn du die Schlummertaste drückst, leistest du damit Widerstand gegen deinen Tag, dein Leben und dagegen, aufzustehen und das Leben, das du dir wünschst, zu erschaffen.

Robert S. Rosenberg, Schlafforscher und medizinischer Leiter der Zentren zur Untersuchung von Schlafkrankheiten in Prescott Valley und Flagstaff, Arizona, sagt: „Wenn man wiederholt die Schlummertaste drückt, tut man sich dadurch zwei negative Dinge an. Erstens zerstückelt man dadurch das bisschen Schlaf, das man noch hat, also schläft man schlechter. Zweitens startet man jedes Mal in einen neuen Schlafzyklus, hat aber keine Zeit, ihn zu beenden. Das kann dazu führen, dass man sich den ganzen Rest des Tages lang groggy fühlt.“ Mehr über seine Schlafforschung erfährst du unter www.answersforsleep.com.

Wenn du es noch nicht schon längst tust, fang jetzt mit der fünfstufigen Anti-Schlummer-Strategie aus Kapitel 2 an, damit du dich viel besser für den Tag aufstellen kannst. Wenn es dir schwerfällt, rechtzeitig ins Bett zu gehen, stell dir einen „Bettzeitwecker“, der eine Stunde vor deiner idealen Schlafenszeit klingelt und dich daran erinnert, dass du jetzt anfangen solltest, zur Ruhe zu kommen, damit du rechtzeitig ins Bett gehen kannst. Das verschafft dir einen riesigen Vorteil, wenn du morgens voller Energie aus dem Bett springen und dich darauf einstellen möchtest, das Beste aus deinem Tag zu machen.

Wenn du jeden Tag zielgerichtet und voller Leidenschaft aufwachst, wirst du dadurch zu einem Teil der wenigen großartigen Lehrer, die bereits ihren Traum leben. Am wichtigsten ist allerdings, dass es dich glücklich machen wird. Indem du einfach nur veränderst, wie du morgens aufwachst, änderst du alles. Du musst dich dafür nicht auf mein Wort verlassen – verlass dich auf diese berühmten Frühaufsteher: Oprah Winfrey, Tony Robbins, Bill Gates, Howard Schultz, Deepak Chopra, Wayne Dyer, Thomas Jefferson, Benjamin Franklin, Albert Einstein, Aristoteles und viel mehr andere, als ich hier aufzählen kann.

Niemand hat uns je beigebracht, dass wir unser ganzes Leben verändern können, wenn wir lernen, uns bewusst darauf zu trainieren, jeden Morgen mit Begeisterung aufzuwachen.

Wenn du jeden Morgen bis zum letzten möglichen Moment die Schlummertaste drückst, bis du dich schließlich doch auf den Weg in die Schule machen oder um deine Familie kümmern musst, und dann abends nach Hause kommst und vor dem Fernseher versumpfst, bis du ins Bett gehst, muss ich dich jetzt fragen: *Wann genau wirst du dich zu der Person weiterentwickeln, die du sein musst, um so viel Gesundheit, Reichtum, Glück, Erfolg und Freiheit zu bekom-*

men, wie du willst und verdienst? Wann wirst du dein Leben wirklich leben, statt abgestumpft vor dich hinzuwerkeln und jede Gelegenheit zur Ablenkung zu nutzen? Was wäre, wenn deine Wirklichkeit – dein Leben – endlich so aussähe, dass du dich freuen würdest, wenn du jede Sekunde davon bewusst erleben kannst?

Es gibt keinen besseren Tag als heute, um die Person aufzugeben, die du warst, und dich stattdessen für die Person zu entscheiden, die du werden kannst. So verwandelst du das Leben, das du gerade führst, in das, das du dir wünschst. Und es gibt kein besseres Buch als das, das du gerade in der Hand hältst, um dir zu zeigen, wie du zu der Person werden kannst, die du sein musst, um das Leben, das du dir immer erträumt hast, schnell anzuziehen, zu erschaffen und zu erhalten.

Wie viel Schlaf brauchen wir wirklich?

Wenn du einen Schlafexperten fragst, wie viel Schlaf der Mensch pro Nacht braucht, wird er dir sagen, dass er dir keine allgemeingültige Stundenzahl nennen kann. Die ideale Länge des Nachtschlafs ist von Mensch zu Mensch unterschiedlich und wird von vielen Faktoren beeinflusst: Alter, genetischer Veranlagung, Stressniveau, Gesundheitszustand, wie viel sich die Person bewegt, ihrer Ernährung – und wann sie zum letzten Mal etwas gegessen hat – und unzähligen weiteren.

Wenn du zum Beispiel viel Fast Food, verarbeitete Lebensmittel, übermäßig viel Zucker und so weiter zu dir nimmst, muss dein Körper schwer arbeiten, um dich aufzutanken und zu verjüngen, während du schläfst. Er schuftet bis spät in die Nacht, um dich zu entgiften und alle schädlichen Stoffe herauszufiltern, die du ihm beschert hast. Wenn du dich dagegen „sauber" von lebenden Nahrungsmitteln ernährst, wie oben besprochen, kommt dein Körper leichter zur Ruhe. Wer sich gut ernährt, wacht morgens immer erholter, mit mehr Energie und besser für den Tag aufgestellt auf als jemand, der auf ungesunde Ernährung setzt – sogar dann, wenn er weniger Schlaf bekommen hat.

Die *National Sleep Foundation* hat allerdings auch herausgefunden, dass lange Schlafzeiten von neun Stunden und mehr im Zusammenhang mit Krankheiten, Unfällen und sogar einer erhöhten Sterblichkeit stehen können. Außerdem haben ihre Forscher festgestellt, dass Krankheiten wie Depressionen besonders häufig bei Menschen auftreten, die lange schlafen.

Es gibt unzählige Studien und Experten zum Thema Schlaf, die alle zu unterschiedlichen Ergebnissen und Meinungen kommen. Dabei unterscheidet sich das Schlafbedürfnis sowieso von Mensch zu Mensch, also will ich jetzt auch gar nicht behaupten, es gäbe die eine, richtige Methode, das Thema anzugehen. Stattdessen möchte ich Hals Erfahrungen in der realen Welt mit dir teilen, die er sich sowohl durch eigene Experimente als auch durch das Studium der Schlafgewohnheiten von einigen der größten Denker der Menschheitsgeschichte angeeignet hat. Aber ich warne dich: Einige davon könnten ein wenig kontrovers sein.

Wie man morgens (bei weniger Schlaf) mit mehr Energie aufwacht

Hal hat lange mit verschiedenen Schlafzeiten experimentiert und die von anderen *Miracle Morning*-Anwendern studiert, die diese Theorie ebenfalls getestet haben – und dabei hat er eine sehr überraschende Entdeckung gemacht. Er fand heraus, dass die Frage, wie Schlaf unsere Biologie beeinflusst, weitgehend von der Frage abhängt, wie viel Schlaf wir zu brauchen glauben. Anders ausgedrückt: Wie wir uns fühlen, wenn wir morgens aufwachen, hängt nicht nur davon ab, wie viele Stunden wir geschlafen haben, sondern auch von dem, was wir uns selbst darüber erzählt haben, wie wir uns fühlen würden, wenn wir aufwachen. Das ist ein sehr wichtiger Unterschied.

Wenn du zum Beispiel fest daran *glaubst*, dass du acht Stunden Schlaf brauchst, um dich ausgeruht zu fühlen, aber erst um Mitternacht ins Bett gehst und um sechs Uhr schon wieder aufwachst, sagst du dir wahrscheinlich: „Oh Mann, heute kann ich nur sechs Stunden schlafen, dabei brauche ich doch eigentlich acht! Morgen früh werde ich ganz schön fertig sein." Und was passiert dann, sobald dein Wecker klingelt und du die Augen aufschlägst und weißt, dass es Zeit ist, aufzustehen? Was ist der erste Gedanke, der dir in den Kopf kommt? Der gleiche, den du am Abend vorher hattest! „Toll, jetzt habe ich nur sechs Stunden Schlaf bekommen. Ich bin fix und fertig." Das ist eine selbsterfüllende und selbstsabotierende Prophezeiung. Wenn du dir selbst einredest, dass du morgens müde sein wirst, dann wirst du dich morgens auf jeden Fall müde fühlen. Wenn du glaubst, du bräuchtest acht Stunden, um dich völlig auszuruhen, dann wirst du dich nicht ausgeschlafen fühlen, wenn du weniger bekommst. Aber was wäre, wenn du deine Überzeugungen verändern könntest?

Die Verbindung zwischen Körper und Geist ist sehr stark. Ich glaube daran, dass wir die Verantwortung für jeden Bereich unseres Lebens übernehmen müssen – auch dafür, dass wir jeden Tag voller Energie beginnen, egal, wie lange wir geschlafen haben.

3. Ruh dich aus und tanke auf

Ausruhen ist das nicht ganz offensichtliche Gegenstück zum Schlaf. Manche Leute benutzen die beiden Wörter zwar so, als würden sie das Gleiche bedeuten, aber in Wirklichkeit bezeichnen sie unterschiedliche Dinge. Du bekommst vielleicht jede Nacht acht Stunden Schlaf, aber wenn du in deiner wachen Zeit ständig auf dem Sprung bist, hast du trotzdem keine Zeit zum Nachdenken und um deine körperlichen, geistigen und emotionalen Batterien aufzuladen. Wenn du den ganzen Tag arbeitest, nach Feierabend von einer Aktivität zum nächsten Hobby sprintest und das Ganze dann noch mit einem schnellen Abendessen und spätem Zubettgehen abschließt, nimmst du dir nicht genug Ruhezeiten.

So ähnlich sieht es mit den Wochenenden aus: Wenn du sie damit verbringst, die Kinder zum Fußball-, Volleyball- oder Basketballtraining zu bringen, dir dann ein Footballspiel anzuschauen, in die Kirche zu gehen, im Chor zu singen, mehrere Geburtstagspartys zu besuchen und so weiter, kann dir das mehr schaden, als es dir nützt. Jede dieser Tätigkeiten ist toll, aber ein vollgepackter Kalender erlaubt dir einfach nicht genug Zeit, um dich auszuruhen.

Wir leben in einer Kultur, die von dem Glauben durchdrungen ist, dass unsere Tage stressig und aufregend sein müssen, wenn wir uns wertvoll, wichtig und lebendig fühlen wollen. In Wahrheit sind wir das aber erst dann, wenn wir uns in unserer eigenen Haut wohlfühlen und Frieden finden. Selbst wenn wir uns bemühen, unser Leben im Gleichgewicht zu halten, verlangt uns die moderne Welt immer wieder ab, dass wir erreichbar und produktiv sind. Diese Ansprüche können uns emotional, spirituell und körperlich auslaugen.

Wie wäre es, wenn du zielgerichtete Ruhezeiten, heilige Räume und gezielte Stille wertschätzen könntest, statt immer auf dem Sprung zu sein? Wie würden sich dein Leben, deine körperliche und geistige Verfassung und deine Fähigkeit, als Lehrer erfolgreich zu werden, dadurch verbessern?

Es widerspricht zunächst mal der eigenen Intuition, sich Zeit zu nehmen, wenn man eine ellenlange To-do-Liste hat, aber es ist wahr: Wenn man wirklich produktiv arbeiten möchte, muss man sich mehr ausruhen.

Studien haben gezeigt, dass Ruhezeiten Stress geradezu dahinschmelzen lassen. Methoden wie Yoga und Meditation senken Puls, Blutdruck und Sauerstoffverbrauch. Sie helfen gegen Bluthochdruck, Arthritis, Schlaflosigkeit, Depression, Unfruchtbarkeit, Krebs und Angststörungen. Die spirituellen Vorzüge davon, sich ab und zu einmal auszuruhen, reichen ebenfalls tief. Wenn du innehältst und die Stille genießt, kannst du die Weisheit und das Wissen deiner inneren Stimme wieder hören. Ruhe und ihre Schwester Entspannung erlauben es uns, wieder mit der Welt in uns und um uns herum in Kontakt zu treten und Einfachheit und Zufriedenheit in unser Leben zu lassen.

Und ja, falls du dich das jetzt schon fragst, du wirst dadurch auch produktiver, netter zu deinen Freunden und deiner Familie (von deinen Kollegen und Schülern ganz zu schweigen) und rundum glücklicher. Wenn wir uns ausruhen, tun wir nicht viel anderes als ein Bauer, der sein Feld eine Weile brachliegen lässt, statt ständig zu pflanzen und zu ernten. Unsere inneren Batterien müssen sich aufladen. Und am einfachsten geht das, indem wir uns ausruhen.

Einfache Ruhemethoden

Die meisten von uns verwechseln Ausruhen mit Freizeit. Deshalb gehen wir wandern, arbeiten im Garten, treiben Sport oder feiern sogar Partys, um uns auszuruhen. Leider können solche Aktivitäten aber nur als „Ausruhen" bezeichnet werden, weil sie eine Auszeit von der Arbeit darstellen. In Wirklichkeit haben sie *nichts* mir Ruhe zu tun und wir sollten sie auch *nicht* so nennen.

Ruhe könnte man als eine Art „wachen Schlaf" bezeichnen, den man erlebt, während man wach und bei Bewusstsein ist. Ruhe ist die Brücke hin zum Schlaf, deshalb kommen wir auf die gleiche Art zur Ruhe, wie wir auch einschlafen: indem wir Platz dafür machen und es einfach kommen lassen. Jedes Lebewesen braucht Ruhe, auch du. Wenn du dir nicht die Zeit dafür nimmst, wirst du irgendwann feststellen, dass dieser Mangel sich auf deinen Körper auswirkt.

Hier sind ein paar Methoden, die dir beim Entschleunigen helfen:

- Wenn du jetzt schon jeden Morgen bei deinen *Life S.A.V.E.R.S.* fünf oder mehr Minuten meditierst oder still dasitzt, ist das ein großartiger Anfang.
- Reserviere dir den Sonntag (oder einen anderen Wochentag) zum Ausruhen. An diesem Tag könntest du zum Beispiel lesen, einen Film schauen, entspannte Familienzeit verbringen oder dir sogar ein bisschen Zeit für dich allein nehmen. Probiere doch mal aus, etwas Schönes zu kochen, mit deinen Kindern ein Brettspiel zu spielen oder einfach nur die Zeit zusammen (oder allein) zu genießen.
- Wenn du im Auto unterwegs bist, achte darauf, dass es um dich herum still ist. Schalte das Radio aus und steck dein Handy weg,

- Mach einen Spaziergang, aber lass deine Kopfhörer zu Hause. Zeit in der Natur zu verbringen, ohne dabei ein Ziel zu verfolgen (z. B. nicht an die Kalorien zu denken, die du gerade verbrennst), kann sehr entspannend sein.
- Mach den Fernseher aus. Reserviere stattdessen jeden Tag eine halbe Stunde, eine Stunde oder einen halben Tag für Stille. Atme gleichmäßig und bewusst. Konzentriere dich dabei auf das Einatmen, das Ausatmen und den Raum dazwischen.
- Du kannst auch ganz bewusst eine Tasse Tee trinken, etwas Inspirierendes lesen, in dein Tagebuch schreiben, ein heißes Bad nehmen oder dich massieren lassen.
- Geh in Klausur, zusammen mit deinem Team, einer Gruppe von Freunden, deiner Kirche, einem Verein oder einer anderen Gruppe, in der du aktiv bist, deiner Familie, deinem Partner oder deiner Partnerin oder ganz allein mit der Natur.

Schon ein einfaches Nickerchen kann eine sehr mächtige Methode sein, sich auszuruhen und die Batterien wieder aufzutanken. Wenn ich mich im Lauf des Tages aus irgendeinem Grund erschöpft und ausgelaugt fühle, aber noch eine Menge zu tun habe, zögere ich nicht, mir ein kurzes Nickerchen von 20 oder 30 Minuten zu gönnen, um mich wieder zu erfrischen. Ein Schläfchen während des Tages kann auch dazu führen, dass man bessere Schlafmuster entwickelt.

Es ist hilfreich, eine bestimmte Zeit für das Nickerchen festzulegen. Setze Grenzen um diese Zeit herum, damit du sie dir auch nehmen kannst.

Die Ausruhgewohnheit

Als Lehrer bist du von Natur aus ständig an vorderster Front. Deshalb musst du dir die Zeit, in der du auftankst und dich um dich selbst kümmerst, ebenso in den Kalender schreiben wie alle anderen Termine in deinem Leben. Die Energie, die du dadurch zurückbekommst, wird sich um ein Vielfaches auszahlen.

Uns auszuruhen bekommen wir leider nicht in der Schule beigebracht, und es kann gut sein, dass es dir am Anfang schwerfällt. Schließlich bist du ein Lehrer mit jeder Menge Antrieb und Energie, um anderen zu helfen! Da kann es schon sein, dass du dir bewusst vornehmen musst, Ausruhen (und dich selbst) zu einer Priorität zu machen.

Verschiedene Achtsamkeitsmethoden zu lernen und sie in deinen Alltag einzubauen ist eine besonders effektive Möglichkeit, deinen Körper, deinen Geist und deine Seele zur Ruhe kommen zu lassen.

Durch Praktiken wie Mittagsmeditation, Yoga und zielgerichtete Stille tauchst du tief in dich selbst ein und kannst besonders ruhige Bewusstseinszustände erreichen, insbesondere dann, wenn du sie regelmäßig anwendest.

Weiter hinten in diesem Buch lernst du außerdem, wie du diese Methoden ins Klassenzimmer bringen und deinen Schülern vorleben kannst.

Gibt es einen besseren Weg, die nächste Generation zu beeinflussen, als ihr zu zeigen, wie man so etwas macht?

Je weiter du Ruhezeiten und Zeiten der Stille in deinen Alltag integrierst, desto mehr zahlen sie sich aus. Während einer ruhigeren Phase brauchst du vielleicht nicht ganz so viel Ruhe, aber wenn das Leben wieder stressiger wird (zum Beispiel kurz vor wichtigen Klassenarbeiten oder in den letzten Tagen vor den Sommerferien), solltest du unbedingt mehr Zeit für Ruhe und Stille einplanen als gewöhnlich.

Eine Kombination aus Bewegung, gesunder Ernährung, regelmäßigem Schlaf und Ruhepausen hilft dir und deiner Arbeit so richtig auf die Sprünge.

Denk aber daran, dass es sich zunächst ein wenig ungewohnt und unbequem anfühlen kann, wenn du dir diese drei Gewohnheiten – effektiver zu essen, zu schlafen und zu ruhen – zulegst. Es kann sein, dass du innere Widerstände in dir entdeckst. Am besten begegnest du ihnen, indem du dir fest vornimmst, alle drei Methoden ab sofort in die Praxis umzusetzen.

Energiemanagement in der Praxis

Schritt eins: Versprich dir, ab sofort energiebewusst zu essen und zu trinken, indem du die Folgen deiner Ernährung für deinen Energiehaushalt höher bewertest als den Geschmack. Nimm nach dem ersten Glas Wasser am Morgen zunächst irgendeine Art von gesundem Fett zu dir, um dein Gehirn mit Treibstoff zu versorgen. Versuche, jeden Tag eine neue gesunde Mahlzeit aus lebenden Nahrungsmitteln auszuprobieren. Grünkohlchips, Nüsse und frisches Bio-Obst sind gesündere Snacks als Kartoffelchips. Und denk daran, immer Wasser bei dir zu haben, damit du dich um deinen Flüssigkeitshaushalt kümmern kannst.

Schritt zwei: Schlaf gut und wach als Gewinner auf, indem du dir regelmäßige, tägliche Schlafens- und Aufstehzeiten angewöhnst. Geh dabei von der Zeit aus, zu der du aufstehen musst, um deinen *Miracle Morning* zu machen, und rechne zurück, wann du ins Bett gehen musst, damit du genug Schlaf bekommst. Um dich an den neuen Rhythmus zu gewöhnen, gehst du am besten ein paar Wochen lang konsequent um die gleiche Zeit schlafen. Wenn du dafür eine kleine Erinnerung brauchst, stell dir einen Wecker, der dich eine Stunde vor dem Zubettgehen daran erinnert, dass du langsam zur Ruhe kommen solltest. Nach ein paar Wochen kannst du anfangen, ein bisschen an der Stundenzahl, die du schläfst, herumzuspielen, um die Dauer herauszufinden, die für deinen Energiehaushalt am besten ist.

Schritt drei: Schreib dir Zeiten in den Kalender, in denen du dich ausruhst und deine Batterien wieder auflädst. Egal, ob du dich für Meditation, ein Nickerchen, einen Spaziergang oder etwas anderes entscheidest, Hauptsache, es macht dir Spaß. Denk daran, Hal macht jeden Tag eine zwei Stunden lange Mittagspause, in der er genug Zeit hat, Basketball zu spielen oder Wakeboard zu fahren – zwei Hobbys, die er liebt und die ihm viel Energie geben. Was möchtest du in deinen Tag einplanen, das dir wieder mehr Energie verleiht? Schreib dir zusätzlich zu deinem *Miracle Morning* täglich Phasen auf, in denen du dich ausruhst und regenerierst.

Jetzt hast du einen Plan, wie du dich am besten um deinen Körper kümmerst, also können wir im nächsten Kapitel damit weitermachen, wie du unerschütterliche Konzentration entwickeln kannst.

Legendäre Lehrer
JENNIFER OZGUR
Englischlehrerin in der 12. Klasse

Ich unterrichte seit 2009 Englisch an einer weiterführenden Privatschule in einem Vorort von Philadelphia.

Seit ein paar Jahren praktiziere ich selbst die *Life S.A.V.E.R.S.* und wünsche mir, ich könnte sie auch im Klassenzimmer anwenden. Ein ruhiger und geerdeter Schüler ist offener dafür, neue Dinge zu lernen, als ein abgelenkter oder nervöser, und die *Life S.A.V.E.R.S.* sind eine hervorragende Methode, Schülern ganz klar und bewusst erfolgreiche Strategien aufzuzeigen.

WIE ES IN MEINEM KLASSENZIMMER AUSSIEHT: Vor dem Unterricht verteile ich nach dem Zufallsprinzip Notizbücher mit einer täglichen Leseseite und Anregungen zum Schreiben, schalte das Licht aus, spiele beruhigende Musik und projiziere bewegte Mandalas auf eine Leinwand. Die Schüler kommen herein, finden ihre Notizbücher und setzen sich hin. Nach ein paar Minuten bitte ich sie, ihre Texte zu lesen und ihre Reaktionen aufzuschreiben.

WAS ZU ERWARTEN IST: Zunächst machten sich meine Schüler über den Prozess lustig, kicherten und machten „Ommmmmmmmm“, wie eine Karikatur eines Yogis. Ich blieb aber geduldig und erinnerte mich daran, dass diejenigen, die sich am stärksten gegen etwas wehren, oft die gleichen sind, die es am dringendsten brauchen.

Nach und nach merkte ich, dass sich ihr Verhalten veränderte. Als meine Schüler zum Beispiel nach einem Tag, an dem sie wegen starkem Schneefall freibekommen hatten, wieder in die Schule kamen, gelang es ihnen viel besser, sich zu konzentrieren, als ich erwartet hätte, weil die *Life S.A.V.E.R.S.* ihnen halfen, ihre innere Mitte zu finden und sich auf die Schulstunde einzustellen. Sie kamen rein, setzten sich an ihre Plätze, schlossen die Augen, atmeten ein paar Mal tief durch und begannen, in ihre Notizbücher zu schreiben – gar nicht so leicht, wenn draußen eine Menge Schnee liegt!

Ein anderes angenehmes Resultat der *Life S.A.V.E.R.S.* war, dass ich als Lehrerin viel entspannter wurde, und dass meine Schüler immer öfter auf dem Gang „Hallo, Mrs. Ozgur" zu mir sagten. Die Routine machte also nicht nur für meine Schüler einen Unterschied, sie verbesserte auch unsere Beziehung zwischen Schülern und Lehrerin.

FEEDBACK VON MEINEN SCHÜLERN: Die meisten meiner Schüler (fast 90 %) sagen, sie würden gern mit der *Life S.A.V.E.R.S.*-Routine weitermachen. Sie finden es schön, die Gelegenheit zu haben, sich zu sammeln und ihren Tag zu verarbeiten. Ein paar von ihnen haben gesagt, dass sie das Gefühl hätten, mehr Kontrolle über ihr Leben erhalten zu haben, und ihre Noten haben sich auch verbessert.

TIPPS:

Wähle bewusst einen Zeitpunkt, zu dem du mit den *Life S.A.V.E.R.S.* anfangen kannst: den Anfang eines Schul- oder Halbjahres oder den Beginn eines neuen Themas im Lehrplan zum Beispiel.

Achte darauf, dir genug Zeit für die einzelnen Elemente der *S.A.V.E.R.S.* zu nehmen. Je besser deine Schüler verstehen, was sie ihnen bringen, desto wahrscheinlicher ist es, dass sie sich dafür begeistern können. Ich habe eine ganze Woche genutzt, um den kompletten Prozess der *S.A.V.E.R.S.* umzusetzen, und jeden Tag einen neuen Buchstaben eingeführt. Es dauerte etwas zwei Wochen, bis wir uns an die neue Routine gewöhnt hatten, aber inzwischen läuft sie wie geschmiert.

Gib deinen Schülern die Chance, auf sich selbst zu hören, und genug Raum, damit sie selbst entdecken können, welche Methoden für sie am besten funktionieren.

Lebe ihnen die Methode vor und – das ist am allerwichtigsten – entspann dich und hab Spaß daran!

Legendäre Lehrer

JENN W.

Seit 24 Jahren Lehrerin von vierten Klassen in New Jersey

Unsere Reise begann im Klassenzimmer einer vierten Klasse in einer Großstadt in New Jersey. Meine Schüler kommen alle mit unterschiedlichen Problemen und Belastungen in die Schule. Viele von ihnen werden zu Hause kaum oder gar nicht unterstützt und ermutigt. Deshalb war es mir besonders wichtig, ihnen den *Miracle Morning* beizubringen, damit sie jeden Tag sechs bis zehn Minuten lang ihr Leben auf eine positive Art betrachten konnten – jeder auf seine eigene Weise. Ich möchte ihnen nämlich nicht nur den Unterrichtsstoff vermitteln, sondern ihnen außerdem mehr Selbstbewusstsein mitgeben und sie ermutigen, produktive Mitglieder unserer Schulgemeinschaft, ihrer Familie und ihres Umfelds zu werden. Durch das Fernsehen, das Internet und Videospiele sind sie bereits viel zu viel Negativität ausgesetzt, deshalb wollte ich ihnen diese positive Veränderung zeigen. Aus meiner eigenen Erfahrung mit den *Life S.A.V.E.R.S.* wusste ich, dass diese Methode ihnen helfen konnte, den Tag mit einer zielorientierten Perspektive zu beginnen und eine positivere Sicht des Lebens zu entwickeln.

Ich stellte meinen Schülern den *Miracle Morning* und die *Life S.A.V.E.R.S.* vor, indem ich ihnen zunächst Hals Geschichte erzählte und dabei immer wieder betonte, wie wichtig es ist, in jeder Situation, die uns begegnet, das Positive zu sehen.

Meine Schüler haben ein kleines Tagebuch, auf dessen Umschlag sie als Affirmation ein inspirierendes Zitat schrieben. Ich erklärte ihnen die Bedeutung der *Life S.A.V.E.R.S.*, dann legten wir los.

Wir fingen mit geführter Stille an, während der die Schüler auf Decken, unter den Tischen oder einfach auf ihrem Platz saßen. Ihnen gefiel es, sich Zeit nehmen zu können, um nachzudenken und sich zu beruhigen. Ich ermutigte sie, an bestimmte Dinge oder an ihren Lieblingsplatz zu denken und sich dann auf ihre Atmung zu konzentrieren. Zuletzt legten sie sich eine Hand aufs Herz und bedankten sich bei ihm dafür, dass es ihnen Leben spendete.

Unsere Affirmationen oder Ziele sagten wir leise auf. Ein paar Bespiele: ein besserer Torwart zu werden, in Mathe eine bessere Note zu bekommen, ein besserer Freund zu werden oder jeden Tag die Hausaufgaben zu machen.

Nach den Affirmationen schlossen die Schüler die Augen und visualisierten, wie sie sich fühlen würden, wenn sie ihre Ziele erreicht hatten. Was würden ihre Eltern dazu sagen? Die Schülerin, die sich gewünscht hatte, ein besserer Torwart zu werden, jubelte an einem Montagmorgen, weil sie bei ihrem letzten Fußballspiel drei Schüsse gehalten hatte.

Bewegung machte uns am meisten Spaß. Das Ziel dabei war, dass die Schüler sich eine Minute lang ohne Unterbrechung bewegten. Das war zunächst eine Herausforderung, aber je öfter wir es machten, desto entschlossener wurden die Schüler, und es motivierte sie wirklich sehr stark dazu, immer mehr zu lernen. Sie entdeckten kreative Formen der Bewegung: Tanzen, Hampelmänner und lustige, freie Bewegung. Ich stellte fest, dass ihnen das auch zu anderen schwierigen Zeiten des Tages half. Ein paar Schüler probierten es sogar zu Hause aus, während sie fernsahen oder Videospiele spielten.

Danach lasen wir eine Geschichte, die nur eine Seite lang war und eine positive Botschaft transportierte. Unter den Lieblingsgeschichten meiner Schüler waren zum Beispiel „Der Löwe und die Maus“, „Die Lachkiste“ und „Das Froschrennen“. Wir redeten über die Lehren, die wir aus den Geschichten ziehen konnten, und darüber, wie wir sie im Alltag umsetzen könnten.

Beim Schreiben konnten die Schüler noch einmal über das nachdenken, was sie gelesen hatten, oder was sie sonst durch die *Life S.A.V.E.R.S.* erfahren hatten. Ein Schüler schrieb: „Ich würde gern mehr Zeit mit meiner Familie verbringen, statt mit Videospielen“, eine andere Schülerin schrieb: „Morgens die *S.A.V.E.R.S.* zu machen, hilft mir wirklich, mich zu entspannen.“

Kinder aus schwierigen Verhältnissen mit den richtigen Methoden und den *Life S.A.V.E.R.S.* des *Miracle Morning* dazu zu inspirieren, positiver zu denken und sich ihrer Verantwortung bewusst zu werden, ist extrem wertvoll.

6. Nicht ganz offensichtliches Lehrerprinzip Nr. 3:

UNERSCHÜTTERLICHE KONZENTRATION

Der erfolgreiche Krieger ist ein durchschnittlicher Mensch mit laserartigem Fokus.

BRUCE LEE, weltberühmter Kampfsportler und Schauspieler

Wir kennen alle so einen Menschen. Du weißt schon, diese Person. Die einen Marathon läuft, den Baseballnachwuchs trainiert, sich freiwillig beim Schulessen ihres Sohnes engagiert, als Mutter eine großartige Figur macht und nebenbei vielleicht noch einen Roman schreibt. Und darüber hinaus? Ist sie auch noch eine großartige Lehrerin, die jede Menge Wertschätzung für ihren Unterricht erfährt, Preise gewinnt und Jahr für Jahr das Beste für ihre Schüler gibt. Ich wette, du kennst so jemanden – einen Menschen, der unerklärlich produktiv zu sein scheint.

Vielleicht kennst du auch so jemanden: Einen Lehrer, der tagsüber unterrichtet und abends Nachhilfe gibt, aber trotzdem genug Zeit für seine Familie hat. Jeden Morgen um 5 Uhr geht er zum CrossFit und erzählt dir immer, welche Romane er gerade gelesen hat. Er ist fit und glücklich, und jeder, der mit ihm in Kontakt kommt, fühlt sich großartig.

Was du aber vielleicht nicht weißt, ist, wie solche Leute das hinbekommen. Möglicherweise denkst du, es wäre einfach Glück.

Oder ein besonderes Talent. Oder Vitamin B, die richtigen Beziehungen. Die richtige Persönlichkeit. Finanzielle Unabhängigkeit. Oder eine angeborene Superheldenfähigkeit.

Das sind natürlich alles Dinge, die helfen, wenn man Lehrer werden will, aber ich weiß aus Erfahrung, dass die wahre Superheldenfähigkeit, die in jeder unglaublich produktiven Person steckt, *unerschütterliche Konzentration* ist.

Dabei handelt es sich um die Fähigkeit, die obersten Prioritäten dauerhaft klar zu sehen, all die Energie, die man sich geschaffen hat, zu nehmen, sie in die entscheidenden Dinge zu kanalisieren und sie auch dort zu halten – egal, was um dich herum passiert oder wie du dich im Moment fühlst. Diese Fähigkeit ist der Schlüssel dazu, ein legendärer Lehrer zu werden.

Wenn du dir die Kraft der Konzentration zu eigen machst, wirst du dadurch kein Superheld, aber du kannst scheinbar Übermenschliches erreichen. Die Gründe dafür sind überraschend einleuchtend:

- **Unerschütterliche Konzentration macht dich effektiver.** Effektiv zu sein bedeutet nicht, dass du die meiste Arbeit schaffst oder am schnellsten bist. Es bedeutet, dass du die richtigen Dinge tust. Du machst, was nötig ist, um dich in Schwung zu halten und nach vorne zu bringen – und um deine Lebensziele zu erreichen.
- **Unerschütterliche Konzentration macht dich effizienter.** Effizient zu sein bedeutet, alles zu erreichen, was du erreichen musst, und dafür so wenig Ressourcen wie Zeit, Energie oder Geld einzusetzen wie möglich. Jedes Mal, wenn du dich von deinen Zielen ablenken lässt, kostet es dich genau diese Dinge, vor allem Zeit. Um deine Ziele zu erreichen, brauchst du davon aber eine Menge, also ist jeder Moment, in dem dir die Konzentration abhandenkommt, ein verlorener Moment.
- **Unerschütterliche Konzentration macht dich produktiver.** Mach dir klar, dass du nicht automatisch produktiv bist, nur weil du immer *beschäftigt* bist. In Wirklichkeit sind es oft die am wenigsten erfolgreichen Lehrer, die besonders viel zu tun

haben. Wir verwechseln Produktivität viel zu oft mit dem Gefühl, viel zu tun zu haben – dabei tun wir aber meistens eine Menge Dinge, die uns keine Ergebnisse bringen, lesen also zum Beispiel E-Mails, waschen das Auto oder sortieren unsere To-do-Liste zum zwölften Mal in diesem Monat neu. Wenn du eine klare Vision hast, deine obersten Prioritäten kennst und konsequent deine wichtigsten und effektivsten Tätigkeiten ausführst, bist du nicht mehr beschäftigt, sondern produktiv. Wenn du die Schritte anwendest, die ich dir gleich vorstelle, lernst du dadurch, wie du die Gewohnheit entwickelst, dich unerschütterlich zu konzentrieren, und dich dadurch in eine Reihe mit den produktivsten Menschen der Welt zu stellen.

- Durch diese Vorzüge wirst du *viel mehr* schaffen. Der vielleicht größte Vorteil, den unerschütterliche Konzentration mit sich bringt, ist aber wahrscheinlich die Tatsache, dass du deine Energie nicht mehr auf vielen verschiedenen Gebieten verschleuderst und überall nur mittelmäßige Resultate zu erzielst, sondern dir dein ungenutztes Potenzial erschließt und damit dein ganzes Leben besser machst.

Wenden wir also deinen *Miracle Morning* auf diese Aufgabe an. Hier sind vier Schritte, die du zu ihm hinzufügen musst, um dich nachhaltig besser und länger konzentrieren zu können.

1. Finde die beste Umgebung für unerschütterliche Konzentration

Fangen wir hier an: Du brauchst eine Umgebung, die es dir ermöglicht, dich unerschütterlich zu konzentrieren. Ein Klassenzimmer, das auf deine Bedürfnisse ausgerichtet ist, ist der Dreh- und Angelpunkt deines Erfolgs und deiner Freude am Unterrichten. Ein gut organisierter und durchdachter Schreibtisch oder Arbeitsplatz sorgt dafür, dass du alles, was nötig ist, in Rekordzeit erledigen kannst. Und ein Arbeitszimmer zu Hause unterstützt deine Ziele und Absichten auf Arten, die du dir jetzt noch nicht einmal vorstellen kannst.

Zum Teil geht es dabei nur um Logistik. Wenn dein Unterrichtsmaterial irgendwo zwischen deinem Kofferraum, deinem Schreibtisch und deiner Küchenanrichte verstreut liegt, kannst du nicht erwarten, effektiv zu arbeiten. Viel wichtiger ist allerdings die Tatsache, dass du viel leichter anfangen kannst, Fokus aufzubauen, wenn du einen Ort hast, an dem du dich gewohnheitsmäßig konzentrierst. Wenn du dich jeden Tag zur gleichen Zeit an den gleichen Schreibtisch setzt, um Großes zu leisten, wirst du bald merken, dass du dich innerlich und äußerlich darauf einzustellen beginnst, sobald du dich niederlässt.

Auch wenn an deinem Arbeitsplatz naturgemäß ein ständiges Kommen und Gehen ist, bist du immer nur möglichst kurz nicht ganz bei der Sache, wenn du unterbrochen wirst, wenn dein Arbeitsplatz und deine Materialien gut organisiert sind. Wenn du immer gut vorbereitet bist und alles in Griffweite hast, was du brauchst, können Störungen dich nicht so leicht aus der Bahn werfen.

2. Räum auf mit unkonzentriertem Chaos

Unordnung schadet deinem Fokus, deshalb geht es ihr in diesem Schritt an den Kragen. Es hat einen Grund, dass Marie Kondos Buch *Magic Cleaning: Wie richtiges Aufräumen Ihr Leben verändert* eines der meistverkauften Sachbücher der letzten zehn Jahre ist und sogar eine eigene Netflix-Serie inspiriert hat. Wenn du dir Raum ohne Unordnung schaffst, geistig wie körperlich, schaffst du damit die besten Voraussetzungen für eine ruhige, motivierte Geisteshaltung.

Es gibt zwei Arten von Unordnung: körperliche und geistige, und wir leiden alle unter beiden. In unserem Gehirn tragen wir Gedanken über Aufgaben herum, die wir erledigen müssen, zum Beispiel solche: *Meine Schwester hat bald Geburtstag. Ich muss noch ein Geschenk und eine Karte für sie kaufen. Das Abendessen vor ein paar Tagen war toll. Ich muss unbedingt eine Bedankungskarte an meinen Gastgeber schicken. Bevor ich heute aus dem Büro gehe, muss ich noch eine E-Mail beantworten.*

Auf der anderen Seite haben wir alle Dinge, die sich in unserem Leben ansammeln. Papierstapel. Alte Zeitschriften. Post-Its. Kleider, die wir nie wieder anziehen werden. Den ganzen Kram in der Garage. Die Staubfänger, den Nippes und den Schnickschnack, die wir hamstern, während wir durchs Leben gehen Von benoteten Klassenarbeiten, gemachten Hausaufgaben und Kunstprojekten ganz zu schweigen.

Beide Arten von Unordnung sind wie ein dichter Nebel. Um uns konzentrieren zu können, müssen wir erst mal klar *sehen*. Puste den Nebel weg, indem du die geistige Unordnung erst einmal aus deinem Kopf bekommst und an einem sicheren Ort sammelst. So erlaubst du dir, den mentalen Stress abzulegen, dich ständig daran erinnern zu müssen. Und dann sind die anderen Dinge dran, die dir im Weg stehen.

Mit diesem einfachen Prozess verscheuchst du den Nebel und schaffst dir die Klarheit, die du brauchst, um dich zu konzentrieren. Und ja, diese Methode funktioniert zu Hause genauso gut wie im Klassenzimmer!

- **Schaff dir eine Haupt-To-do-Liste an.** Du hast wahrscheinlich eine Menge Dinge noch gar nicht aufgeschrieben. Fang mit denen an. Und was ist mit den ganzen Post-Its und Notizen auf deinem Schreibtisch, an deinem Monitor, in deinem Kalender, auf deinen Küchenarbeitsplatten, an deinem Kühlschrank … und an anderen Stellen? Nimm diese Notizen und schreib das, woran sie dich erinnern sollen, auf deine Hauptliste an einem einzigen Ort auf – zum Beispiel in dein Journal oder in eine Listen-App auf deinem Handy –, damit du sie ein für alle Mal aus deinem Hirn verbannen kannst. Fühlst du dich schon besser? Dann mach gleich weiter! Wir fangen gerade erst an.
- **Mach deinen Arbeitsplatz frei.** Nimm dir einen halben (oder ganzen) Tag Zeit, um all die Papierstapel, mit Dokumenten vollgestopften Ordner und von ungeöffneter Post überquellenden Ablagefächer anzugehen. Du weißt schon, welche ich mei-

ne. Wirf alles weg, was du nicht mehr brauchst, oder steck es in den Aktenvernichter. Scanne alles Wichtige oder leg es ordentlich ab. Notiere alles, was angegangen werden muss und was du nicht delegieren kannst, dann such dir im Kalender eine Zeit aus, in der du dich darum kümmern wirst.

- **Entrümple dein Leben.** Leere, wo immer es möglich ist, jede Schublade, jeden Schrank und jeden Koffer, die dir kein Gefühl von Ruhe und Frieden geben, wenn du sie siehst. Das betrifft auch dein Auto! Es kann ein paar Stunden oder Tage dauern, bis du damit fertig bist. Nimm dir jeden Tag ein wenig Zeit dafür, bis du es geschafft hast. Zu sagen: „Ich brauche nur ein Wochenende, um einmal gründlich aufzuräumen", bedeutet, dass du es mit ziemlicher Sicherheit niemals angehen wirst. Such dir eine einzige Schublade aus und fang damit an. Du wirst überrascht sein, wie groß der Unterschied ist, den kleine, regelmäßige Arbeitsschritte in deiner Umgebung ausmachen. Das Buch *10-Minute Declutter: The Stress-Free Habit for Simplifying Your Home* von S. J. Scott und Barrie Davenport kann dir bei diesem Prozess helfen.

Physisch und geistig organisierter zu werden, wird dir helfen, dich besser zu konzentrieren, als du es dir je erträumt hast. Es lenkt deine Energie in genau die Bahnen, wo du sie am dringendsten brauchst, weil ihr gar nichts anderes übrigbleibt. Es ist leicht zu unterschätzen, wie viel Einfluss saubere, aufgeräumte Räume haben, aber ich sage dir aus absoluter Überzeugung, das solltest du nicht tun! Wenn alles einen Platz hat und auch dort ist, verschafft dir das Vorzüge, von denen du bisher noch nicht einmal geträumt hast.

3. Schütze dich vor Unterbrechungen

Ich führe nicht nur mein Kerngeschäft und schreibe dieses Buch, ich bin außerdem auch noch verheiratet und habe eine Tochter und drei Fellbabys. Du kannst dir sicher vorstellen, dass meine Zeit sehr kostbar ist, und ich bin sicher, das geht dir ähnlich.

Damit ich nicht so oft abgelenkt werde und mich auf genau das konzentrieren kann, was ich in dem Moment tue, habe ich mein Handy fast ständig auf „Bitte nicht stören" gestellt. Dadurch werden alle Anrufe, SMS und Benachrichtigungen für E-Mails und die sozialen Medien blockiert. Diese einfache Entscheidung sorgt dafür, dass sich meine tägliche Produktivität und meine Fähigkeit, mich auf das zu konzentrieren, was ich mache, dramatisch verbessert haben.

Ich rate dir, Anrufe und E-Mails nur zu bestimmten Zeiten zu beantworten, die du in deinem grundlegenden Zeitplan festgelegt hast, nicht immer dann, wenn jemand dich zufällig zu kontaktieren versucht.

Du hast natürlich noch einen zusätzlichen Grund, dich nicht stören zu lassen: Du unterrichtest! Deshalb sollte allen klar sein, dass du manchmal einfach nicht erreichbar sein kannst, es sei denn, es handelt sich um etwas wirklich Wichtiges oder einen echten Notfall. Nutze diese natürliche Grenze und dehne sie so weit aus, wie es dir passt.

Die gleiche Strategie kannst du auch auf alle anderen Benachrichtigungen und Kontaktversuche anwenden, auch auf die von Kollegen, Freunden, Familienmitgliedern und sogar deiner Schulleitung. „Bitte nicht stören" ist mehr als eine Einstellung auf deinem Handy. Teile deinen Mitmenschen klar und deutlich mit, wann du für sie da bist und wann sie dich nicht stören dürfen. Du wirst überrascht sein, wie groß ihre Bereitschaft ist, dich zu unterstützen.

4. Bau dir eine Grundlage für unerschütterliche Konzentration auf

Sobald du weißt, an welchem Ort du dich am besten konzentrieren kannst, und angefangen hast, dein Leben zu entrümpeln, solltest du relativ schnell merken, wie sich der Nebel in deinem Hirn verflüchtigt und deine Konzentrationsfähigkeit steigt.

Jetzt wird es Zeit, die Dinge auf die nächste Stufe zu heben. Ich nutze drei Fragen, um meinen Fokus jeden Tag zu verbessern, und zwar diese:

- Was funktioniert gut? Womit sollte ich unbedingt *weitermachen* (oder sogar mehr davon tun)?
- Womit muss ich *anfangen*, wenn ich schnell bessere Resultate sehen will?
- Womit sollte ich sofort *aufhören*, weil es mich davon abhält, die nächste Stufe zu erklimmen?

Wenn du diese drei Fragen beantworten und die Antworten in die Tat umsetzen kannst, wirst du ein vollkommen neues Produktivitätsniveau entdecken, das du bisher nicht einmal für möglich gehalten hast. Betrachten wir die Fragen also einmal genauer.

Womit solltest du weitermachen (oder mehr davon tun)?

Seien wir ehrlich, nicht alle Strategien und Taktiken sind gleich gut. Manche funktionieren besser als andere. Manche sind eine Weile lang super, verlieren aber mit der Zeit an Wirksamkeit. Und manche machen eigentlich alles nur schlechter.

Im Moment machst du wahrscheinlich schon eine Menge richtig und wirst immer wieder zustimmend nicken, wenn du die Kapitel über das ABC eines legendären Lehrers liest. Wenn dir jetzt schon Dinge einfallen, die bei dir gut funktionieren, schreib sie auf. Vielleicht nutzt du bereits die „Bitte nicht stören"-Funktion auf deinem Handy oder arbeitest schon seit einer Weile an einer Fitness-Challenge und fühlst dich stärker als je zuvor. Schreib das auf deine „Weitermachen"-Liste.

Achte aber darauf, dass du nur Dinge aufschreibst, die wirklich dazu beitragen, deinen Erfolg und den Erfolg deiner Schüler nach vorne zu bringen. Es ist leicht, mit Dingen weiterzumachen, die du *gerne* tust, aber hier musst du sicherstellen, dass das, was du tust, sich direkt positiv auf das auswirkt, was du erreichen willst. Kennst du die 80-20-Regel (auch bekannt als Paretoprinzip)? Sie besagt, dass 20 Prozent unseres Einsatzes ungefähr 80 Prozent unserer Ergebnisse erbringen. Welche 20 Prozent von dem, was du tust, bringen dir 80 Prozent deines Erfolgs? Es ist einfach, mit dem weiterzumachen, was du gerne tust, aber hier geht es um das echte Leben – da musst du sicherstellen, dass alles, was du tust, direkt mit dem zusammenhängt, was du zu tun hast und was deine Lehrerkarriere voranbringt.

Am Ende dieses Kapitels bekommst du die Gelegenheit, alles, was funktioniert, in deinem Journal festzuhalten (darunter hoffentlich auch die Tatsache, dass du mit den *Life S.A.V.E.R.S.* angefangen hast). Jeder Punkt auf dieser Liste steht für etwas, das du weitermachen solltest, bis du es durch etwas noch Effektiveres ersetzen kannst.

Betrachte die „Weitermachen"-Punkte noch einmal und sei ganz ehrlich zu dir: Welche dieser Dinge solltest du *öfter oder mehr* machen (mit anderen Worten, was machst du noch nicht oft oder gut genug)? Wenn es etwas ist, von dem du glaubst, du solltest es machen – zum Beispiel mehr Stunden unterrichten oder den Lehrplan verbessern –, das dich aber nicht näher an deine wichtigen Ziele heranbringt, gehört es nicht auf deine Liste. Perfektion ist hier nicht das Ziel. Wenn du dich überarbeitest, ist das letzten Endes nicht produktiv und lenkt dich nur von den wichtigen Dingen ab.

Mach mit allem weiter, was funktioniert und tu einfach *mehr* davon, wenn du mehr erreichen willst.

Womit solltest du anfangen?

Wenn du alles festgehalten hast, was gut funktioniert, und entschieden hast, wovon du mehr machen solltest, wird es Zeit, herauszufinden, was du sonst noch tun kannst, um schneller zu mehr Erfolg zu gelangen.

Ich habe ein paar erstklassige Empfehlungen für dich, mit denen du deinem Erfolg auf die Sprünge helfen kannst:

- Lies jede Woche ein Buch über eines deiner Fächer, um dein Wissen zu erweitern.

- Geh jeden Morgen 15 bis 30 Minuten vor Unterrichtsbeginn in die Schule, damit du noch ein bisschen Ruhe genießen kannst, bevor die ersten Schüler kommen.
- Plane am Freitagnachmittag Zeit ein, um den Unterrichtsplan für die nächste Woche vorzubereiten, bevor du Feierabend machst.
- Triff dich jede Woche mit anderen Lehrern, die auch die *Life S.A.V.E.R.S.* anwenden, oder lade sie zu einem regelmäßigen Buchclub ein.
- Räum jeden Tag das Klassenzimmer auf.
- Schaff dir einen grundlegenden Zeitplan: Entwickle einen immer wiederkehrenden, idealen Wochenplan mit verschiedenen Zeitblöcken im Kalender, wie in Kapitel 4 beschrieben. So weißt du jeden Tag schon beim Aufwachen, was deine Prioritäten und Pläne für den Tag sind. Nimm dir Sonntagabends ein wenig Zeit, um den Plan auf die kommende Woche anzupassen.
- Sorg dafür, dass du immer alle Unterrichtsmaterialien zur Hand hast, die du brauchen könntest. Achte darauf, genug davon zu besorgen, damit du jederzeit bereit bist, zu tun, was getan werden muss.

Pass bitte auf, dass du dich nicht überforderst. Denk daran, Rom wurde auch nicht an einem Tag erbaut. Du brauchst jetzt nicht 58 Punkte zu finden, bei denen Handlungsbedarf besteht, und sie in die Tat umzusetzen. Das Tolle daran, dass du bereits jeden Tag bei deinem *Miracle Morning* schreibst, ist, dass du mit der Zeit alles festhalten kannst. Und dann suchst du dir einfach immer wieder einen oder zwei Punkte aus und setzt sie so lange um, bis sie zur Gewohnheit geworden sind. Kleine Verbesserungen sammeln sich nämlich mit der Zeit wie von Zauberhand an.

Womit solltest du aufhören?

Inzwischen hast du wahrscheinlich eine ganz schöne Liste von Dingen, mit denen du anfangen solltest. Wenn du dich fragst, woher du die Zeit dafür nehmen sollst, ist das hier vermutlich der schönste Schritt für dich. Jetzt darfst du dich nämlich von einigen Dingen trennen, die du bisher gemacht hast, die dir nichts bringen, um dich stattdessen auf Nützlicheres zu konzentrieren.

Ich bin mir ziemlich sicher, dass du eine Menge täglicher Aufgaben hast, die du nur zu gerne aufgeben oder an andere delegieren wirst.

Warum hörst du nicht auf,

- dich ungesund zu ernähren und Dinge zu essen, die dir Energie, Lebenskraft und Motivation rauben?
- unnötige Aufgaben im Haushalt zu übernehmen?
- SMS und E-Mails sofort zu beantworten?
- ans Telefon zu gehen? Lass stattdessen die Mailbox rangehen und ruf zurück, wenn es dir gerade passt.
- durch Facebook, Instagram oder andere soziale Medien zu scrollen oder dort zu posten?
- jeden Tag stundenlang fernzusehen?
- dir Vorwürfe oder Sorgen wegen Dingen zu machen, die du nicht ändern kannst?
- langweilige, immer wiederkehrende Aufgaben zu erfüllen, zum Beispiel Rechnungen zu bezahlen, mehrmals pro Woche einkaufen zu gehen oder sogar das Haus zu putzen?

Wenn du deine Konzentration in nur einem einfachen Schritt radikal verbessern willst, versuch es doch mal mit diesem Trick:

Hör auf, wie ein dressierter Affe jedes Mal zu reagieren, wenn etwas summt oder piept!

Musst du es wirklich wissen, wenn du eine SMS, eine E-Mail oder eine Benachrichtigung aus den sozialen Medien bekommst? Nein, dachte ich mir. Geh auf deinem Handy, Tablet und Rechner in die Einstellungen und stelle dort alle Benachrichtigungen ab.

Technik existiert, um dir zu dienen, und du kannst genau jetzt, in dieser Sekunde, die Kontrolle darüber übernehmen. Wie oft du auf dem Handy deine Nachrichten, SMS und E-Mails checkst, kannst und solltest du selbst entscheiden. Seien wir doch mal ehrlich: Für Lehrer geht es nicht um Leben und Tod, wenn sie nicht sofort auf jeden Anruf, jede SMS und jede E-Mail reagieren. Wir müssen nicht an jedem Tag des Jahres 24 Stunden lang erreichbar sein, außer für unsere Partner oder Partnerinnen und unsere Kinder. Eine effektive Alternative ist es, ab und zu während des Tages Zeiten einzuplanen, zu denen du nachschaust, was gerade passiert, worum du dich sofort kümmern solltest, was du auf deine To-do-Liste oder in deinen Kalender schreiben musst und was du getrost löschen, ignorieren oder vergessen kannst.

Abschließende Gedanken zur unerschütterlichen Konzentration

Fokus ist wie ein Muskel, den du im Lauf der Zeit aufbaust. Und wie bei einem Muskel kannst du dich nicht davor drücken, regelmäßig daran zu arbeiten, wenn du willst, dass er wächst. Mach dich nicht verrückt, wenn du mal einen schlechten Tag hast, aber treib dich immer wieder dazu an, bei der Stange zu bleiben. Es dauert vielleicht eine Weile, bis du lernst, dich richtig zu konzentrieren, aber du wirst jeden Tag ein bisschen besser, wenn du es immer wieder versuchst. Am Ende geht es darum, eine Person zu werden, die sich konzentrieren kann, also musst du dich zuallererst als eine solche Person sehen. Ich rate dir, ein paar Zeilen zu deinem festen Vorsatz, dich unerschütterlich zu konzentrieren, und dazu, was du dafür tun wirst, in deine Affirmationen aufzunehmen.

Die meisten Lehrer wären schockiert zu erfahren, wie wenig Zeit sie tatsächlich jeden Tag mit wichtigen Dingen verbringen. Nimm dir heute oder in den nächsten 24 Stunden einmal 60 Minuten Zeit, um dich auf die *eine, allerwichtigste Aufgabe* zu konzentrieren, die du zu erledigen hast. Du wirst überrascht sein, dass du nicht nur ungleich produktiver sein wirst, sondern dass es sich außerdem großartig anfühlt, das Ruder in die Hand zu nehmen.

Inzwischen enthält dein Erfolgsarsenal ein paar ziemlich unglaubliche Strategien und Bereiche, auf die du dich besonders konzentrieren solltest. Wenn du die nun folgenden Schritte ausgeführt hast, blättere gleich um und tauche in den nächsten Teil des Buches ein, in dem wir gemeinsam deine Lehrerfähigkeiten aufpolieren und sie auf Arten mit den *Life S.A.V.E.R.S.* kombinieren werden, von denen du noch nie gehört und an die du noch nie gedacht hast! Denk daran, was du in diesem Kapitel zum Thema „unerschütterliche Konzentration" gelernt hast, und wie du mehr davon in dein Leben integrieren kannst.

Unerschütterliche Konzentration in der Praxis

Schritt eins: Such dir eine ideale Umgebung aus, oder erschaffe sie dir selbst, um deine unerschütterliche Konzentration zu unterstützen. Wenn du am besten nach Schulschluss im Lehrerzimmer arbeiten kannst, plane Zeitblöcke dort ein, in denen du dich besonders konzentrieren willst. Wenn du viel zu Hause arbeitest, ist Schritt zwei besonders wichtig für dich.

Schritt zwei: Beseitige Unordnung in deinem Büro und in deinem Kopf. Fang mit einem halben Tag an, den du dir Zeit nimmst, um deinen Arbeitsplatz aufzuräumen. Dann leere dein Gehirn von allem Unnötigen und setz es auf deine To-do-Liste, entweder auf dem Computer, im Handy oder in deinem Journal.

Schritt drei: Schütze dich vor Unterbrechungen. Schalte alle Benachrichtigungen aus, stell dein Handy auf „Bitte nicht stören" und sorge dafür, dass andere in deinem Einflussbereich sich daran gewöhnen, dass du zu Konzentrationszeiten nicht erreichbar bist.

Schritt vier: Fang an, deine „Unerschütterliche Konzentrations-Liste" zu füllen. Nimm dein Tagebuch zur Hand, öffne ein leeres

Dokument auf deinem Rechner oder leg eine leere Notiz in deinem Handy an, um diese drei Listen zu erschaffen:

- **Womit sollte ich weitermachen (oder mehr davon tun)?**
- **Womit sollte ich anfangen?**
- **Womit sollte ich aufhören?**

Schreib erst mal alles auf, was dir dazu in den Sinn kommt. Dann geh die Listen noch einmal durch und entscheide, welche der Tätigkeiten sich automatisieren, outsourcen oder delegieren lassen. Denk darüber nach, wie viel Zeit du auf das verwendest, was am wichtigsten ist. Wiederhole diesen Prozess, bis du genau weißt, wie dein idealer Ablauf ist. Dann richte dir deinen Tag so ein, dass du um die 80 Prozent deiner Arbeitszeit auf Aufgaben konzentrieren kannst, die Ergebnisse liefern. Delegiere den Rest an andere.

Jetzt hast du schon eine gute Vorstellung davon, wie du die *Life S.A.V.E.R.S.* in deine Arbeit und dein Privatleben integrieren kannst. Deshalb tauchen wir als Nächstes tiefer in die Fähigkeiten ein, die dich in allen Bereichen zu einem legendären Lehrer machen. Bist du bereit? Dann legen wir los!

Legendäre Lehrer

JULIE ORNELAS

Kunstlehrerin an der Oak Ridge Highschool

Ich unterrichte Kunst für neunte bis zwölfte Klassen an einer Highschool in Nordkalifornien. Ich bin Lehrerin geworden, weil es mir sehr wichtig ist, eine Verbindung zu meinen Schülern aufzubauen und ihnen zu helfen, ihre eigene Stimme zu finden, sich selbst treu zu bleiben und sich ihr eigenes Glück zu erschaffen. Diese Leidenschaft wurde durch meine Erfahrungen mit dem *Miracle Morning* noch vertieft.

Ich erfuhr vor einigen Jahren vom *Miracle Morning*, als ich einen Podcast hörte, in dem Hal Elrod interviewt wurde. Hals Geschichte berührte und inspirierte mich sehr. Ich kaufte sofort sein Buch und begann, die *Life S.A.V.E.R.S.* zu einem Teil meiner täglichen Routine zu machen. Die *Life S.A.V.E.R.S.* schenkten mir Fokus und Motivation, mich weiter auf meine Ziele zuzubewegen. Im Lauf der Zeit fanden Teile des Programms auch ihren Weg in mein Klassenzimmer. Ich begann mit Schreiben. Meine Schüler fangen jede Schulstunde an, indem sie etwas in ihre Skizzenbücher schreiben oder zeichnen, für das sie dankbar sind, auf das sie sich freuen oder auf das sie gespannt sind. Danach teilen sie diese „guten Dinge" mit ihren Klassenkameraden. Als nächstes fügte ich eine Minute Stille hinzu, in der wir zu Beginn jeder Stunde atmeten und auf unser Körpergefühl lauschten. So konnten wir uns entspannen und uns konzentriert nach innen wenden.

Als ich hörte, dass Hal und Honorée an *Miracle Morning für Lehrer* arbeiteten, nahm ich die Gelegenheit, das ganze Programm zu testen, begeistert an, weil ich wusste, dass meine Schüler davon enorm profitieren würden. Zur Einführung erzählte ich meinen Schülern von Hal und seiner unglaublichen Geschichte. Dann bat ich sie, sich ein Ziel auszusuchen, für das sie sich begeistern konnten. Die Schüler nutzten verschiedene Materialien, um ihre Ziele und Affirmationen visuell in ihren Skizzenbüchern festzuhalten. Diese Kunstwerke wurden zum Fokus für die Visualisierungs- und Affirmationsübungen der *Life S.A.V.E.R.S.*. Unsere Minute Stille ging ganz natürlich in eine geführte Visualisierung unserer Ziele und Affirmationen über. Für den Leseteil suchte ich Zitate von berühmten Künstlern aus. Während der Minute Bewegung machten wir meistens ein paar Dehnübungen, Stuhlyoga oder stehende Posen. Nachdem wir uns alle erst einmal daran gewöhnt hatten, lud ich einzelne Schüler ein, die Klasse während der Bewegungseinheit anzuleiten.

Nach dem ersten Tag, an dem ich meine persönlichen Ziele und Affirmationen mit all meinen Klassen geteilt hatte, merkte ich, dass ich eine meiner Affirmationen immer wieder wiederholte, wie ein Mantra. Ich hatte noch nie zuvor erlebt, dass eine Affirmation sich so tief eingeprägt hatte. Ich glaubte fest daran, was ich mir selbst sagte, und ich wusste, dass meine Schüler ebenso fest an sich selbst glauben würden. Während wir uns in der Schule immer mehr auf unsere Ziele konzentrierten, wurden die Diskussionen über „gute Dinge" immer persönlicher und bedeutsamer, sodass wir uns als Klassengemeinschaft tiefer und enger verbunden fühlten als je zuvor. Die Kraft der *Life S.A.V.E.R.S.* hatte auf mehr Arten zu wirken begonnen, als ich erwartet hatte – und das war erst der Anfang.

In diesem Jahr habe ich meine Schüler auf unerwartete Art und Weise wachsen sehen. Schüler, die sich abgehängt gefühlt hatten, fanden Methoden, die ihnen halfen, sich dazu zu motivieren, auf ihre Ziele hinzuarbeiten. Ich hörte immer wieder von Schülern, dass sie sich weniger gestresst und motivierter, konzentrierter und zielgerichteter fühlten. Ich freue mich schon auf das nächste Schuljahr mit den *Life S.A.V.E.R.S.*, und darauf, mit neuen Schülern Ziele zu setzen und zu sehen, wohin der *Miracle Morning* uns führen wird.

Legendäre Lehrer

KATHY JARDINE

Durand Highschool, Durand, Wisconsin

Ich heiße Kathy Jardine und unterrichte Naturwissenschaften an einer Highschool in einem ländlichen Bezirk von Wisconsin. Vor einiger Zeit las ich Hal Elrods Buch *Miracle Morning: Die Stunde, die alles verändert* und begann, die *Life S.A.V.E.R.S.* in mein Leben zu integrieren.

Ich glaube fest daran, dass Achtsamkeit in dem hektischen, stark durch Technik geprägten Lebensstil, den wir uns nur allzu oft aussuchen, sehr wichtig ist. Deshalb wollte ich die Ideen des *Miracle Morning* auch mit meinen Schülern teilen, damit sie erfahren, wie wichtig es ist, sich Ziele zu setzen und sie zu visualisieren, Achtsamkeit zu lernen, positive Affirmationen auszusprechen und in nur sechs Minuten am Tag ihre ganze Denkweise umzukrempeln. Ich wusste: Wenn sie diese Konzepte erfahren konnten, würden sie auch ihre positiven Auswirkungen spüren können.

Zur Einführung in unserer Klasse schrieb ich eine Anleitung, aus der die Schüler ersehen konnten, was wir ab sofort jeden Tag machen würden, und die Vorlage für ein Tagebuchblatt für jeden Schüler. Jeder Schüler schrieb sein eigenes Ziel auf und ich erklärte ihnen jeden einzelnen Teil der Routine.

Ab dem nächsten Tag machten wir die *S.A.V.E.R.S.* jeden Morgen zu Beginn der ersten Stunde in der vorgegebenen Reihenfolge. Die meisten meiner Schüler sagten, sie liebten die Minute Stille, manche baten mich sogar, sie auf zwei oder drei Minuten zu verlängern. Sue sagte: „Die Atem- und Entspannungsübungen halfen mir, mich in jeder Schulstunde besser zu fühlen. So konnte ich mir eine Minute Zeit nehmen, um einen klaren Kopf zu bekommen, bevor der Unterricht anfing.“ Alex fügte hinzu: „Ich konnte mich entspannen und an gar nichts denken. Das habe ich nach einer Weile sogar zu Hause gemacht. Es hilft mir echt." Affirmationen, Visualisierung und Schreiben haben ähnlich positives Feedback bekommen. Sam sagte: „Die Affirmationen und Visualisierungen haben mir in meinem Leben geholfen. Ich überlege mir ständig, was ich erreichen will, aber ich habe es noch nie aufgeschrieben. Das hat mich dazu gezwungen, näher darüber nachzudenken."

Die meisten der *Life S.A.V.E.R.S.* bekamen gutes Feedback, bis auf die Bewegung und das Lesen. Die Schüler wollten sich nicht bewegen, einige von ihnen erzählten mir, dass es ihnen peinlich war oder sie stresste, weil sie sich Sorgen machten, was die anderen darüber dachten, wie sie aussähen. Da sie Teenager sind und gerade erst lernen, wer sie sind, hatten sie dafür mein volles Verständnis. Wir bewegten uns also nicht mehr so viel, sondern machten stattdessen ein paar Dehnübungen, das kam besser an. Das Lesen fiel den meisten meiner Schüler ebenfalls schwer; sie sagten, eine Minute wäre zu kurz und würde nicht einmal reichen, um ihre Bücher und die Stelle zu finden, an der sie aufgehört hatten.

Trotzdem merkte ich jeden Tag, dass es insgesamt ruhiger in meinem Klassenzimmer wurde. In Zukunft will ich die Methode weiter anwenden, aber ein paar Kleinigkeiten daran abändern. Wir sollten zu Beginn ein paar Dehnübungen machen, und wenn die Schüler sich ein bisschen besser kennen, können wir vielleicht zu mehr Bewegung übergehen. Leider bin ich mir nicht sicher, ob ich das Lesen nicht lieber komplett weglassen soll. Aber ich glaube, dass die Schüler auch mit diesen Veränderungen alle Vorteile der Methode genießen können.

Ich bin sehr dankbar für diese Gelegenheit und das Wissen und die Anwendungsmethoden, die ich durch diesen Prozess gelernt habe. Vielen Dank!

TEIL III:

DAS ABC EINES LEGENDÄREN LEHRERS

7. Legendäre Lehrerfähigkeit Nr. 1:

1A-ATTITÜDE

Die Menschen hören deine Worte, aber sie spüren deine Attitüde.

JOHN C. MAXWELL

Es gibt wohl keinen Menschen auf der ganzen Welt, der die Kraft einer positiven Attitüde (oder Grundhaltung) so beeindruckend verkörpert wie Hal. Als er zwanzig war, raste ein betrunkener Autofahrer mit über 110 km/h frontal in seinen Ford Mustang und Hal starb. Sein Herz hörte sechs Minuten lang auf zu schlagen. Die nächsten sechs Tage lag er im Koma und sein Herzschlag setzte noch zweimal für ein paar Minuten aus. Als er aus dem Koma erwachte, teilten ihm seine Eltern und Ärzte mit, dass er sechs Minuten lang tot gewesen war, sich elf Knochen gebrochen hatte, dass sein Gehirn unheilbare Schäden davongetragen hatte und dass er mit großer Wahrscheinlichkeit nie wieder würde gehen können.

Und wie reagierte Hal auf diese niederschmetternde Neuigkeit und seine neue, undenkbare Lebensrealität? Er sagte seinen Eltern, dass er, falls die Ärzte recht behalten sollten und er wirklich den Rest seines Lebens im Rollstuhl verbringen müsste, schon beschlossen hatte, dass er der glücklichste und dankbarste Mensch werden wollte, den man je im Rollstuhl gesehen hatte. Er erklärte, dass er sein emotionales Wohnbefinden und seine Lebensqualität niemals von äußeren Umständen bestimmen lassen würde. Die Ärzte dachten, das sei ein Zeichen einer Verweigerungshaltung, oder sogar einer leichten Wahnvorstellung, aber das war es nicht. Drei Wochen, nachdem er tot aufgefunden worden war, machte Hal seinen ersten Schritt und zeigte damit die schier grenzenlose Macht der Einstellung, die in unserem Herzen wohnt. Und das war erst der Anfang.

Mit sechsundzwanzig landete Hal in der Wirtschaftskrise von 2008 zum zweiten Mal „ganz unten“, wie er es nannte. Als die Wirtschaft zusammenbrach, nahm sie ihn nämlich mit. Sein Unternehmen ging pleite, sein Haus wurde von der Bank gepfändet, sein Körperfettwert verdreifachte sich, er häufte massenhaft Schulden an und fiel in eine tiefe Depression. Allerdings verstand er gleichzeitig, dass er selbst und ganz allein zu hundert Prozent dafür verantwortlich war, seine Attitüde in den Griff zu bekommen und das Ruder in seinem Leben wieder herumzureißen. Er entwickelte ein tägliches Morgenritual, das aus den sechs zeitlosesten und nachgewiesenermaßen wirksamsten Persönlichkeitsentwicklungsmethoden der Welt bestand (aus denen später die *Life S.A.V.E.R.S.* wurden) und beschloss, anderen zu helfen, indem er sein neues Ritual in Buchform teilte: in *Miracle Morning: Die Stunde, die alles verändert.* Damals wusste er natürlich noch nicht, welchen Einfluss es auf das Leben von Millionen von Menschen haben würde, dass er die Verantwortung für seine eigene Geisteshaltung übernommen hatte.

Spulen wir ein paar Jahre vor: Hal ist siebenunddreißig (es wird nur noch zwei Jahre dauern, bis wir dieses Buch schreiben) und das Schlimmste steht ihm noch bevor. Er ist mit seiner Traumfrau verheiratet und hat zwei kleine Kinder, als bei ihm eine seltene und besonders aggressive Form von Krebs (Akute lymphatische Leukämie) festgestellt wird und er die furchtbare Nachricht bekommt, dass seine Überlebenschancen gerade mal 30 Prozent betragen.

Aber wie reagierte er darauf, dass es statistisch gesehen relativ wahrscheinlich war, dass er sterben und seine Frau ohne Mann, seine Kinder ohne Vater, zurücklassen würde? Am gleichen Tag, an dem er seine Diagnose erhalten hatte, tröstete er seine Frau Ursula: „Schatz, ich weiß, dass es furchteinflößend ist, und ich werde auch nicht versuchen, es schön zu reden – die nächste Zeit wird die schwierigste, die unsere Familie je durchmachen musste. Aber ich glaube auch ganz fest daran, dass es gleichzeitig das Beste sein kann, was mir und unserer Familie je passiert ist. Und genau wie bei meinem Autounfall verspreche ich dir, dass ich glücklicher und dankbarer denn je sein werde, *während* ich die wahrscheinlich schwerste Zeit meines Lebens durchmache."

Nachdem er überstand, was tatsächlich die schwersten zwei Jahre seines Lebens wurden, bin ich heute dankbar, sagen zu können, dass Hals Krebs sich zurückgebildet hat und er sich heute wieder ganz der Mission widmen kann, das Bewusstsein der Menschheit auf die nächste Stufe zu heben – eine Person nach der anderen. Er wäre der Erste, der dir sagt: „Deine Lebensqualität hat nur wenig damit zu tun, was *um dich herum* vorgeht, aber dafür sehr viel mit dem, was *in dir selbst* vorgeht.

Anders ausgedrückt: Deine Lebensqualität – und die Qualität deiner beruflichen und privaten Beziehungen – hängt von deiner Attitüde ab. Deshalb ist es vielleicht die wichtigste Fähigkeit, die man sich selbst beibringen kann, die eigene Geisteshaltung zu kontrollieren."

Einen positiven, langanhaltenden Einfluss auf deine Schüler zu haben, wird dir sehr viel leichter fallen, wenn du dir eine 1A-Attitüde zulegst, das wird dich jetzt nicht mehr groß überraschen. Es macht dich aber auch sonst auf alle möglichen Arten effektiver.

Du kannst deine *Life S.A.V.E.R.S.* direkt dafür nutzen, deine 1A-Attitüde zu entwickeln. Während du das tust, wird dir auch das Unterrichten mehr Spaß machen als je zuvor, und du wirst merken, wie sich deine Haltung unmittelbar auf andere auswirkt. Stell dir nur mal vor, was es in einem Monat, einem Schuljahr oder sogar zehn Jahren mit deinen Schülern machen wird, wenn du diese revolutionäre Methode mit ihnen teilst – von den anhaltenden Effekten auf ihr Umfeld ganz zu schweigen!

Die *Life S.A.V.E.R.S.* werden dir schon eine Menge dabei helfen, deine Attitüde so weit wie möglich zu verbessern, aber wir wissen alle, dass Lehrer immer auf alle Fälle vorbereitet sein müssen. Eine

1A-Attitüde wird dafür sorgen, dass du auf jeden Notfall vorbereitet bist, der dir begegnen kann, und dass du ihn gut überstehst.

Das ABC hinter einer 1A-Attitüde besteht aus *Approach (Annäherung), Belief (Glauben)* und *Character (Eigenschaften).* Diese drei Elemente solltest du nicht nur kennen, sondern dir vornehmen, sie von Grund auf zu meistern, wenn du unmittelbaren und bedeutsamen Einfluss auf deine Schüler nehmen willst. Und genau das lernst du in diesem Kapitel!

Eine Geisteshaltung kann regelrecht ansteckend wirken. Wir wollen dir helfen, sicherzustellen, dass deine Attitüde zu etwas wird, das sich jeder einfangen sollte.

Attitüden-Fähigkeit Nr. 1: Approach – Annäherung an jemandem oder etwas in Charakter, Zeit, Menge usw.

Wie du deinen Tag, deinen Unterricht und deine Schüler angehst, hat einen direkten Einfluss auf ihre Erfahrungen, wie gut sie lernen und wie viel sie aufnehmen und behalten.

In meinem früheren Leben war ich im Networkmarketing relativ erfolgreich. Mein Mentor und direkter Vorgesetzter pflegte zu sagen: „Sei Feuer und Flamme für deine Sache, dann kommen die Leute von meilenweit her, um dich brennen zu sehen.“ Jetzt gehen „Feuer“ und „Klassenzimmer“ nicht unbedingt gut zusammen, aber ich glaube, du weißt, worauf ich hinaus will. Es ist nicht überraschend, dass deine Schüler sich viel offener für alle Botschaften zeigen, die du ihnen vermitteln möchtest, wenn sie sehen, dass du für sie und für dein Fach „brennst“ (dich also positiv, begeistert und freudig zeigst).

Schuldest du es nicht deinen Mitmenschen (und dir selbst), dich mental auf ein positives Niveau zu bewegen, noch bevor dir morgens jemand begegnet? So gut gelaunt wie möglich zu werden? Die Antwort auf beide Fragen ist ein klares und deutliches „Ja“.

Wenn du in deiner Klasse eine positive Umgebung schaffst, stellst du damit fast automatisch sicher, dass es deinen Schülern und dir selbst leichter fällt, aufzublühen. Eine gut funktionierende Klassengemeinschaft erlaubt es jedem Kind, sich gesehen, sicher und wertvoll zu fühlen. Und das sind nur die ganz einfachen Dinge. Darüber hinaus entsteht aus deiner wachsenden 1A-Attitüde ein ermutigendes, anspornendes Umfeld, das deinen Schülern das Gefühl gibt, alles erreichen zu können – und nicht nur das zu lernen, was auf dem Lehrplan steht, sondern sich gleichzeitig deine weniger greifbaren, persönlichen Qualitäten zu eigen zu machen, die ihnen im weiteren Leben noch gute Dienste erweisen werden.

Hier sind ein paar Methoden, mit denen du deinen Ansatz jeden Tag ein bisschen verbessern kannst:

- Lächle! Einer der Eckpfeiler deiner 1A-Attitüde besteht darin, darauf zu achten, dass dein Gesicht deutlich zeigt, wie sehr du dich freust, deine Schüler zu sehen. Das klingt jetzt vielleicht etwas offensichtlich, aber es ist unglaublich wichtig und erfordert häufig ein wenig mehr Aufmerksamkeit, wenn deine Schüler ins Klassenzimmer kommen.
- Mach dein Klassenzimmer zu einem glücklichen Ort! Öffne die Jalousien oder Rollos, häng Poster mit positiven Botschaften auf (oder bastle deine eigenen), und denk darüber nach, ob du fröhliche, positive Musik laufen lassen kannst, während deine Schüler im Klassenzimmer ankommen. Wenn du malen kannst, male! Farbenlehre ist eine Wissenschaft für sich, aber du kannst Farben nutzen, um Freude, Glück und positive Energie in dir und deinen Schülern zu wecken.
- Finde den Silberstreifen! Falls (wenn!) etwas schiefgeht, finde das Positive an der Situation und konzentriere dich darauf. Werde gut darin, solche Gelegenheiten zu finden, und bring es auch deinen Schülern bei.
- Verteile Komplimente wie Konfetti! Ich habe einmal dieses Zitat gelesen: „Achte darauf, wie du mit Kindern redest. Deine Worte werden ihre innere Stimme." Egal, wie alt man ist, was andere über uns sagen, beeinflusst unser Selbstwertgefühl. Lehrer haben die Möglichkeit, ihren Schülern durch das, was

sie ihnen sagen, Leben, Glauben und Selbstvertrauen einzuhauchen. Wenn du ihnen ein Kompliment über ihr Outfit oder den Sticker auf ihrem Mäppchen machst, wissen sie, dass sie wahrgenommen werden. Wenn du sie dabei erwischst, wie sie etwas richtig machen, und dazu etwas sagst, verstärkst du dadurch das positive Verhalten und gibst ihnen unbewusst die Erlaubnis, anderen Komplimente zu machen. Diese Methode ist besonders wirksam, wenn es darum geht, deine positive Haltung auf deine Schüler zu übertragen.

- Lachen ist wirklich die beste Medizin! Kinder sind lustig, und du bist es auch. Hab Spaß, tu lustige Dinge und achte auf die lustigen Dinge, die deine Schüler tun. Eine meiner Lehrerinnen zeigte uns immer irgendwelche lustigen Videos, wenn wir von einem Fach oder einer Schulstunde zur nächsten wechselten. Dadurch wurde unsere gemeinsame Zeit gleich viel angenehmer. Deinen Schülern Gelegenheit zum gemeinsamen Lachen zu geben ist eine der schnellsten Methoden, ihr Gemeinschaftsgefühl zu fördern und die positive Energie im Klassenzimmer zu steigern.

Attitüden-Fähigkeit Nr. 2: Belief – Glauben an etwas, eine Meinung oder Überzeugung

Es kommt nicht selten vor, dass Schüler ohne jeden Glauben an sich selbst und ihre Fähigkeiten ins Klassenzimmer kommen. Leider besitzen viele von ihnen ein ganzes Arsenal an selbsteinschränkenden und sogar selbstzerstörerischen Überzeugungen, die ihnen unabsichtlich von denen eingeprägt wurden, die eigentlich von ganzem Herzen an sie glauben sollten: von ihren Eltern, Familien und Freunden.

Für diese Schüler ist es unglaublich wichtig, den Glauben an sich selbst zu finden, den sie einfach nicht bekommen – vielleicht sogar niemals im Leben –, wenn sie nicht an einen Lehrer geraten, dem sie am Herzen liegen.

Bist du vielleicht zumindest teilweise deshalb Lehrer geworden, weil du selbst einen Lehrer hattest, der dein Leben positiv beeinflusst hat? Einen Lehrer, der an dich glaubte, der dir mit seinen Worten neue Welten eröffnete, der dich inspirierte und dir das Gefühl gab, alles sei möglich?

Ich hatte eine solche Lehrerin. Meine Französischlehrerin in der zehnten Klasse, Madame Lawrence, gab mir das Gefühl, alles sei möglich (nicht nur, aber auch, französische Verbformen und lange Vokabellisten zu lernen). Ihr Einfluss auf mein Leben hält immer noch an, dreißig Jahre nach unserer letzten Begegnung.

Glauben an deine Schüler zu entwickeln bedeutet zweierlei: Erstens musst du an dich selbst glauben (um deinen Schülern ein Vorbild zu sein), zweitens übersetzt sich das dann in Glauben an deine Schüler.

Diese beiden Aspekte arbeiten Hand in Hand, um deinen Schülern zu helfen, Glauben an sich selbst zu finden. Wenn du an einen Schüler glaubst und ihm beibringst, ebenfalls an sich zu glauben, eröffnest du ihm damit letzten Endes ganz neue Welten.

Alles wird möglich; nichts ist unmöglich.

Dein *eigenes* Selbstwertgefühl und deinen *eigenen* Glauben an dich selbst baust du durch deine *Life S.A.V.E.R.S.* auf. Insbesondere die Affirmationen und Visualisierungen werden dafür sorgen, dass keine Lücken bleiben und das verstärken, was dir möglich ist.

Im nächsten Kapitel betrachten wir dein *bestes Benehmen*, beziehungsweise Methoden, die dich zu einem besseren Vorbild für deine Schüler machen, etwas genauer. Was du ihnen absichtsvoll und zielgerichtet vorlebst, wird für sie zu einem inneren Prüfstein, einem Ort, an den sie jederzeit zurückkehren können, wenn sie Schwierigkeiten haben. Sie können sich darauf verlassen, wenn das Leben ihnen Steine in den Weg legt oder wenn sie an sich selbst zweifeln. Zu wissen, dass es auf der anderen Seite dessen, was sie gerade durchmachen, weitergehen kann und wird – und dass sie daran letztendlich wachsen werden –, ist ein unermesslich großes Geschenk.

Attitüden-Fähigkeit Nr. 3: Character – Eigenschaften, die eine Person zum Individuum machen

In jedem Lehrer schlummert der Wunsch, großartig zu sein – seine Schüler positiv zu beeinflussen, ihnen alles beizubringen, was sie brauchen, um zu erfolgreichen, glücklichen Mitgliedern der Gesellschaft zu werden, und ihnen zu helfen, jetzt und in Zukunft immer die beste Person zu sein, die sie sein können.

Lehren kann sehr befriedigend sein, wenn man es gut macht. Im Klassenzimmer geschehen unglaublich positive Dinge. Schüler entfalten sich und erreichen ihr volles Potenzial – und schießen manchmal sogar darüber hinaus. Du musst nicht „der beste Lehrer" werden, nur der beste, der du sein kannst, um sicherzustellen, dass du einen positiven Einfluss auf deine Schüler ausübst. Die Charakterzüge eines legendären Lehrers werden im Zusammenspiel mit deiner 1A-Attitüde dafür sorgen, dass deine Schüler sich noch lange an dich erinnern werden, nachdem du ihnen zum letzten Mal eine Note gegeben hast.

Die gute Nachricht ist, dass du dir die Charakterzüge, die man braucht, um genau so ein Lehrer zu werden, selbst aneignen kannst.

Die Charakterzüge von legendären Lehrern

- **Effektive Kommunikation.** Du glaubst vielleicht, Wissen sei der wichtigste Charakterzug für einen Lehrer, aber in Wirklichkeit ist es viel mehr wert, zu wissen, wie man *Wissen vermittelt*, als es einfach nur zu besitzen. Es ist egal, wie viel du im Leben schon gelernt hast, wenn du nicht weißt, wie du es an deine Schüler so weitergeben kannst, dass sie es verstehen und behalten. Meistens bedeutet das, dass du es so verpacken musst, dass es ihnen Spaß macht. Denk immer daran: Begeisterung ist ansteckend!
  Behalte außerdem im Sinn, dass die meisten Lektionen sich auf angenehme und einprägsame Weise vermitteln lassen, wenn man sie als Geschichte erzählt. Schüler erinnern sich oft

viel besser an Fakten, wenn man sie ihnen im Kontext einer spannenden Geschichte präsentiert.

- **Besseres Zuhören.** Du kennst sicher das Sprichwort: „Reden ist Silber, Schweigen ist Gold." Ein großartiger Lehrer bemüht sich immer, zu hören, was seine Schüler tatsächlich sagen, was sie zu sagen versuchen und was sie nicht sagen können.
Stell gute Fragen (und hake nach), dann hör ihnen aktiv zu, statt sie zu beurteilen.
- **Fachwissen, Leidenschaft und Meisterschaft.** Ein Lehrer ist immer nur so gut wie das, was er tatsächlich über seinen Stoff weiß. Wenn du bei einem deiner Fächer Wissenslücken hast, widme dich umso leidenschaftlicher dem Schließen dieser Lücken.
Beim Lernen stehen dir traditionelle und neue Methoden zur Verfügung. Füll dich mit Geschichten, Beispielanekdoten und Fakten, die mit deinem Fach in einem losen Zusammenhang stehen. So erweckst du es für deine Schüler zum gleichen Leben, das es für dich hat.
- **Freundlichkeit und Ansprechbarkeit.** Freundlich und ansprechbar zu sein ist für jeden Lehrer der Schlüssel zum Erfolg. Wenn ein Schüler nicht mehr mitkommt, wird er das nicht bei einem mürrischen, unfairen, kurzangebundenen, gehässigen, arroganten oder einfach nur unfreundlichen Lehrer ansprechen.
Finde Offenheit, Hilfsbereitschaft und eine einladende Persönlichkeit in dir selbst.
- **Hohe Erwartungen (an dich selbst und deine Schüler).** Studien haben gezeigt, dass Schüler eher dazu neigen, Höchstleistungen zu erbringen, wenn Lehrer hohe Anforderungen stellen. Schau dir nur doch mal die Filme „Stand and Deliver", „Club der toten Dichter" oder „Der knallharte Prinzipal" an. Da siehst du gut, welchen Einfluss ein Lehrer auf seine Schüler haben kann.
Setze dir selbst Standards und teile sie mit deinen Schülern. Es kann bereits inspirierend auf sie wirken, deine Ziele und deine eigene Vision nur zu sehen.

Setze auch für deine Schüler einen hohen Maßstab – und stell sicher, dass sie ganz genau wissen, wie sie ihm entsprechen oder ihn sogar übertreffen können. Wenn du ihnen die Regeln des Spiels erklärst, haben sie eine Chance, es zu gewinnen. Großartige Lehrer erklären ihre Erwartungen zu Beginn des Schuljahres und verfolgen sie konsequent für den Rest des Jahres. Stelle drei feste Regeln auf, zum Beispiel: „Sei respektvoll. Sei vorbereitet. Sei pünktlich." oder „Respektiere dich selbst. Respektiere andere. Respektiere unsere Schule." Denk daran, dass die Schule ein guter Ort für Regeln ist, weil man sie dort sowieso erwartet. Erkläre deinen Schülern also nicht nur die Schulordnung, sondern auch deine Erwartungen, die Konsequenzen, die eintreten, wenn sie sich nicht daran halten – aber auch die Belohnungen, die sie bekommen, wenn sie sich der Herausforderung erfolgreich stellen.

- **Handle zielgerichtet.** Wie allen anderen Menschen kann es auch Lehrern passieren, dass sie einen Burnout bekommen und vergessen, warum sie überhaupt machen, was sie tun. Das Gegenmittel dafür ist Zielstrebigkeit. Denk daran, warum du Lehrer geworden bist und erinnere dich jeden Morgen im Rahmen der *Life S.A.V.E.R.S.* daran.

Das Ende im Sinn

Der zweite von Steven Coveys berühmten *7 Wegen zur Effektivität* lautet „Schon am Anfang das Ende im Sinn haben". Ich glaube, damit meint er, dass seine Leser sich Zeit nehmen sollten, ein paar Schlüsselaspekte ihres Lebens im Rückblick – quasi vom Totenbett aus – zu betrachten. In deinem Fall möchte ich dich bitten, dir deine Lehrerkarriere kurz vom Lebensende aus zu überdenken. Wenn alles gesagt und getan ist, was würdest du dir als Vermächtnis wünschen, welchen Einfluss hättest du gern gehabt und von wem würdest du dir wünschen, dass er sich als *den einen Lehrer, der sich wirklich um ihn gekümmert und sein Leben zielgerichtet beeinflusst hat*, an dich erinnert?

Nimm dir ein paar Minuten Zeit, schau zurück auf all deine Jahre und erinnere dich an Schüler, Schulstunden und Kollegen. Momente und Schlüsselerlebnisse. Gute Zeiten und Erinnerungen und all die Menschen, die in deinem Leben und deiner Karriere eine besonders wichtige Rolle gespielt haben. Ich wette, du hast jetzt schon ein paar, die dir ein Lächeln aufs Gesicht oder Tränen in die Augen zaubern, wenn sie durch deinen Geist spuken – vielleicht sogar beides gleichzeitig.

Wenn ich diese Übung selbst versuche, stelle ich mir nicht vor, dass viele Leute darüber reden werden, wie viel Geld ich verdient habe, in was für einem Haus ich gewohnt habe oder wohin ich in Urlaub gefahren bin. Stattdessen stelle ich mir vor, wie sie ihre Lieblingserinnerung an mich teilen, wie sie erzählen, dass ich ihnen das Gefühl gegeben habe, alles sei möglich, wie ich ihnen Denkanstöße gegeben oder sie in einer scheinbar ausweglosen Situation getröstet habe. Wie sehr ich meine Familie, meine Freunde, meine Leser und meine Kunden geliebt habe. Dass mein Leben in ihrem Leben einen Unterschied gemacht hat. *Das* ist das Ende, das ich im Sinn habe.

Jetzt bist du dran. Nimm die Gedankenfetzen, die du hattest, als du die ersten paar Absätze gelesen hast, und spinne sie weiter. Schnapp dir dein Tagebuch und denk ein Weilchen über die Antworten auf diese Fragen nach, bevor du im nächsten Kapitel weiterliest:

- Wie sollen sich deine Schüler an dich erinnern? Schreib eine Liste mit den Eigenschaften und Wesenszügen, die du jetzt besitzt und denen, die du gern für deine Schüler darstellen oder ihnen mitgeben möchtest (z. B.: „Herr/Frau ____ hat immer an mich geglaubt und mir versichert, dass ich alles schaffen kann, was ich mir vornehme.“)
- Wie stellst du dir vor, dass deine Schüler Einfluss auf die Welt nehmen werden? Wofür kannst du jetzt schon das Fundament legen? Denk an bestimmte Schüler, bei denen es dir eine Ehre war, sie unterrichtet zu haben oder aktuell zu unterrichten, und träume ein bisschen davon, was ihnen möglich sein wird.

- Wenn heute dein letztes Jahr, dein letzter Monat oder deine letzte Woche als Lehrer wäre, wärst du dann einer dieser mürrischen Lehrer, die schon seit Jahren in Pension sein sollten, oder wärst du ein Lehrer, der bis zum Ende mit Begeisterung unterrichtet hat und von den Kollegen, Schülern, anderen Lehrern und Eltern schmerzlich vermisst werden wird?
- Wann wirst du deine Abschiedsparty zur Pensionierung geben, und gibt es Schüler, die du gern dazu einladen würdest? Schreib die Namen von allen auf, die du dort gerne sehen würdest, weil du so großen Einfluss auf ihr Leben hattest.
- Wie stellst du dir dein Vermächtnis vor? Wirst du der Lehrer sein, der jemandem geholfen hat, mit seiner Lernschwäche klarzukommen, ein Stipendium zu bekommen oder sich einem Wissensgebiet zuzuwenden, von dem er immer dachte, es sei zu schwierig?
- Wie wirst du weiterhin lernen, wachsen und besser werden, und wie wirst du die Menschen um dich herum dazu inspirieren, es auch zu tun?
- Fällt dir noch etwas anderes in Bezug auf dein Vermächtnis ein, das du gerne hinterlassen würdest?

Ich glaube, die meisten Lehrer wollen einen Eindruck hinterlassen und anderen Lehrern und Schülern gleichermaßen im Gedächtnis bleiben. Die gute Nachricht ist, dass du *selbst in der Hand hast*, wie sich andere in fünf, zehn oder sogar dreißig Jahren an dich erinnern werden – dieses Vermächtnis und dieser Eindruck beginnt und endet bei dir allein. Du kannst es jetzt sofort, heute und jeden Tag beeinflussen. Hal und ich hoffen, dass du deine Vision in der *Miracle Morning*-Facebookgruppe mit uns teilst und die *Miracle*-Gleichung (im Bonuskapitel am Ende dieses Buches) nutzt, um sicherzustellen, dass sie wahr wird.

Jetzt haben wir die Grundlage für deine 1A-Attitüde gelegt, also betrachten wir als Nächstes, wie du deinen Schülern jeden Tag ein Vorbild sein kannst, indem du dein *bestes Benehmen* an den Tag legst. Wenn du soweit bist, erwarten wir dich in Kapitel 8.

Legendäre Lehrer
KOREEN THOMPSON

Wildwood Montessori, Montevideo, Minnesota, Schüler zwischen drei und fünf Jahren

In einer schwierigen Phase meines Lebens suchte ich Trost und nahm das Buch *Miracle Morning: Die Stunde, die alles verändert* zum zweiten Mal in die Hand. Damals gelang es mir endlich, mit Hilfe der *Life S.A.V.E.R.S.* einen täglichen Rhythmus für meinen Morgen aufzubauen. Nach einer Weile ließ ich auch unsere Kinder, damals zwei und vier Jahre alt, mitmachen. Wir bewegten uns zusammen; wir lasen und meditierten gemeinsam; wir sagten zusammen unsere Affirmationen auf.

Ich wusste, dass auch meine Montessori-Kinder einen solchen Rhythmus gebrauchen konnten. Also fingen wir im Februar 2019 an der Wildwood-Montessorischule mit den *Life S.A.V.E.R.S.* an. Im Alter zwischen drei und fünf entwickeln Kinder nämlich besonders starke Gewohnheiten, die ihnen helfen, Überzeugungen aufzubauen und ihre eigene Identität zu stärken.

Wir fingen jeden Morgen mit Bewegung an. Meistens sangen wir ein Lied mit dazugehörigen Tanzbewegungen. Unser gemeinsames Mittagessen, das wie in der Familie abläuft, war eine perfekte Zeit für Visualisierungen.

Ich fing ganz einfach damit an und fragte die Kinder, ob sie wüssten, was ein Ziel ist. Die fünfjährige Hannah antwortete: „Etwas, das man lernen möchte.“ Cora, ebenfalls fünf, sagte: „Etwas Schwieriges, worin man gut werden will.“ So starteten wir jede Woche mit einer Diskussion über Ziele. Weil wir diese Diskussionen in der Gruppe abhielten, bauten die Antworten der Kinder oft aufeinander auf.

Wenn zum Beispiel eines sagte: „Ich will nett sein“, ging die Diskussion in diese Richtung weiter. An einem anderen Tag sagten sie alle: „Ich will mir diese Woche besonders schwere Aufgaben aussuchen.“ Ich stellte den Kindern Fragen, zum Beispiel: „Wie hast du heute dein Ziel erreicht, nett zu sein?“ oder „Was hast du heute gemacht, das eine besonders schwere Aufgabe war?“

Das Mittagessen war auch eine gute Zeit für mich, sie für ihre netten oder besonders schwierigen Handlungen zu loben. Das liebten die Kinder! Wir machen es immer noch so und häufig entsteht daraus eine ganz eigene Dynamik, bei der andere Kinder mitmachen und ihre eigenen Beobachtungen teilen.

Nach dem Mittagessen machten wir mit den Affirmationen weiter. Ich flüsterte jedem der Kinder ein Wort ins Ohr. Dann bat ich sie, sich das Wort zu merken und laut zu sagen: „Ich bin ____“, wenn ich sie aufrief. Nachdem ein Kind sein Wort gesagt hatte, wiederholten wir die Affirmation mit der ganzen Klasse. Das war so bewegend!

Ich höre immer noch, wie Kinder positiv mit und über sich selbst reden. Vor kurzem kletterte eines der Kinder einen Schneehügel hinauf, stellte sich oben hin und rief: „Ich bin mutig!“ Es ist besonders inspirierend, eines der schüchterneren Kinder sagen zu hören: „Ich bin tapfer“, und dann auch so zu handeln. Stille kommt in einer Montessori-Umgebung ohnehin schon oft vor, aber das Experiment mit den *Life S.A.V.E.R.S.* hat mich ermutigt, zielgerichteter damit umzugehen.

Nach den Affirmationen wandten wir uns der Lektüre eines Buches zu, das eine wachstumsorientierte Geisteshaltung förderte. Ich habe ein Buch, das besonders gut dafür geeignet ist, auf Affirmationen aufzubauen: *Ich bin, was ich denke!* von Louise L. Hay.

Als die Kinder begannen, Erfahrungen mit ihren eigenen Affirmationen zu sammeln, wurden sie auch immer neugieriger auf den Inhalt des Buches und stellten mir immer genauere Fragen zu seiner Geschichte.

Die vielleicht inspirierendste Erfahrung für mich war der Moment, als ich merkte, dass ein paar der Kinder angefangen hatten, ganz ohne meine Anleitung persönliche Affirmationen aufzuschreiben.

Lebensbejahende Gewohnheiten, die unsere Kinder in die Lage versetzen, sich allen Herausforderungen des Lebens zu stellen, sind großartige Geschenke, die wir ihnen mitgeben können. Die *Life S.A.V.E.R.S.*-Routine schafft einen Rhythmus, den sie schon mit zwei Jahren verinnerlichen können. Als Lehrer können wir ihnen die *Life S.A.V.E.R.S.* mit Liebe und Würde vorleben, müssen aber gleichzeitig darauf achten, dass wir keine allzu fordernden oder aggressiven Erwartungen an sie stellen.

Legendäre Lehrer

JODI FISH

Vierte Klassen, Indiana

Als Lehrerin für vierte Klassen im ländlichen Indiana war ich es gewohnt, dass meine Schüler in aller Regel taten, was man ihnen sagte, und meinen etwas weniger traditionellen Unterrichtsstil genossen. Am Anfang jedes Schuljahres bemühte ich mich, ihnen ein Gemeinschaftsgefühl, Routinen, Regeln und Abläufe zu vermitteln. Es kam relativ selten vor, dass ich die Regeln und Abläufe öfter als zweimal pro Jahr wiederholen musste – bis zu dem Jahr, in dem sich meine Welt komplett auf den Kopf stellte.

Ich versuchte verzweifelt, meinen an emotionaler Instabilität leidenden Schülern zu helfen, indem ich Konferenzen zum Thema besuchte und Fachpublikationen las. Eines Tages fand ich auf Facebook rein zufällig einen Post, in dem nach Lehrern gesucht wurde, die gern neue Konzentrationsstrategien mit ihrer Klasse ausprobieren wollten. Ich meldete mich sofort an und beschloss, die *Life S.A.V.E.R.S.* zu einem Teil unserer Morgenbegegnung zu machen. Die Ergebnisse ließen nicht lange auf sich warten.

Obwohl den Schülern die Bewegungs- und Visualisierungsübungen am besten gefielen, waren es die Affirmationen und das Schreiben, das ihnen die größten und langanhaltendsten Verbesserungen brachte. Meine Schüler mit Kindheitstraumata (auch bekannt als ACE, *adverse childhood experiences*) standen den Affirmationen zunächst skeptisch gegenüber. Sie hatten eine stark fixierte Mentalität und fanden die Affirmationen deshalb „blöd“. Ich hielt aus und hoffte, dass sie eines Tages mitmachen würden, aber nach ein paar Wochen hatte sich daran leider noch nichts geändert. Dann änderte ich jedoch eines Tages bei unserer Morgenbegegnung meine Herangehensweise daran, wie die Affirmationen präsentiert werden sollten, von öffentlichem Aussprechen zu privatem Aufschreiben.

Das war der magische Moment, ab dem alle Schüler bis auf einen endlich mitmachten. Die Verwandlung von fixen Mentalitäten in Wachstumsmentalitäten war unglaublich. Am nächsten Morgen trommelten wir unsere Affirmationen und flüsterten sie uns gleichzeitig vor. Später am gleichen Tag hörte ich zum ersten Mal, dass sich die Kinder untereinander über ihre Affirmationen unterhielten und sie selbst glaubten. Die Affirmationen veränderten also nicht nur ihre Fähigkeit, sich zu konzentrieren, sie hatten sogar Auswirkungen auf ihr Selbstwertgefühl!

Zusätzlich zu unserer Morgenbegegnung wurde Stille zu einer sehr wichtigen Strategie, wenn es darum ging, die Schüler nach der Mittagspause erneut zu fokussieren. Nach der Pause sind meine Schüler oft unruhig und es fällt ihnen schwer, mental vom Pausenhof zurück ins Klassenzimmer zu kommen. Stille und Atemübungen schenken ihnen etwas Zeit, sich zu beruhigen und im Nachmittag und beim Lernen anzukommen. Ein Schüler sagte dazu: „So mache ich es jetzt sogar zu Hause, wenn ich für eine Klassenarbeit lernen muss. Es hilft mir, mein Gehirn zu beruhigen und besser zu lernen."

Die *Life S.A.V.E.R.S.* zu einem Teil unserer Morgenbegegnung zu machen, hat dafür gesorgt, dass ich meinen Schülern jetzt viel zielgerichteter einen positiven, ruhigen Start in den Schultag biete. Es hat meinen Schülern geholfen, ihre Emotionen abzustreifen und sich ganz dem Lernen zu widmen. Ich habe gemerkt, dass sie sich danach besser konzentrieren konnten, wenn ich ihnen etwas erklärte, und dass sie bei Gruppenarbeiten viel selbstständiger arbeiteten.

Ich musste die *Life S.A.V.E.R.S.* zwar ein wenig anpassen, damit sie zu meinen Schülern passten, aber es gibt nur eine Sache, die ich anders machen würde, wenn ich heute noch einmal anfangen müsste: Ich würde gleich am ersten Schultag mit den *S.A.V.E.R.S.* anfangen.

8. Legendäre Lehrerfähigkeit Nr. 2:

BESTES BENEHMEN

Man schaut mit Anerkennung auf seine guten Lehrer zurück,
aber mit Dankbarkeit auf jene, die uns emotional berührt haben.
Der Lehrplan ist nur nötiges Rohmaterial,
doch Wärme ist die Grundvoraussetzung,
damit Pflanzen und Kinderseelen wachsen können.

CARL JUNG

In einer perfekten Welt kämen alle deine Schüler aus liebevollen, stabilen Familien, in denen all ihre Grundbedürfnisse erfüllt werden, sodass sie bereit und begierig sind, das Wissen aufzusaugen, das du ihnen vermitteln möchtest. In dieser perfekten Welt könntest du ständig die positive Erwartung des ersten Schultags im neuen Schuljahr spüren, an dem alle von Begeisterung und grenzenloser Energie erfüllt sind.

Wir alle wissen aber, dass wir in einer Welt leben, die weit davon entfernt ist, perfekt zu sein. Ganz ehrlich, es kann sein, dass du eines von ganz wenigen positiven Vorbildern bist, die deine Schüler haben – und jemals haben werden! Tatsächlich sind ihre Lehrer für viele Schüler die einzigen Vorbilder. Vielleicht bist du für einige deiner Schüler viel eher ein Vater oder eine Mutter, als dir eigentlich klar ist.

Außerdem stehst du wahrscheinlich auch noch vor deinen eigenen Herausforderungen: deiner Familie mit ihren Bedürfnissen, finanziellem Druck und anderen Problemen, die sich darauf auswirken können, wie gut du für deine Schüler da sein kannst. Wenn du nah am Burnout, gestresst, überfordert oder unglücklich bist, merken deine Schüler das! Die unbewusste Botschaft, die du ihnen vermittelst, ist dann keine, die Mut macht und Möglichkeiten aufzeigt, ganz im Gegenteil. Wenn du dich darauf konzentrierst, dich selbst so gut wie möglich aufzustellen, wird sich das auch in deinem Klassenzimmer zeigen. Du weißt, dass es wahr ist: Verhalten sagt viel mehr aus als Worte.

Ein durchschnittlicher Lehrer, der sowohl mit den Herausforderungen seiner Schüler als auch seinen eigenen konfrontiert ist, schafft es nur mit Mühe durch den Tag. Du dagegen bemühst dich, zu einem legendären Lehrer zu werden, ein Lehrer von der Sorte, der ein Buch wie *Miracle Morning für Lehrer* in die Hand nimmt – und liest –, sich tägliche Rituale zur Persönlichkeitsentwicklung wie die *Life S.A.V.E.R.S.* angewöhnt und diese Methoden dann auch an seine Klasse weitergibt.

Toll, dass du dich selbst, deine Persönlichkeitsentwicklung und den Wunsch, für deine Schüler das Beste zu geben, so ernst nimmst! Hier sind ein paar wichtige Fähigkeiten und Unterscheidungen, die du treffen solltest, um deinen Schülern dein bestes Benehmen vorzuleben:

Benehmens-Fähigkeit Nr. 1: Acceptance – Akzeptanz

Das allererste Puzzleteil daran, dich als Lehrer optimal zu verhalten, ist es, deine Schüler zu akzeptieren, wie sie sind, bedingungslos und ohne sie kritisch zu betrachten oder zu verurteilen (wie wir Menschen es nur allzu oft unbewusst miteinander tun). Wir reagieren alle positiv, wenn ein Mensch, den wir bewundern, den wir zu beeindrucken versuchen oder dem wir es recht machen müssen, uns aus tiefsten Herzen akzeptiert. Und genau das sind Lehrer für ihre

Schüler. Da aber die Mehrheit der Menschen mit sich selbst ins Gericht geht – und das oft ganz schön hart –, bereitest du deinen Schülern eine Bühne, auf der sie ihre besten Leistungen zeigen können, wenn du sie akzeptierst und anerkennst.

Ein legendärer Lehrer behandelt alle Schüler so, als wären sie ebenfalls legendär. Es geht darum, das grenzenlose Potenzial in anderen Menschen zu sehen, nicht die Einschränkungen, die sie durch ihre Vergangenheit mit sich bringen.

Jeder Schüler braucht einen Champion.

Im Leben hängt das, was du bekommst, normalerweise von deinen Erwartungen ab. Wenn du also die Erwartung erschaffst, dass deine Schüler immer ihr Bestes geben, wirst du merken, dass sie sich ihr fast immer gewachsen zeigen werden.

Herzen und Hirne, die sich noch in der Entwicklung befinden, sehnen sich nach einer starken und sicheren Umgebung, und nach einem Menschen (dir!), der sie als Person wahrnimmt und sie gleichzeitig ermutigt, an sich selbst zu glauben und ihr volles Potenzial zu erfüllen.

- **Lerne deine Schüler kennen.** Schüler lernen mehr und konzentrieren sich besser, wenn sie echte Fürsorge und echtes Verständnis erfahren. Nimm dir Zeit für Übungen, die dir einen Einblick in ihr Leben außerhalb der Schule verschaffen. Sieh jeden einzelnen Schüler als Person. Behandle deine Schüler als die empfindsamen und bewussten Menschen, die sie sind (schließlich beobachten sie dich immer). Wenn du sie erst richtig kennst, wirst du sie auf viel tiefgehendere Weise akzeptieren.
- **Höre deinen Schülern zu.** Oft haben deine Schüler eine bestimmte Erwartung an dich als Lehrer und können dir konstruktives Feedback, Input und hilfreiche Tipps geben, wenn du es ihnen ermöglichst. Es ist leicht, zu unterschätzen, wie gut vor allem jüngere oder unerfahrenere Schüler dir helfen können, deine Methoden zu verbessern. Von Schülern zu lernen

ist ein toller Bonus und die Dynamik, die es mit sich bringt, macht einen großen Unterschied darin, wie gut sich deine Schüler gesehen und akzeptiert fühlen.

- **Bleib konsequent.** Wenn du *gleichbleibend* dein bestes Benehmen an den Tag legst, spendest du deinen Schülern damit Sicherheit und Komfort. Kinder beurteilen den Charakter von Erwachsenen oft nach ihrem Verhalten, deshalb ist es besonders wichtig, dass du sie konsequent auf die gleiche Weise behandelst. Darin werden sie Akzeptanz finden, weil sie immer wissen, wo sie stehen, und dass du bereit bist, dich auf sie einzulassen.
- **Ermutige und lobe deine Schüler.** Ermutigungen bedeuten, dass du die Arbeit wertschätzt, die deine Schüler ins Lernen und in ihr Verhalten stecken. Legendäre Lehrer wissen, wie mächtig Lob ist, auch wenn es in der Natur des Lehrerlebens liegt, Fehler zu suchen und zu korrigieren. Wenn es dir bisher schwerfallen sollte, deine Schüler zu loben, hast du jetzt die großartige Gelegenheit, deine Affirmationen zu nutzen, um dich zu einem Experten im Loben und Ermutigen zu machen. Hier sind die fünf Aspekte effektiven, positiven Lobs: *authentisch, spezifisch, unmittelbar, sauber* und *privat.* Achte darauf, dass dein Lob von Herzen kommt und wahr ist. Du drückst deine Wertschätzung für etwas aus, aber dabei ist es wichtig, dass dein Schüler weiß, wovon du redest. Außerdem solltest du dein Lob möglichst kurz nach dem Ereignis oder der Handlung aussprechen, die du loben willst, und es sollte kein verstecktes Motiv dahinter stecken. Dein Lob unter vier Augen auszusprechen, sichert dich ab – dadurch stellst du sicher, dass kein anderer Schüler sich verletzt fühlt oder denkt, du würdest einen Schüler bevorzugen.

Die langfristigen Vorteile daran, dass sich deine Schüler von dir – ihrem Lehrer und Vorbild – akzeptiert fühlen, sind einfach unermesslich. Mach dir einfach klar, dass es sie gibt, auch wenn du bisher noch keine Beweise aus erster Hand dafür hast.

Benehmens-Fähigkeit Nr. 2: Behavior – die Art, wie man sich verhält oder handelt

Positives Verhalten im Unterricht vorzuleben ist sehr wichtig und läuft manchmal auf diese Binsenweisheit hinaus: Äffchen machen alles nach. Das bedeutet, dass man *einen Prozess lernen kann, ohne zu verstehen, warum er funktioniert.* Kurz gesagt: Deine Schüler werden das Gleiche tun wie du, aber nicht unbedingt das, was du sagst oder was du ihnen aufträgst.

Das Verhalten, das du im Klassenzimmer an den Tag legst – darunter auch deine Attitüde, wie du über dich selbst denkst, was du von deinen Schülern hältst und das, was du sagst und tust –, wird auf einem tiefgehenden Niveau kommuniziert und du solltest es auf keinen Fall unterschätzen. Du weißt natürlich, dass dein Verhalten deine Schüler beeinflusst. Und wir wissen, dass du ein Lehrer sein möchtest, der seine Schüler auf möglichst positive und vorteilhafte Weise beeinflusst – sonst würdest du dieses Buch ja nicht lesen!

Uns geht es nicht um bestimmte Fächer oder Lehrpläne, oder darum, wie du in deinem Fach zum Experten wirst – dafür gibt es viele andere Bücher und Weiterbildungsmethoden –, aber du weißt wahrscheinlich aus Erfahrung, dass deine Leidenschaft für dein Fachgebiet und dein Wissen darüber deine Schüler inspirieren können.

Deine Begeisterung kann ebenso ansteckend sein wie deine Attitüde. Natürlich wird nicht jeder deiner Schüler deine Liebe für ein bestimmtes Fach teilen oder sich wünschen, in deine Fußstapfen zu treten, aber es macht trotzdem einen Unterschied, wie du dich jeden Tag verhältst. Deine Geisteshaltung wird beeinflussen, ob deine Schüler neugierig werden und sich inspirieren lassen. Und das macht einen deutlichen, merklichen und bedeutsamen Unterschied aus.

Zusätzlich zu deinem Lehrplan setzen deine Person und dein Verhalten einen Standard, an dem sich deine Schüler orientieren können. Mit deinen Bewegungen, Formulierungen und Worten zeigst du ihnen, wie man sein kann, nicht nur in der Schule, sondern auch draußen in der großen, weiten Welt. Dein Verhalten wird die Schüler während der Zeit, die ihr zusammen verbringt, und für viele weitere Jahre danach beeinflussen.

Es kann sogar sein, dass sie dadurch, wie du redest, was du sagst, welche Gesten du verwendest, welche Gewohnheiten du hast und sogar deine Verhaltensweisen, zum allerersten Mal Dinge wie gesunden Menschenverstand, gutes Benehmen, Höflichkeit und Etikette mitbekommen. Es ist möglich, dass sie diese Dinge einfach nirgendwo anders lernen können, weil ihnen zu Hause niemand beibringen kann (oder will), was sie wissen müssen. Möglicherweise haben ihre Eltern diese Fähigkeiten oder Verhaltensweisen selbst nie gelernt. Du wirst für mehr Schüler zu einer Art Elternteil, als dir vielleicht selbst klar ist.

Das sage ich nicht, um dich unnötig unter Druck zu setzen. Man sagt, dass an diejenigen, denen viel gegeben ist, auch die höchsten Erwartungen gestellt werden. Und dass aus großer Kraft große Verantwortung folgt. Als Lehrer bist du in einer einmaligen Position, mit wunderschönen, offenen, jungen Herzen und Hirnen umzugehen. Du hast die Gelegenheit, sie auf anhaltende und positive Weise zu beeinflussen. Ist das nicht wundervoll? Ich liebe es, die Gelegenheit zu bekommen, einen Unterschied zu machen und etwas zurückzugeben, und ich bin mir sicher, wenn du bis hier gelesen hast, *geht es dir genauso.* Warum hättest du sonst auch Lehrer werden sollen?

Hal sagt gerne: „Das größte Geschenk, das wir denen machen können, die wir lieben und leiten, ist es, unser volles Potenzial auszuleben und ihnen damit zu zeigen, wie sie das auch erreichen können." Stellen wir also sicher, dass du gut dafür aufgestellt bist, im Klassenzimmer und darüber hinaus ein möglichst gutes Verhalten an den Tag zu legen.

- **Denk daran: Schüler lernen am meisten von Menschen, die sie mögen.** Das bedeutet nicht, dass dich jeder Schüler mögen wird (und umgekehrt). Aber wenn du eine *sympathische* Person wirst, vergrößerst du damit die Chancen, dass du einen dauerhaften Eindruck bei deinen Schülern hinterlässt. Du kannst sie schneller und besser kennenlernen. Die Spuren, die du in ihnen hinterlässt, halten länger an und werden deutlicher. Sympathischer zu werden ist letzten Endes eine Frage der inneren Einstellung: Menschen mögen Menschen, die sich selbst mögen, authentisch rüberkommen und sich wirklich dafür interessieren, wie es anderen geht. Ein Teil davon, deinen Schülern das Gefühl zu geben, dass du sie akzeptierst, liegt darin, sie wissen zu lassen, dass du sie wirklich magst und dass sie dir als Personen wichtig sind. Und wenn du dich selbst magst und dich in deiner eigenen Haut wohlfühlst, werden sie das (eventuell unterbewusst) merken.

- **Leg dir zuerst die eigene Sauerstoffmaske an.** Dir ist vielleicht aufgefallen, dass wir bis zu diesem dritten Teil des Buches gar nicht über deine Schüler gesprochen haben. Das liegt daran, dass du dich zuallererst um dich selbst kümmern musst – und zwar *sehr gut* –, bevor du genug Energie für deine Schüler übrig hast. Wir hoffen, dass du dieses Buch als Teil deiner täglichen Routine liest, wie wir es dir in der Einleitung nahegelegt haben. Vielleicht bist du ja jetzt schon auf dem besten Weg durch deine erste 30-Tage-Challenge und schon fast so weit, dass jeder der *Life S.A.V.E.R.S.* einen Teil deines täglichen *Miracle Morning*-Rituals darstellt.
- **Mach dir klar, welches Verhalten du erwartest, damit du es vorleben kannst.** Du kannst selbst dafür sorgen, dass dein Unterricht mehr Eindruck macht, wenn du dir die Zeit nimmst, herauszufinden, *wie* du sein möchtest, *wer* du sein möchtest und *welche* Art von Lehrer du werden willst. Das solltest du zielgerichtet und achtsam tun.
  Nimm dir etwas Zeit und schreib ein paar Gedanken darüber auf, wie du erscheinen möchtest, statt es immer wieder neu zu improvisieren. Bist du sympathisch? Macht es Spaß, von dir zu lernen? Erschaffst du deine Stundenpläne mit Begeisterung, versuchst du, möglichst erreichbar zu sein, hast du dir zum Ziel gesetzt, immer so gut wie möglich zuzuhören? Ist es möglich,

dass du Lernerfahrungen erschaffst, die den verschiedenen Lernstilen und Persönlichkeiten deiner Schüler angepasst sind? *Schaffst du das?*

Stell dir vor, wie dein Unterricht sein könnte und denk daran, dass der Anführer – also du – für Ton, Tempo und Energie verantwortlich ist.

Wenn du dir die Beiträge der Lehrer, die die *Life S.A.V.E.R.S.* mit ihren Schülern ausprobiert haben, in diesem Buch anschaust, suchst du dir am besten ein paar Dinge aus, die sie gemacht haben (zum Beispiel verschiedene Bewegungsformen, Musik oder Affirmationsansätze), und experimentierst auch in deinen Klassen damit. Es dauert vielleicht einen Moment, bis du das perfekte Rezept für das ideale Klassenzimmer gefunden hast, aber wenn du es erst mal hast, verwandelt es deinen Arbeitsplatz in einen Ort, an dem du nur zu gern deine Tage verbringen wirst.

Benehmens-Fähigkeit Nr. 3: Confidence – Vertrauen in sich selbst und die eigenen Fähigkeiten

Vertrauen in dich selbst und deine Schüler aufzubauen, kann und muss einer deiner wichtigsten Ansatzpunkte sein. Dein Verhalten beeinflusst das Verhalten deiner Schüler, und genauso funktioniert auch dein Selbstvertrauen und das Vertrauen, das du in deine Schüler hast: Es schlägt Wellen wie ein Stein, den man ins Wasser wirft – klar und sichtbar.

Selbstvertrauen aufbauen

Es ist gut möglich, dass du jetzt schon mehr Vertrauen in dich selbst und deine Fähigkeiten als Lehrer entwickelt hast, auch wenn du gerade erst angefangen hast, Affirmationen und Visualisierungen zu nutzen. Zum Glück dauert es nämlich nicht lange, bis positive Selbstansprache und lebhafte Filme vor dem inneren Auge sich festsetzen und ihre großartige Wirkung entfalten. Wenn du dich mit Selbstvertrauen durch die Welt bewegst und überall Komplimente verteilst, wird das Selbstvertrauen deiner Schüler sich ebenfalls merklich steigern.

- **Setz deine *Life S.A.V.E.R.S.* konsequent um.** Müssen wir darauf tatsächlich noch hinweisen? Vielleicht nicht, vielleicht aber doch. Wenn du schon mal etwas angefangen und gemerkt hast, dass es dir gut tut, dann aber irgendwann trotzdem damit aufgehört hast, bist du damit nicht allein. Zeichne auf, wie viele Tage du nacheinander durchgehalten hast und versuche, eine möglichst lange Serie hinzubekommen. Als Hilfestellung dafür kannst du auf www.TMMBook.com die 30-Tage-*Miracle-Morning*-Challenge herunterladen. Ich persönlich habe in diesem Moment, in dem ich es aufschreibe, an 2.149 Tagen die *Life S.A.V.E.R.S.* gemacht. Habe ich dabei ab und zu mal einen Tag ausgelassen? Klar – aber ich mache jeden Tag *mindestens* fünf der *S.A.V.E.R.S.* (Meditation, Affirmationen, Visualisierungen, Lesen und Schreiben), auch an Tagen, an denen ich mich nicht bewege. Manchmal reicht es mir, jede dieser Methoden eine oder zwei Minuten lang anzuwenden, damit ich mich auf meinem persönlichen Höchstniveau einpendele. Dir wird es ähnlich gehen.
- **Lerne, klar und effektiv zu kommunizieren.** Effektive Kommunikation ist nicht nur für Lehrer nützlich, du wirst außerdem merken, dass sich auch andere Bereiche deines Lebens verbessern, wenn du dich darum bemühst, in dieser Disziplin besser zu werden. Wenn du weißt, dass du deine Kommunikationsfähigkeiten noch verbessern musst, empfehle ich dir das Buch *Wie man Freunde gewinnt: Die Kunst, beliebt und einflussreich zu werden* von Dale Carnegie.
- **Steh für dich ein.** Das ist enorm wichtig für dich und deine Schüler! Es wird sicherlich Gelegenheiten geben, bei denen du dich verteidigen musst, und deine Schüler werden sehr genau beobachten, wie du dich dann verhältst. Sei nicht überrascht,

wenn sie sich eine Scheibe von dir abschneiden und deine Wörter und Sätze (und deine Körperhaltung und die Art, wie du stehst) nachahmen, während sie zu mehr Selbstvertrauen finden. Sag, was du meinst, meine, was du sagst, und lass bei beidem die Sorgfalt und das Taktgefühl walten, von dem wir wissen, dass es in deinem Herzen schlummert. Das Buch *Fierce Conversations* von Susan Scott ist eine hervorragende Ressource, wenn du lernen willst, stärker für dich selbst einzustehen, und dir Werkzeuge zulegen möchtest, die dir auch bei den schwierigsten Gesprächen weiterhelfen.

- **Bring Dinge zu Ende.** Selbstvertrauen erwächst aus dem, was wir erreicht haben. Verfolge also deine Projekte bis zum Ende, streiche Dinge von deiner To-do-Liste, und genieße diese kleinen und großen Siege. Mein Lieblingsbuch zu diesem Thema ist *Wie ich die Dinge geregelt kriege: Selbstmanagement für den Alltag.* Dieses Buch von David Allen nehme ich immer dann zur Hand, wenn ich, nun ja, Dinge geregelt kriegen muss. Es kann dir auch helfen!
- **Hör auf das, was *du* denkst.** Das bedeutet auch: Kümmere dich nicht zu sehr um das, was andere denken, es sei denn, ihre Meinung ist aus irgendeinem Grund wichtig (oder begründet). Eines meiner Lieblingsbücher zu diesem Thema, *Stop Trying So F*cking Hard*, habe ich selbst geschrieben. Ich schrieb es, weil ich finde, dass man nur bis zu einem gewissen Grad auf die Meinungen anderer hören sollte (es sei denn, du hast ihnen erlaubt, eine Meinung zu bilden *und* sie dir mitzuteilen).
- **Tu dein Bestes und versuche, dich zu verbessern.** In uns allen schlummert das Potenzial für Großes – manchmal sogar Besseres, als wir uns selbst vorstellen können. Genau an diesem Punkt sollen deine Visualisierungsübungen ansetzen. Gib alles, was du dir vorstellen kannst, und gib dir Mühe, dich weiterzuentwickeln – nicht, perfekt zu werden.
- **Mach dir Notizen.** Leg in deinem Tagebuch eine Liste deiner Siege an – mit Dingen, auf die du besonders stolz bist, Momenten, in denen dein Licht heller gestrahlt hat als sonst, in

denen du dein Bestes gegeben hast und mit denen du einen Unterschied gemacht hast. Wenn du eine solche Liste nicht schon längst hast, leg sie heute an und schreib alles auf, woran du dich aus deinem bisherigen Leben erinnerst. Schreib so lange Punkte auf deine Liste, bis dir nichts mehr einfällt, und dann schreib jedes Mal einen neuen Punkt auf, wenn dir ein passender Moment begegnet. Ermutige auch deine Schüler, eine solche Liste anzulegen. Wenn dein Selbstvertrauen aus irgendeinem Grunde im Keller sein sollte, schau dir deine Liste noch einmal an, und leite deine Schüler an, das Gleiche zu tun. Manchmal sehen wir nur die Berge, die wir noch nicht erklommen haben, statt uns umzudrehen und die zu betrachten, die wir schon geschafft haben. Vergangene Errungenschaften festzuhalten und zu betrachten kann uns helfen und ermutigen, wenn wir es am dringendsten brauchen.

Damit hast du jetzt die Grundlagen dafür, wie deine Schüler und du euch im Klassenzimmer verhalten solltet, sodass nicht nur deine Schüler, sondern auch du selbst (und deine Kollegen und vielleicht sogar die Schulleitung) inspiriert und ermutigt werden. Dein *bestes Benehmen* und deine 1A-Attitüde, gemeinsam mit dem, was in Kapitel 9 kommt, machen den harmonischen Dreiklang eines echten legendären Lehrers aus. Bis du bereit? Dann blättere jetzt um!

Legendäre Lehrer

LAURA VELEZ

Ich habe das Buch *Miracle Morning: Die Stunde, die alles verändert* entdeckt, als ich überlegte, mir ein anderes Geschäft aufzubauen. Nach fünfzehn Jahren als Englischlehrerin dachte ich darüber nach, auszusteigen. Die *S.A.V.E.R.S.* führten mich auf eine Reise, auf der ich mich selbst entdeckte und meinen Daseinszweck neu definierte. Ich bin liebend gern Lehrerin und glaube trotz der Nachteile (sogar der ganz großen) daran, dass es meine wahre Berufung ist. In letzter Zeit habe ich gemerkt, dass meine Schüler unter deutlich mehr Stress und Unruhe leiden als früher. Die Erwartungen, die ihre Altersgenossen, ihre Familien und das Bildungssystem als Ganzes an sie stellen, sind riesig, aber wir geben ihnen nicht die richtigen Methoden und Fähigkeiten mit, um sich diesen Erwartungen auch zu stellen. Indem ich die *S.A.V.E.R.S.* mit meinen Schülern geteilt habe, habe ich ihnen geholfen, sich mehr von ihrem vollen Potenzial zu erschließen, Ziele zu erreichen, die andere ihnen gesetzt haben, und hoffentlich auch ihre eigenen Ziele zu setzen.

Zuerst erklärte ich meinen Elftklässlern, welche Vorteile ihnen das Programm verschaffen würde und wie die *S.A.V.E.R.S.* mir selbst geholfen hatten. Dann zeigte ich ihnen, was wir für jeden einzelnen Teil machen würden.

Stille war eine Herausforderung, aber uns hat es geholfen, das Licht auszumachen und Meditationsmusik im Hintergrund laufen zu lassen. Jeder Schüler schrieb seine Affirmationen auf einen Zettel und ich sammelte sie nach jeder Sitzung ein. Ich ermutigte die Schüler, je drei Affirmationen aufzuschreiben. Am nächsten Tag konnten sie entweder die gleichen wiederholen oder sich neue ausdenken. Viele änderten ihre Affirmationen oder passten sie an bestimmte Ziele an, die sie für diesen Tag oder diese Woche hatten. Einer der besten Momente in der ganzen Zeit war der Tag, an dem ein Schüler mir erzählte, dass seine Affirmation wahr geworden war.

Überraschenderweise waren die Visualisierungen am kompliziertesten für uns. Manche Schüler sagten, es mache sie nervös, sich ihre Zukunft und ihre „Erfolge" vorzustellen. Spezifischere Bilder wie „Was hast du an, wenn du dein ___-Ziel erreichst" oder „Wer steht in diesem Moment neben dir?" halfen ihnen beim Visualisieren. Während der Bewegungseinheit stießen wir auf das Problem, dass die Schüler sich weigerten, vor ihren Altersgenossen ins Schwitzen zu kommen oder sich ungelenk zu bewegen. Ich probierte verschiedene Techniken aus, von Stuhlyoga bis Gymnastik, aber die *beste* Methode war es, ein Lied zu spielen, bei dem sich ein bestimmtes Wort oft wiederholte. Die Schüler gingen im Klassenzimmer umher, und jedes Mal, wenn das Wort vorkam, sprangen sie hoch und warfen die Hände in die Luft. Das war *großartig*!

Für das Lesen und Schreiben nutzten wir ein digitales Notizbuch, damit wir die ausgewählten Texte schnell und einfach teilen konnten, ohne extra Kopien machen zu müssen. Dadurch hatten die Schüler die Gelegenheit, sich in ihrem eigenen Tempo mit den Texten auseinanderzusetzen und darauf zu reagieren, wenn sie bereit dafür waren. Die Texte waren kurz, bestätigend und relevant für die Probleme, mit denen sie sich herumschlagen mussten.

Die Schüler liebten die *S.A.V.E.R.S.* und erklärten im Lauf des Monats immer wieder, wie sehr sie zu einem Teil ihrer Routine geworden waren und wie sehr sie sich darauf freuten, damit weiterzumachen. Ich war besonders überrascht, als mich ein normalerweise sehr schüchterner Schüler bat, mit den *S.A.V.E.R.S.* weiterzumachen, weil er den Zettel mit den Affirmationen brauchte, um seinen Tag auf etwas zu fokussieren. Am letzten Tag bat ich meine Schüler, sich freiwillig zu melden, um die ganze Klasse durch einen Teil der Übungen zu leiten. Sie machten begeistert mit und – noch viel wichtiger – wussten genau, wie sie ihre Klassenkameraden durch den Prozess führen mussten. Ich war besonders von den Texten für die Leseübung und die Anregung zum Schreiben beeindruckt. Ein Schüler fragte: „Was findest du im Leben besonders wichtig, materiell und persönlich? Was würdest du machen, wenn es das nicht gäbe?"

9. Legendäre Lehrerfähigkeit Nr. 3:

COMMUNITY

Mittelmäßige Lehrer sagen Dinge. Gute Lehrer erklären sie. Bessere Lehrer zeigen sie. Großartige Lehrer inspirieren.

WILLIAM ARTHUR WARD

Legendäre Lehrer sind effektiv – das kann man auch am Verhalten und den akademischen Leistungen ihrer Schüler ablesen. Sie erschaffen eine Umgebung, die dafür sorgt, dass ihre Schüler begeistert in die Schule kommen und sich gern auf den Lernprozess einlassen. Sie schaffen es, auch Schüler zu erreichen, die mit Problemen belastet, widerstrebend oder mit Behinderungen oder Lernschwächen zu ihnen kommen – einfach, weil sie sich um sie kümmern.

Legendäre Lehrer erschaffen in ihren Klassen eine unglaublich positive Gemeinschaft, in der sich die Schüler geborgen fühlen, die effektive soziale Fähigkeiten fördert und die Schüler zu akademischen Höchstleistungen anspornt. Außerdem schaffen legendäre Lehrer sich eine Gemeinschaft aus gleichgesinnten Lehrern, in der sie sich gegenseitig unterstützen, ermutigen und Ideen austauschen können.

Um diese Arten von Gemeinschaft zu erschaffen, benötigt man einen guten Plan und für gewöhnlich auch eine Menge Übung.

Deine Schüler an einen Punkt zu führen, an dem sie aktiv am Unterricht teilnehmen, sich den anderen Schülern verbunden fühlen, im Team zusammenarbeiten und Konflikte gewaltfrei lösen, setzt besonders starke Achtsamkeit und ab und zu außergewöhnlich raffinierte Strategien voraus.

Andere Lehrer zu finden, die ebenfalls auf sehr hohem Niveau spielen – und dabei Höchstleistungen erbringen –, ist zeitaufwendig und erfordert Geduld und Achtsamkeit.

Community-Fähigkeit Nr. 1: Positive Associations – Freundschaft, Kameradschaft, Bindung, eine Organisation von Menschen mit einem gemeinsamen Ziel

Eine Klassengemeinschaft zu erschaffen bedeutet mehr, als nur Erwartungen zu schaffen, Regeln im Klassenzimmer aufzustellen und die Schüler besser kennenzulernen. Diese Assoziationen holen das Beste aus jedem einzelnen deiner Schüler heraus und sorgen dafür, dass alle erfolgreich und glücklich werden.

Das Wort „Assoziationen" bedeutet in diesem Zusammenhang, dass jeder Schüler sich sowohl den anderen Schülern als auch dir und deinem Fach verbunden fühlt. Positive Assoziationen stellen sicher, dass sie sich darauf freuen, dich zu sehen, von dir zu lernen und zu wissen, dass sie zumindest einen Freund im Raum haben.

Dein Klassenzimmer kann zum einzigen Ort werden, an dem deine Schüler das Gefühl haben, dass *jeder ihren Namen kennt.* Es kann ein Ort sein, an dem sie nicht nur Wissen und Informationen bekommen, sondern darüber hinaus auch noch Freundschaften schließen. Es wird zu einem Raum, in dem sie mehr lernen, mehr wachsen und sich geborgener fühlen als irgendwo sonst oder bei irgendjemand anderem.

Du kannst einen Ort erschaffen, an dem deine Schüler lernen, *Lernen* und *Spaß* zu assoziieren, *Lehrer* mit *fürsorglich* und *Schule* mit *Sicherheit.*

Wie man eine positive Klassenkultur aufbaut

Eine positive Klassenkultur ist eines der wichtigsten Elemente einer erfolgreichen Lernumgebung. Effektive Lehrer bemühen sich aktiv darum, eine Klassenkultur zu erschaffen, die sowohl individuelle Schüler als auch Teamwork fördert, um den Erfolg jedes einzelnen Schülers zu sichern.

Es leuchtet ein, dass erfolgreiche Schüler sich ihrer Schule besonders verbunden fühlen, und das lässt sich unter Umständen auf einen einzigen Lehrer – dich – zurückführen, der sich besonders stark darauf konzentriert, diese Verbindung zu fördern. Wenn Schüler das Gefühl haben, dass sie ihrem Lehrer nicht nur wegen ihrer Noten, sondern auch *als Personen* wichtig sind, ist es wahrscheinlicher, dass sie sich verbunden fühlen.

Dazu müssen Lehrer die magische Kombination finden und erschaffen: hohe Erwartungen, gepaart mit außergewöhnlich viel Unterstützung, einem Fokus auf positive Beziehungen zwischen Lehrern und Schülern und körperlicher und emotionaler Sicherheit. Nicht ganz einfach in der heutigen, hektischen, von Technik geprägten Welt, aber machbar.

Wenn Schüler sich verbunden fühlen, verbessern sich ihre Noten, ihre Gewaltbereitschaft gegen Personen oder Dinge sinkt, sie schwänzen seltener den Unterricht und schließen die Schule häufiger erfolgreich ab. Sie lernen besser, sie sind glücklicher und entwickeln die sozialen Bindungen und Fähigkeiten, die sie brauchen werden, wenn sie zu hochgradig leistungsfähigen Mitgliedern der Gesellschaft heranwachsen.

Studien haben gezeigt, dass Schüler, die sich verbunden fühlen, mit deutlich geringerer Wahrscheinlichkeit störendes oder gewalttätiges Verhalten an den Tag legen, seltener unter psychischen Problemen wie Depressionen, Angstneurosen oder Selbstmordgedanken leiden, seltener die Schule abbrechen, seltener Drogen nehmen und nicht zu früh sexuelle Erfahrungen machen.

All das entspringt dem Gefühl, Teil einer Klassengemeinschaft zu sein, die sich positiv anfühlt. Kannst du dir vorstellen, was mit deinen Schülern passiert, wenn du die *Life S.A.V.E.R.S.* mit ihnen teilst und ihnen das Rüstzeug an Methoden zur Persönlichkeitsentwicklung mitgibst, das sie brauchen, um nicht nur ihr eigenes Potenzial zu erreichen, sondern auch um negative und destruktive Verhaltensweisen zu vermeiden?

Fünf Methoden, mit denen du ein positives Klassenklima aufbaust, in dem sich deine Schüler dir, ihren Mitschülern und deinem Unterricht verbunden fühlen:

1. **Stell hohe Erwartungen.** Genau, die gleichen hohen Erwartungen, von denen ich weiter oben gesprochen habe, sind auch ein Faktor für die Gemeinschaft und Kultur deiner Klasse. Du willst, dass deine Schüler gute Noten schreiben, also erwartest du es von ihnen und ermutigst sie dazu, und du stellst allen Schülern die nötige Unterstützung beim Lernen zur Verfügung. Das Ergebnis wird sein, dass deine Schüler sich bemühen werden, deinen Standards gerecht zu werden und mehr Selbstwertgefühl zu entwickeln. So spiegeln sich die Standards, die du setzt, in den Noten deiner Schüler und ihren Leistungen in AGs und anderen außerschulischen Aktivitäten wider.
2. **Wende jeden Morgen sechs Minuten lang die *Life S.A.V.E.R.S.* mit deinen Schülern an.** Lass sie bei der Gestaltung und Ausführung jedes einzelnen Elements der *S.A.V.E.R.S.* mithelfen. Auf www.MiracleMorning.com/TeachersGUIDE.com kannst du die Anleitung herunterladen, die unsere legendären Lehrer mit ihren Klassen angewendet haben.
3. **Nutze zusätzliche Rituale, um die Energie und die Stimmung in deiner Klasse zu verbessern.** Versuch es doch zum Beispiel mal mit einem „High-Five-Freitag“, an dem du an der Klassenzimmertür mit jedem deiner Schüler einen *High Five* schlägst. Deine Schüler werden schnell anfangen, sich auf diese Rituale zu freuen und sich auf sie zu verlassen, was wiederum dazu führt, dass sie sich auf jede deiner Stunden – oder sogar die Schule insgesamt – freuen. Eine andere Idee wäre es, am

Montagmorgen nach den *S.A.V.E.R.S.* allen Schülern, die erzählen wollen, was sie am Wochenende erlebt haben, eine Minute Zeit zu geben. Dir fallen bestimmt noch mehr Aktivitäten ein, die sich als Rituale für bestimmte Altersklassen eignen.

4. **Fördere Freundschaften zwischen deinen Schülern.** Wende einen Teil deiner wertvollen Unterrichtszeit dafür auf, mit deinen Schülern Dinge zu tun, die ihnen erlauben, sich untereinander zu vernetzen und besser kennenzulernen. Eine tolle Möglichkeit dafür ist zum Beispiel ein tägliches (oder wöchentliches) „Lern deine Mitschüler kennen"-Ritual, bei dem sich die Schüler jeweils zu zweit zusammentun und abwechselnd Fragen beantworten, die du ihnen vorgibst, um zielgerichtet die Beziehung zwischen ihnen zu stärken. Diese Fragen können oberflächlich sein, aber du kannst sie auch nutzen, um deine Schüler herauszufordern, tiefer zu schürfen. Hier sind ein paar Beispiele für beide Arten von Fragen, die du – je nach Alter deiner Schüler – stellen könntest:
    - *Was ist dein Lieblingsfach und warum?*
    - *Was ist dein Lieblingshobby?*
    - *Was machst du am liebsten mit deiner Familie?*
    - *Was willst du werden, wenn du groß bist?*
    - *Worauf freust du dich gerade am meisten?*

    Oder sogar:
    - *Was macht dir am meisten Angst und wie willst du deine Furcht überwinden?*
    - *Was war das Schwierigste, was du je geschafft hast, und was hast du daraus gelernt?*
    - *Welche Probleme siehst du auf der Welt und was würdest du tun, um sie zu lösen?*

Denk daran: Je besser wir andere Menschen kennenlernen und je verletzlicher wir uns für sie machen, desto besser erkennen wir die Menschlichkeit in Anderen und desto verbundener fühlen wir uns ihnen normalerweise.

5. **Schaffe positive Beziehungen mit Eltern**, wenn möglich. Teile den Eltern deiner Schüler mit, welche Ziele du für deine Klasse und ihre Kinder gesetzt hast, und bitte sie, deine hohen Erwartungen zu teilen. In vielen Fällen kannst du mit den Eltern als Team arbeiten, um nicht nur zu unterrichten, sondern auch zu inspirieren und zu ermutigen, wodurch sich das Selbstvertrauen des entsprechenden Schülers gleich aus mehreren Quellen speist.
   Denk daran, Eltern sind die ersten Lehrer ihrer Kinder. Schick ihnen E-Mails, wenn du kannst, oder nutze die Handy-App *Seesaw*, in die du Status-Updates über deine Schüler posten kannst (Text, Ton, Video oder Bilder) und die dann die Eltern benachrichtigt. Natürlich kannst du die Sache auch ganz ohne Technik angehen und zum Beispiel über Notizen in der Brotdose mit den Eltern kommunizieren und ihnen mitteilen, woran ihre Kinder in deiner Klasse gerade arbeiten.

Neal Starkman beleuchtet in seinem Buch *Connecting in Your Classroom* fünf Eigenschaften von Lehrern, die die Beziehung zwischen Schülern und Lehrern stärken.

Er schreibt, Lehrer müssten *aufbauend, mitfühlend, mitreißend, fleißig* und *vertrauensvoll* sein. Wenn sie diese Eigenschaften (in hohem Maß) besitzen und ausstrahlen, versetzt sie das in die perfekte Position, eine starke Bindung zu ihren Schülern aufzubauen.

Wenn du dir noch nicht sicher bist, auf welche Eigenschaften du dich konzentrieren solltest, stell dir diese drei Fragen, um deine Kreativität anzukurbeln (du kannst den Schreibteil deines *Miracle Morning* nutzen, um besonders effektive Antworten zu finden):

- Wie sollen sich die Schüler in meiner Klasse fühlen?
- Wie kann ich meinen Schülern helfen, positive Beziehungen untereinander zu entwickeln?
- Was ist das Wichtigste, das meine Schüler in diesem Jahr lernen sollen?

Nimm dir ausreichend Zeit, dich auf diese Fragen zu konzentrieren oder notiere dir sogar ein paar Schlüsselwörter, Zitate oder Sätze, an denen du deine Klassenkultur aufhängen willst. Häng die Ergebnisse als Poster in deinem Klassenzimmer auf, sprich oft darüber und suche nach anderen Wegen, wie du die Kernprinzipien vermitteln kannst, um eine starke Klassengemeinschaft zu schaffen.

Community-Fähigkeit Nr. 2: Belonging – Zugehörigkeit

Um ein berühmtes Zitat zu bemühen: *Schüler werden vergessen, was du gesagt oder getan hast, aber sie werden sich immer daran erinnern, wie sie sich bei dir gefühlt haben.* Eines der wichtigsten Dinge, die du deinen Schülern mitgeben kannst, ist, dass sie sich fühlen, als gehörten sie dazu.

Wie man ein Zugehörigkeitsgefühl in der Klasse fördert

Es gibt drei Kernprinzipien, mit denen du das Zugehörigkeitsgefühl deiner Klasse erschaffst: *Beziehungen*, *Struktur* und ein *Prozess für Fortschritte (statt Perfektion).* Schüler, die sich anderen verbunden fühlen und starke Beziehungen bilden, fühlen sich von Natur aus entspannter und eingebundener. Eine Struktur sorgt für geistige Ruhe; wenn deine Schüler immer wissen, was als Nächstes kommt, sind sie weniger nervös. Konzentration auf einen Prozess, der auf Fortschritte ausgerichtet ist, statt Perfektion zu erwarten, unterstreicht die Überzeugung der Schüler, dass sie sich am richtigen Ort befinden, was dazu führt, dass ihre akademischen und sozialen Leistungen sich ganz natürlich entfalten.

Eine einfache Methode, eine solche Atmosphäre zu schaffen, ist es, zu Beginn jeder Schulstunde etwas zu sagen, das alle beruhigt und ihnen das Gefühl gibt, dazuzugehören. Du könntest deine Stunde zum Beispiel so beginnen: „Willkommen zusammen. Hier dürft ihr sein, wie ihr seid, und ihr gehört alle hierher. Niemand ist perfekt, aber zusammen, als Gemeinschaft, versuchen wir, so gut wie möglich zu werden.“ Natürlich kannst du das auch abändern oder etwas hinzufügen, das dem Ton deiner angestrebten Klassenkultur entspricht.

Beziehungen

Das wichtigste Prinzip hier heißt *Beziehungen.* Gute Beziehungen zwischen Lehrern und Schülern, und zwischen den Schülern untereinander, erschaffen eine effektive Kultur. Wie in jeder Beziehung braucht es Zeit, bis eine solide Verbindung entstanden ist. Es gibt allerdings ein paar Möglichkeiten, schneller und leichter zu einer positiven Bindung zu kommen.

Ein regelmäßiges „Lern deine Mitschüler kennen“-Ritual, wie oben beschrieben, ist vielleicht eine der effektivsten Methoden. Du könntest nach den sechsminütigen *S.A.V.E.R.S.* noch eine Minute Zeit einplanen, in der deine Schüler sich besser kennenlernen können, oder du stellst ihnen eine längerfristige Teamwork-Aufgabe, an der sie einmal pro Woche gemeinsam arbeiten. Es gibt zahllose Methoden, mit denen du die Beziehungen zwischen deinen Schülern fördern kannst.

Leitfrage: Wie kann ich meine Schüler anregen, ihre Beziehung zu mir, zu unserer Klasse und zu anderen Schülern jeden Tag zu verbessern?

Struktur

Das zweite Prinzip lautet *Struktur.* Darunter fallen Dinge wie die Routinen, Regeln und Erwartungen in deiner Klasse. Sie sollten jederzeit zugänglich sein und von allen, wenn möglich auch von den Eltern, verstanden werden. Außerdem fällt darunter, wie die Schüler ihren Stoff lernen und wiederholen sollen.

Wenn du einen Rahmen aus Regeln setzt, statt zu versuchen, ständig die volle Kontrolle über alles zu behalten, erlaubt es den Schülern, innerhalb des Rahmens frei und autark ihre beste

Leistung zu erbringen. Förderung durch Anleitung und Lenkung hilft deinen Schülern zu verstehen, dass es deine Aufgabe ist, ihnen etwas beizubringen, statt sie nur zu beaufsichtigen und für Ordnung zu sorgen. Außerdem wissen sie, dass sie es selbst in der Hand haben, ob sie eine Herausforderung alleine bewältigen oder um Hilfe bitten wollen. Als zusätzlicher Bonus sorgt diese Methode für mehr Ruhe und Frieden im Klassenzimmer.

Leitfrage: Wie kann ich am besten eine Struktur im Klassenzimmer schaffen und dafür sorgen, dass meine Schüler sie alle kennen?

Prozess

Das letzte Prinzip verlangt, dass du einen zielgerichteten Fokus auf den *Lernprozess* legst, statt dich zu sehr auf Ziele und Ergebnisse zu versteifen. Das passt gut zu einer der bekanntesten Philosophien von Hal: „Der Schlüssel zum Erfolg ist es, sich ganz dem Prozess zu verschreiben, ohne sich emotional an die Ergebnisse zu hängen.“ Das kann schwierig sein, vor allem in höheren Klassen, in denen der Druck von außen steigt. Schüler, die sich ausschließlich auf ihre Noten und Ziele konzentrieren, vor allem die, die sich mit akademischen Leistungen schwer tun, lassen sich leicht entmutigen und geben auf, wenn ihre Noten hinter dem zurückbleiben, was sie wollen oder brauchen.

Um eine Kultur und Gemeinschaft in deiner Klasse zu schaffen, die ermutigt und inspiriert, solltest du darauf achten, dass deine Klasse sich *zuerst* auf den Prozess (und die Fortschritte) konzentriert – dann erst auf Leistung. Wenn du die Aufmerksamkeit deiner Schüler (und deine eigene) darauf ausrichtest, auf welche Art sie am besten lernen, wie sie mit Fehlern umgehen und daraus lernen, wie sie mit anderen umgehen und wie sie Konflikte effektiv lösen können, werden sie dein Klassenzimmer besser verlassen, als sie hereingekommen sind. Kurz gesagt: Erlaube deinen Schülern, auf ihre eigene Reise zu gehen, leite sie dabei an und mach die Reise so wertvoll und angenehm wie möglich.

Leitfrage: Wie kannst du deine Schüler so effektiv und positiv wie möglich auf ihre Fortschritte fokussieren und diese Fortschritte ebenso wertschätzen und belohnen wie ihre Noten?

Das klingt jetzt vielleicht einfach, und natürlich hast du diese Prinzipien wahrscheinlich sowieso schon auf dem Schirm. Es kann sogar sein, dass der Wunsch, Beziehungen, Strukturen und Prozesse aufzubauen das ist, was ursprünglich die Idee in dir geweckt hat, Lehrer zu werden. Aber vielleicht hast du diese Ideale im Stress zwischen Abschlussprüfungen und Notenabgabe vergessen. Deinen Fokus auf diese Prinzipien wiederzubeleben und ihn zielgerichtet darauf auszurichten, sorgt oft für eine wundervolle Klassenkultur, die den Erfolg der Schüler kurz- und langfristig unterstützt.

Community-Fähigkeit Nr. 3: Caring – für jemanden sorgen, sich um jemanden kümmern

Es ist entscheidend, dass deine Schüler dir am Herzen liegen

Es klingt natürlich offensichtlich, dass einem Lehrer seine Schüler am Herzen liegen. Dieses Prinzip zieht sich durch unser ganzes Buch, aber wir müssen trotzdem offen darüber reden, weil es Herausforderungen gibt, die sogar den leidenschaftlichsten und engagiertesten Lehrer auf die Probe stellen können.

Natürlich hast du Lieblingsschüler – solche, die sich immer bemühen, es dir recht zu machen, Einserschüler, die deinen Unterrichtsstoff aufsaugen wie Schwämme und jede Hausaufgabe als Erste abgeben. Seien wir mal ehrlich: Solche Schüler machen es einem einfach, sie ins Herz zu schließen, weil sie das Leben ihrer Lehrer so viel leichter machen.

Aber dann sind da die Schüler, die ihre Grenzen austesten, Ausreden erfinden oder einfach keinen Respekt zeigen. Diese Schüler machen es schwer (manchmal sogar fast unmöglich), dass man sie ins Herz schließt. Führe dir dazu aber bitte Hals Philosophie vor

Augen, dass wir andere nicht verurteilen, sondern ALLE Menschen bedingungslos lieben sollten: „Wir sollten andere nicht be- und verurteilen, weil wir einfach nicht wissen können, ob wir nicht genauso wären, wenn wir das gleiche Leben geführt hätten. Stattdessen sollten wir uns die Zeit nehmen, andere kennenzulernen, damit wir verstehen, woher sie kommen, und ihnen immer mit bedingungsloser Liebe begegnen."

Eine Lehrerin hat mir erzählt: „Das mit dem Kümmern ist so eine Sache. Es sollte so offensichtlich sein, ist es aber nicht, vor allem nicht für Lehrer, die kurz vor dem Burnout stehen. Ich hatte schon so viele Schüler, die mir gesagt haben, dass sich noch nie ein Lehrer um sie gekümmert hätte oder dass sie noch nie das Gefühl gehabt hätten, dass jemand auf ihrer Seite stand und sie anfeuerte, bessere Leistungen zu erbringen. Es ist so leicht, sich von den Schülern frustrieren zu lassen, denen anscheinend alles egal ist, die schummeln oder dir jede Ausrede unter der Sonne erzählen. Aber man darf sie nicht gewinnen lassen! Wenn du dich um sie kümmerst, sind sie zu viel mehr im Stande. Es ist erstaunlich, was Schüler schaffen können, wenn sie von jemandem motiviert werden, der an sie glaubt."

Es gibt keine Ratschläge, die für jeden passen, aber es gibt eine garantiert erfolgreiche Strategie, mit der du dich für Erfolg in allen Bereichen bereit machst, und das sind die *Life S.A. V.E.R.S.*

Du möchtest ein Lehrer sein, der seine Mitte gefunden hat und selbst im größten täglichen Chaos und Stress, wie sie Schüler nun mal mit sich bringen, die Ruhe bewahrt. Dieses Ergebnis erreichst du durch tägliche Meditation, im Zusammenspiel mit den Affirmationen, die du jeden Tag erschaffst, aufschreibst und aussprichst, um dich daran zu erinnern, wer du sein möchtest, während du unterrichtest.

Unter deinen Visualisierungen finden sich vielleicht solche, bei denen du an der Tafel stehst und deine Leidenschaft für dein Fach mit der Klasse teilst, während du gleichzeitig zielgerichtet eine Verbindung zu jedem einzelnen Schüler aufbaust. In Form zu kommen und zu bleiben wird dir helfen, die körperlichen Beanspruchungen des Lehrerlebens zu meistern, und dir gleichzeitig die Energie verleihen, die du brauchst, wenn du dich um deine Schüler kümmern willst. Seien wir ehrlich: Wenn wir müde sind (oder Hunger haben, frieren oder emotional reagieren), ist es unwahrscheinlich bis unmöglich, dass wir irgendetwas besonders gut machen, am allerwenigsten auf die Bedürfnisse anderer eingehen.

Wenn du jeden Tag etwas über dein Fach oder ein Buch über Persönlichkeitsentwicklung liest und dir dazu Notizen machst, hast du mehr mentale Bandbreite dafür übrig, dich um deine Schüler zu kümmern.

Und dann sind da noch die Methoden, die direkt mit der Fürsorge für deine Schüler zusammenhängen: *ihnen zu zeigen, dass sie dir wichtig sind, es cool für sie zu machen, sich zu engagieren und sie zu ermutigen, sich ebenfalls um andere zu kümmern.*

Wie du deinen Schülern zeigst, dass sie dir wichtig sind

Wir haben in diesem Abschnitt schon einige Strategien und Herangehensweisen besprochen, mit denen du deinen Schülern zeigen kannst, dass sie dir etwas bedeuten, aber hier sind noch ein paar mehr, die du sofort oder langfristig umsetzen kannst:

- **Begrüße sie.** Stell dich an die Klassenzimmertür und begrüße jeden Schüler morgens oder zu Beginn der Stunde mit Namen. Lächle sie an, wie oben schon besprochen, und achte darauf, wie es ihnen geht, wenn sie hereinkommen. Wenn du merkst, dass sie angespannt, traurig oder anderweitig belastet sind, kannst du vielleicht mit einer Umarmung, einem High Five und/oder einem Kompliment etwas dagegen tun.
- **Begeistere die Abgehängten.** Such dir einen oder zwei Schüler aus, bei denen du das Gefühl hast, dass sie oft nicht bei der Sache sind, und konzentriere dich jeden Tag zwei oder drei Minuten lang nur auf sie. Bitte sie, für ein kurzes Gespräch an dein Pult zu kommen, übertrage ihnen eine coole Aufgabe (lass

sie zum Beispiel ein Formular ins Sekretariat bringen und betone dabei, wie wichtig diese Aufgabe ist und wie großartig es ist, dass sie dir helfen) oder schreib ihnen ein Briefchen, das sie auf ihrem Platz, in ihrem Schließfach oder in einem ihrer Hefte finden.

- **Führe eine Nachbesprechung ein.** Nimm dir am Ende der Stunde drei Minuten Zeit und stell deinen Schülern die folgenden Fragen (oder denk dir selbst welche aus): *Was lief heute gut? Was war das Beste, was passiert ist? Sollten wir morgen etwas anders oder besser machen?*
- **Besuche ihre außerschulischen Aktivitäten.** Wenn du bei ihren Tanzaufführungen, Konzerten, Sportturnieren oder anderen Vorführungen auftauchst, kann das einen tiefen und langanhaltenden Eindruck hinterlassen. Natürlich kostet dich das wertvolle Zeit, aber *du bist schließlich diese Art von Lehrer, oder?* Einer, der nicht nur seinen Stoff vermitteln, sondern einen dauerhaften Eindruck im jungen, leicht zu beeindruckenden Geist seiner Schüler hinterlassen will? Du musst das auch nicht allzu oft machen, vielleicht einmal pro Schüler, aber deine Schüler werden sich noch lange an diese kleinen Gesten erinnern, wenn du sie selbst schon längst vergessen hast.
- **Schreib Zettelchen in der Klasse.** Leg dir ein Notizbuch zu, das du nutzen kannst, um deinen Schülern ermutigende Briefchen zu schreiben, die du ihnen zusammen mit ihren Zeugnissen überreichen kannst. Suche aktiv nach den positiven Dingen, die deine Schüler tun, und schreib es auf, wenn sie etwas besonders gut machen.
  Mach dir eine Notiz, wenn du mitbekommst, dass sie einen Mitschüler freundlich und respektvoll behandeln, wenn sie sich bei einer Aufgabe besonders viel Mühe geben oder wenn du etwas bemerkst, für das du ihnen ein Kompliment machen willst. Erwische sie dabei, wie sie etwas besonders gut hinbekommen und teile ihnen mit, dass du es bemerkt hast. Irgendwann werden sie sich auf deine Briefe genauso freuen wie auf ein gutes Zeugnis.

Diese Ideen inspirieren dich hoffentlich dazu, dir selbst noch mehr auszudenken, was du ausprobieren möchtest. Denk daran: Schon ein kleines bisschen Aufwand von deiner Seite macht einen riesigen Unterschied, und jedes Mal, wenn du ihn machst, kann er dazu führen, dass du deine Schüler dazu inspirierst, andere auf die gleiche, wundervolle Weise zu sehen. Zielgerichtete freundliche Taten sind ebenso ansteckend wie eine positive Attitüde; du weißt nie, wozu dein Vorbild deine Schüler inspirieren kann.

Mach es cool für deine Schüler, an andere zu denken

Während ich für dieses Buch recherchierte, stolperte ich in einem Buch namens *Was gute Lehrer anders machen – 14 Dinge, auf die es wirklich ankommt* von Todd Whittaker, seines Zeichens Rektor und ehemaliger Lehrer, über das Kapitel: „Es ist cool, sich zu engagieren“. Darin erzählt er:

„Mein Hauptziel war unglaublich einfach und zugleich unglaublich komplex. Ich wollte, dass es in meiner Klasse und in meiner Schule *cool* war, sich zu engagieren. Ich wollte, dass jeder – jeder Schüler, jeder Lehrer, jeder Schulangehörige, alle Eltern – es cool fand, sich zu engagieren. Ironischerweise glaube ich nicht, dass ich jemandem von diesem Ziel schon einmal erzählt habe – vielleicht, weil es so einfach klingt, vielleicht, weil darüber gespottet worden wäre, und vielleicht, um die Chancen seiner Umsetzung zu erhöhen.“

Eine Klassenkultur – und damit eine Gemeinschaft –, die einen klaren und langanhaltenden Unterschied macht, ist eine, in der Lehrer und Schüler zutiefst engagiert sind, beim Lernen und im Umgang miteinander. Wenn sich alle diesem Ideal anschließen, ist alles möglich. Es entstehen auch weniger Probleme wie fehlende Hausaufgaben, schlechte Noten und mangelnde Disziplin, wenn du deine Schüler ermutigst, ihr Bestes zu geben und ihr bestes Selbst zu sein.

Es wurde schon öfter festgestellt, dass unser Umfeld sich direkt auf unsere Handlungen auswirkt. Wenn Schüler sich mit einem Umfeld umgeben, das auf ihre schulische Leistung, soziale Aktivitäten und ähnliches achtet, werden sie ebenfalls auf diese Dinge achten. Es wird cool, fleißig zu lernen, an außerschulischen Aktivitäten und AGs teilzunehmen und sich sogar freiwillig für einen guten Zweck zu engagieren, wenn Lehrer und Mitschüler das Gleiche machen.

Hier sind ein paar Möglichkeiten, wie du genau das tun kannst:

- **Finde Gelegenheiten.** Stell sicher, dass deine Schüler wissen, was sie tun können, und wie toll du es fändest, wenn sie die Gelegenheiten wahrnehmen würden. Such so lange, bis du für jeden etwas gefunden hast, was genau passt. Nicht jeder Schüler kann Quarterback in der Footballmannschaft werden, aber es gibt garantiert eine Fremdsprache, eine besondere Fähigkeit (Zeichnen oder Schreiben, zum Beispiel) oder eine andere Aktivität (Tanzgruppen, das Schulorchester, den Chor, die Theater-AG oder die Schülermitverwaltung, um nur ein paar zu nennen), die ihnen helfen, Selbstvertrauen zu entwickeln und auch außerhalb des Klassenzimmers Bindungen aufzubauen und eine Gemeinschaft zu finden.
- **Bleib dran.** Meine Tochter hat Karate und Tanz ausprobiert. Karate war nichts für sie, aber das Tanzen war und ist eine ihrer großen Lieben. Sie treibt gar nicht gerne Sport, aber als sie Trainerin einer Frauenvolleyballmannschaft wurde, war sie begeistert von der Gelegenheit, andere Mädchen besser kennenzulernen, wahre Verantwortung zu übernehmen und zu lernen, wie sie aushelfen konnte, wenn es am dringendsten nötig war. Deine Schüler werden Hilfe brauchen und manchmal auch scheitern, bis sie das finden, was ihnen liegt.
- **Teile die Ergebnisse.** Wenn wir ehrlich sind, müssen wir gestehen, dass am Ende des Schuljahres genau die Schüler alle Ehren von ihren Mitschülern und Lehrern einstreichen, die alles ausprobiert und alles geschafft haben. Natürlich ist nicht jeder Weg richtig für jeden Schüler, aber wie viel mehr Schüler hätten zumindest versucht, einen Notendurchschnitt von 1,0 zu

bekommen oder Cheerleader zu werden, wenn wenigstens ein Lehrer an sie geglaubt hätte und es ihnen auch mitgeteilt hätte, sodass sie es ausprobiert hätten? Was hättest du selbst erreichen können, wenn sich ein Lehrer auf dich konzentriert, dir seine Aufmerksamkeit geschenkt und dir beigebracht hätte, dass alles möglich ist?

Es wird cool, sich zu engagieren, wenn jeder Schüler in deiner Klasse (a) weiß, dass es cool ist, (b) sieht, wie du dich engagierst und (c) weiß, dass seine Mitschüler es auch tun.

Bonus-Fähigkeit: Erschaffe eine gleichgesinnte Gemeinschaft für Lehrer

Wenn du an die Philosophie glaubst, dass du *das Ergebnis der fünf Menschen bist, mit denen du die meiste Zeit verbringst*, brauchst du dich nur umzuschauen, um zu einer ernüchternden Erkenntnis zu kommen. Vielleicht lehrt im Klassenzimmer neben deinem ein gleichgültiger, teilnahmsloser Lehrer und auf der anderen Seite ein ausgebrannter oder wütender Lehrer, oder einer, der einfach die Nase voll hat. Deine Bestrebungen und deine Begeisterung, der beste Lehrer zu werden, der du sein kannst, werden möglicherweise mit herablassendem Amüsement oder sogar mit Zynismus aufgenommen, nicht mit einem einstimmigen „Lass uns das gemeinsam angehen“, wie du es dir wünschen würdest. Was also soll man als angehender legendärer Lehrer tun?

Bau eine Gemeinschaft von anderen legendären Lehrern wie dir auf – und tu es für dich selbst!

Eine der tollsten Möglichkeiten, die du hast, ist es, andere inspirierte, gleichgesinnte Lehrer zu finden, die bereit sind, mehr zu geben als das Mindeste, das von ihnen erwartet wird. Am besten suchst du nach Lehrern, bei denen du dir vorstellen könntest, dass sie Interesse an einem Buch wie diesem hätten, und die begeistert die *Life S.A.V.E.R.S.* für sich selbst und ihre Schüler ausprobieren würden (sowie natürlich auch die anderen Vorschläge, die wir in diesem Buch machen).

Die gute Nachricht: Es gibt wirklich unzählig viele Lehrer, auf die diese Beschreibung passt; du musst nur wissen, wo du nach ihnen suchen musst (und wie du sie erkennst bzw. dazu ermutigst, so zu werden).

Dutzende von Lehrern waren bereit, an dem Gruppenexperiment teilzunehmen, das wir für dieses Buch durchgeführt haben. Hunderte weitere haben ein Vorabexemplar dieses Buchs gelesen und wertvolles Feedback dazu gegeben. Und dann sind da ja auch noch Tausende von Lesern, die dieses Buch gerade in der Hand halten (und Zehntausende, hoffentlich sogar Hunderttausende, die es in Zukunft noch lesen werden).

Hier sind drei Methoden, mit denen du eine Gemeinschaft aufbauen und deinen „Lehrerstamm“ finden kannst:

- Schließ dich der Facebookgruppe *Miracle Morning for Teachers* an und frage dort nach Lehrern aus deinem Land, deinem Bundesland oder deiner Stadt, die die *Life S.A.V.E.R.S.* anwenden. Hier kommst du direkt zu der Gruppe: www.TMMTeacherCommunity.com.
- Such dir einen Rechenschaftspartner für die 30-Tage-*Miracle-Morning*-Challenge mit deiner Klasse.
- Gründe einen *Miracle Morning für Lehrer*-Buchclub in deiner Schule, deiner Stadt oder deinem Landkreis.

Eine Gruppe inspirierter, gleichgesinnter Lehrer zu finden und deine eigene Gemeinschaft aufzubauen, wird dir helfen, konsequent zu bleiben und neue Strategien zu lernen, die dich auf dem Weg zum besten Lehrer, Vorbild und Menschen, der du sein kannst, weiterbringen.

Abschließende Gedanken: Wie man zum legendären Lehrer wird

Lehrer zu sein ist ein wundervoller Beruf; du bist schon allein deshalb eine großartige Person, weil du dich dafür entschieden hast, Lehrer zu werden. Wir alle wissen, dass es gleichzeitig herausfordernd, dynamisch, energieerfüllend und auslaugend sein kann. Vor allem ist es aber wahrhaft erfüllend, weil der Eindruck, den Lehrer hinterlassen, länger anhalten kann, als du es dir vorstellen kannst. Meine Französischlehrerin, Madame Lawrence, erinnert sich sicher nicht mehr an mich und den Eindruck, den sie auf mich, mein Leben und meine Liebe für die französische Sprache gemacht hat (wenn sie überhaupt noch lebt). Das ändert aber nichts daran, dass ihre Bemühungen bemerkenswert waren und mein Leben von Grund auf verändert haben.

Andere Lehrer, deine Schüler und ihre Eltern werden *definitiv* über dich reden. Da besteht absolut kein Zweifel. Aber was sagen sie und was werden sie in Zukunft sagen? Wenn du sie dabei belauschen könntest, würde es dich mit Stolz erfüllen – oder wäre es dir peinlich? Hoffentlich spürst du bei dem Gedanken eine Menge des ersten und nichts des zweiten.

Hier ist die gute Nachricht: Du kannst selbst entscheiden, wie sich diese Gespräche anhören. Vielleicht fragen sie sich, wie du es geschafft hast, den Lehrstoff mit so viel Engagement und Gemeinschaftsbildung zu verbinden. Vielleicht unterhalten sie sich darüber, wie sehr du deine Schüler inspiriert hast, ihr volles Potenzial auszuschöpfen, etwas Neues auszuprobieren oder sogar ihre lebenslange Leidenschaft zu entdecken.

Wenn du dir zum Ziel setzt, ein außergewöhnlicher Lehrer zu werden, wenn du dich danach sehnst, ein Vermächtnis zu erschaffen – zu einem legendären Lehrer zu werden –, kann ich dir verraten, dass die Chance, es zu schaffen, größer ist, als du denkst. Der Anfang liegt in der magischen Kombination, die entsteht, wenn du im Unterricht deiner Leidenschaft folgst und deinen Schülern gleichzeitig deine Werte vorlebst. Dein tägliches *Miracle Morning*-Ritual und die *Life S.A.V.E.R.S.* sind dafür gemacht, dich zu der Person (und dem Lehrer) werden zu lassen, der du sein musst, um dir das außergewöhnliche Leben zu erschaffen und den anhaltenden Eindruck auf deine Schüler zu machen, den du – und sie – verdienen.

Liebe deine Fächer aus tiefstem Herzen. Je begeisterter du sie vermittelst, desto begeisterter werden deine Schüler sie aufnehmen. Lerne weiter, wachse weiter und verbessere dich immer weiter. Finde andere legendäre Lehrer und lerne von ihnen. Wenn du kannst, bitte einen von ihnen, dein Mentor zu werden. Entwickle eine 1A-Attitüde, wie oben besprochen, mit der du stets gegen Negativität gewappnet bist.

Und schließlich: Hör auf, dir Gedanken zu machen, was andere von dir und dem, was du tust, halten (es sei denn, sie finden es *großartig* – in dem Fall solltest du unbedingt auf sie hören!), und fang an, dafür zu leben, was du für andere tun kannst, auch als Vorbild, das einen positiven Eindruck hinterlässt. Denk an Hals Worte: „Das größte Geschenk, das wir denen machen können, die wir lieben und die wir führen, ist es, unser ganzes Potenzial auszuschöpfen, weil wir ihnen damit zeigen, wie sie es auch tun können." Nimm dir jeden Tag Zeit für den *Miracle Morning*, um sicherzustellen, dass du die beste Person bist und dein Bestes für andere geben kannst. Gib zurück, gib oft und gib reichlich. Oder, wie einer meiner Mentoren sagt: „Nutze jede Gelegenheit zu geben, denn du bekommst immer ein Vielfaches von dem zurück, was du anderen gibst."

Wenn du dich auf den Weg zu einem legendären Lehrer machst, begibst du dich damit auf ein Niveau, das nur wenige andere je erreichen – weil sie es nicht einmal versuchen. Du bist dort und du hast das Rüstzeug, das du brauchst, um dein Ziel zu erreichen. Alles, was du jetzt noch tun musst, ist, *mit hundert Prozent Einsatz loszulegen.*

Wir können es kaum erwarten, zu erfahren, was bei dir als Nächstes passiert!

Kinder, die anders sind

Dieses Gedicht ist für die Kinder, die anders sind.
Kinder, die nicht immer eine Eins bekommen,
Kinder die Ohren haben,
zweimal so groß wie die ihrer Mitschüler
und Nasen wie Pinocchio.
Dieses Gedicht ist für Kinder, die anders sind,
Kinder, die erst spät aufblühen,
Kinder, die nicht dazugehören,
die aber nie aufgeben,
die ein anderes Lied singen.
Dieses Gedicht, ist für Kinder, die anders sind,
Kinder, die gern Streiche spielen …
denn, wenn sie groß genug sind,
so lehrt uns die Erfahrung,
sind sie einzigartig, weil sie anders sind.

DIGBY WOLFE

Legendäre Lehrer

SARAH MCCRAVEY MARTIN

Lehrerin für Pflegeberufe, Taylor High School, Taylor, Texas

Mein Name ist Sarah McCravey Martin und ich unterrichte Pflegeberufe an der Taylor High School in Taylor, Texas. Meine Schüler kommen aus allen Jahrgangsstufen ab der neunten bis zur zwölften Klasse, aber ich fand diese Gelegenheit besonders passend für die Zwölftklässlerinnen in meinem Praktikumsprogramm. Ich wollte mit ihnen teilen, wie wichtig es ist, den Tag mit einer positiven Note zu beginnen.

Zuerst setzten wir ein Ziel, das die Schülerinnen bis zum Ende des Schuljahrs erreichen konnten. Diese Schülerinnen stehen kurz vor dem Abschluss und ihrem Eintritt ins wahre Leben, deshalb empfand ich es als einen perfekten Start für sie, sich Gedanken über Ziele zu machen, die ihnen helfen würden. Am ersten Tag besprachen wir die *Life S.A.V.E.R.S.* und unterhielten uns darüber, welche davon wir ab sofort jeden Tag anwenden würden.

Jeden Morgen starteten wir mit einer Minute Stille und machten dann eine zweiminütige geführte Meditation, um unser Gehirn von allem Stress zu befreien.

Am zweiten Tag sprachen wir über Affirmationen und ich empfahl ihnen das „Ich-bin-Alphabet", das Honorée mit mir geteilt hatte. Die Schülerinnen schrieben für jeden Buchstaben des Alphabets ein positives Adjektiv auf, das sie beschrieb. Diese Liste jeden Tag aufzusagen half ihnen, sich wohler in ihrer Haut zu fühlen.

Am dritten Tag redeten wir über Visualisierungen, die wir zu einem Teil unserer Meditation machten. Ich ließ sie die Ziele visualisieren, die sie sich zu Beginn ausgesucht hatten. Wenn sie diese Ziele vor ihrem inneren Auge sehen, können sie sich auf positive Weise hineindenken und spüren, wie es sich anfühlen wird, wenn sie sie erreicht haben.

Am vierten Tag wandten wir uns der Bewegung zu, das machte den Mädchen besonders viel Spaß. Wir wechselten tageweise zwischen Yoga und „Just Dance“ ab, einem Tanz-Videospiel. Sie liebten die positive Energie, die sie hatten, nachdem sie zu einem oder zwei der Lieder im Klassenzimmer getanzt hatten.

Nach einer Weile merkte ich, dass die Schülerinnen viel besser in den Tag starteten, wenn wir alle *Life S.A.V.E.R.S.* gemacht hatten. Als besonders hilfreich stellten sich die Affirmationen heraus. Eine meiner Schülerinnen, A. C., erfand ihre eigenen Affirmationen, indem sie sich ein Adjektiv aussuchte und sich dann für jeden Buchstaben des Wortes ein anderes Wort ausdachte, das ihr half, sich selbst zu beschreiben.

Eine andere Schülerin erzählte mir, dass die Affirmationen am Morgen ihr halfen, den ganzen Tag lang positiv zu denken. Ihr Ziel war es, regelmäßiger Sport zu treiben und sich besser zu ernähren. Wenn sie positiv darüber dachte, Sport zu machen, stieg die Wahrscheinlichkeit, dass sie es auch tun würde.

Und dann war da Gaby, die sagte, ihre positiven Affirmationen verschafften ihr einen guten Start in den Morgen und würden ihr helfen, ihre Ziele zu erreichen.

Rachel hatte sich vorgenommen, bessere Entscheidungen zu treffen und es effizienter zu tun. Ihre Affirmationen und Visualisierungen halfen ihr dabei, eine positive Haltung zu Entscheidungen zu entwickeln.

Raquel dagegen hatte sich zum Ziel gesetzt, eine bessere Beziehung zu ihrer Mutter aufzubauen. Für sie stellten sich die Affirmationen als große Hilfe dabei heraus, positiv über die Entwicklung dieser Beziehung nachzudenken.

Insgesamt habe ich das Gefühl, dass meine Schülerinnen eine Menge aus diesem Experiment gelernt haben. Ich glaube, es hat bei jeder von ihnen einen positiven Eindruck hinterlassen, selbst wenn es nur um irgendetwas Kleines ging. Als Lehrerin hat es mir sehr gut gefallen, sie bei dieser Erfahrung zu begleiten und zu sehen, wie und ob die *Life S.A.V.E.R.S.* ihre Perspektive auf den Tagesanfang verändern konnten.

10. DIE 30-TAGE-MIRACLE-MORNING-CHALLENGE

Ein außergewöhnliches Leben entsteht aus täglichen, stetigen Verbesserungen in seinen wichtigsten Bereichen.

ROBIN SHARMA

Lass mich einen Moment den Advocatus Diaboli spielen. Kann der *Miracle Morning* dein Leben, und das deiner Schüler, wirklich in nur 30 Tagen so grundlegend verändern? Gibt es überhaupt irgendetwas, das so schnell einen so großen Effekt hat? Naja, denk daran: Der *Miracle Morning* hat schon für über eine Million Menschen in mehr als siebzig Ländern funktioniert. Wenn er bei anderen klappt, klappt er auch bei dir.

Sich Dinge neu anzugewöhnen oder Gewohnheiten zu verändern dauert allerdings seine Zeit, also erwarte nicht, dass es dir ab dem ersten Tag leichtfallen wird. Indem du dir aber selbst fest versprichst, dass du bei der Stange bleibst, wirst du bald merken, dass du dich daran gewöhnst, jeden Tag mit einem *Miracle Morning* und den *Life S.A.V.E.R.S.* zu beginnen. Auf dieser Grundlage kannst du sehr gut aufbauen, wenn du dir noch weitere Gewohnheiten zulegen möchtest.

Denk daran: *Wenn du den Morgen gewinnst, gewinnst du den ganzen Tag.*

Die ersten Tage, die man braucht, um eine Gewohnheit zu ändern, mögen sich unerträglich anfühlen, aber denk daran, dass alle Schwierigkeiten, die dir begegnen können, auch wieder vorbeigehen werden (wenn du überhaupt welche hast – das hängt von deiner Begeisterung und Willenskraft ab).

Wie lange es wirklich dauert, sich etwas neu anzugewöhnen, wird aktuell heiß diskutiert, aber es gibt eine sehr wirksame Drei-Phasen-Strategie, die nachgewiesenermaßen für eine Million Menschen erfolgreich war, die ihre Schlummertaste besiegt haben und jetzt jeden Morgen mit einem *Miracle Morning* aufstehen.

Zuerst du, dann deine Schüler

Nur, damit wir uns nicht falsch verstehen: Wir empfehlen dir, dass du deine erste 30-Tage-*Miracle-Morning*-Challenge selbst bewältigst (und ihre lebensverändernden Vorzüge am eigenen Leib erfährst).

Danach kannst du deine Schüler durch ihre eigene erste 30-Tage-Challenge führen. Die *Miracle Morning for Teachers*-Anleitung zeigt dir jeden einzelnen Schritt des Prozesses.

Aber zuerst machen wir mal dich selbst für den Erfolg bereit …

Unaufhaltsam statt unerträglich:

Die Drei-Phasen-Strategie, mit der du dir in nur 30 Tagen jede Gewohnheit aneignen kannst!

Wenn du mit der 30-Tage-*Miracle-Morning*-Challenge beginnst, erhältst du dadurch auch die vermutlich einfachste und effektivste Strategie, um dir in nur dreißig Tagen jede mögliche neue Gewohnheit zuzulegen und zu erhalten. Die folgende Strategie verleiht dir die Geisteshaltung und den Ansatz, die du nutzen kannst, während du deine neue Routine aufbaust.

Phase Eins: Unerträglich (Tag 1–10)

In der ersten Phase erfordert jede neue Aktivität enormen Aufwand. Das ist beim Frühaufstehen nicht anders. Man kämpft gegen bestehende Gewohnheiten an, die seit Jahren tief in der eigenen Persönlichkeit verankert sind.

In dieser Phase wirst du manchmal merken, dass der Geist zwar willig, das Fleisch aber schwach ist. Die Gewohnheit, die Schlummertaste zu drücken und dir selbst die Gelegenheit zu nehmen, jeden Morgen optimal zu beginnen, hindert dich daran, der Superstar unter den Lehrern zu werden, der du sein kannst. Also bleib stark und mach weiter!

Während du dich in der ersten Phase mit bestehenden Gedankenmustern und einschränkenden Überzeugungen herumschlägst, wirst du merken, aus welchem Holz du geschnitzt bist und wozu du in der Lage bist. Du musst dich durchbeißen und an deiner Vision festhalten. Glaub mir, du schaffst das.

Ich weiß aus Erfahrung, dass es entmutigend sein kann, am fünften Tag aufzuwachen und zu merken, dass du noch fünfundzwanzig Tage vor dir hast, bevor du dich komplett in einen Frühaufsteher verwandelt hast. Denk in solchen Momenten daran, dass du schon die Hälfte der ersten Phase geschafft hast und dass die nächsten beiden Phasen viel einfacher werden. Diese ersten Gefühle bleiben nicht ewig. Du bist es dir selbst schuldig, durchzuhalten. Es wird nicht mehr lange dauern, bis du die Person bist, die du immer sein wolltest, und genau das bekommst, was du dir erträumst.

Phase Zwei: Unbequem (Tag 11–20)

Körper und Geist fangen in der zweiten Phase an, sich daran zu gewöhnen, früher aufzuwachen. Du wirst merken, dass es dir ein kleines bisschen leichter fällt, aufzustehen, aber noch ist es keine Gewohnheit – es fühlt sich nicht ganz natürlich an und ist noch kein Teil deiner Persönlichkeit geworden.

Die größte Versuchung an diesem Punkt ist, sich zu belohnen, indem man eine Pause macht, besonders am Wochenende. Eine Frage, die in der *Miracle Morning*-Community relativ oft gestellt wird, lautet: „Wie oft pro Woche steht ihr früh auf und macht einen *Miracle Morning*?“ Die Antwort von Tausenden von Langzeitanwendern des *Miracle Morning lautet*: „Jeden Tag“.

Viele *neue* Anwender nehmen an, dass sie sich das Wochenende freinehmen sollten (worauf uns unsere Montag-bis-Freitag-Arbeitswoche konditioniert hat), aber sie stellen schnell fest, dass jeder Morgen, der mit den *S.A.V.E.R.S.* beginnt, den ganzen Tag besser macht, weil man *selbst* am besten ist.

Du kannst es dir ähnlich vorstellen wie gesunde Ernährung. Wenn man sich gut ernährt, fühlt man sich besser und hat mehr Energie und geistige Klarheit. Wenn man dagegen Fast-Food-Essen in sich hineinstopft, muss man die Konsequenzen dafür tragen. So ähnlich ist es auch mit den *S.A.V.E.R.S.*: Du fühlst dich besser, hast mehr Energie und wirst klarer im Kopf, wenn du den Tag mit ihnen beginnst. Warum solltest du dir dieses Geschenk nicht jeden Tag machen?

Du hast in der ersten Phase das Schlimmste geschafft, also mach weiter. Warum solltest du es dir antun wollen, die erste Phase noch einmal durchmachen zu müssen, indem du eine Pause einlegst? Glaub mir, das willst du nicht, also lass es lieber!

Phase Drei: Unaufhaltsam (Tag 21–30)

Inzwischen ist das Frühaufstehen nicht nur eine Gewohnheit, es ist *ein Teil von dir* geworden, ein Teil deiner Persönlichkeit. Körper und Geist haben sich dem neuen Dasein angepasst. In den nächsten zehn Tagen ist es wichtig, dass du diese Gewohnheit fest in dir selbst und deinem Leben verankerst. Dadurch gewinnst du immer mehr Vertrauen in deine Fähigkeit, den *Miracle Morning* durchzuhalten. Außerdem gehen dir die einzelnen Bestandteile der *S.A.V.E.R.S.* immer leichter von der Hand.

Wenn du den *Miracle Morning* jeden Tag umsetzt, bekommst du außerdem eine bessere Perspektive auf die drei unterschiedlichen Phasen der Angewöhnung. Das bedeutet, du lernst dadurch, dir jede hilfreiche, neue Gewohnheit anzueignen – auch die Gewohnheiten eines legendären Lehrer, die du in diesem Buch findest.

Jetzt hast du die einfachste und effektivste Methode gelernt, dir jede neue Gewohnheit in 30 Tagen erfolgreich anzueignen und zu erhalten. Dadurch kennst du jetzt auch die Geisteshaltung und die Vorgehensweise, die du brauchst, um die 30-Tage-*Miracle-Morning*-Challenge anzunehmen. Jetzt brauchst du dir nur noch vorzunehmen, gleich damit anzufangen und bei der Stange zu bleiben.

Denk an das, was du gewinnst

Wenn du dich der 30-Tage-*Miracle-Morning*-Challenge stellst, legst du damit den Grundstein für Erfolg in jedem deiner Lebensbereiche – für den ganzen Rest deines Lebens. Indem du jeden Morgen aufstehst und zuerst einen *Miracle Morning* machst, beginnst du jeden Tag mit einem außergewöhnlichen Maß an ***Disziplin*** (der überaus wichtigen Fähigkeit, die dich in die Lage versetzt, deine Verpflichtungen zu erfüllen), ***Klarheit*** (der Kraft, die du daraus gewinnst, dich auf das Wichtigste zu konzentrieren) und ***Persönlichkeitsentwicklung*** (des vielleicht wichtigsten Erfolgsfaktors, den du haben kannst). Du wirst also in den nächsten 30 Tagen schnell merken, wie du dich *zu der Person entwickelst*, die du sein musst, um außergewöhnlich viel persönlichen, geschäftlichen oder finanziellen Erfolg zu erlangen – so, wie du es dir erträumst.

Gleichzeitig machst du den *Miracle Morning* von einem Konzept, das sich spannend anhört und das du gerne ausprobieren möchtest (auch wenn es dich vielleicht ein bisschen nervös macht), zu einer lebenslangen Gewohnheit, die dich immer weiter in die Person verwandelt, die du sein musst, um das Leben zu bekommen, das du dir wünschst. Du wirst anfangen, dein Potenzial zu erfüllen und Ergebnisse in deinem Leben zu erfahren, die alles, was du bisher kennst, weit übertreffen. Und du wirst immer mehr zu einem Vorbild für deine Schüler – denk daran, das größte Geschenk, das du denen machen kannst, die du liebst und die du führst, ist es, dein volles Potenzial auszuschöpfen und ihnen so zu zeigen, wie sie es auch selbst tun können.

Neben erfolgversprechenden Gewohnheiten wirst du auch die ***Geisteshaltung*** entwickeln, die du brauchst, um dein Leben zu verbessern – nach innen und nach außen. Indem du jeden Tag die *Life S.A.V.E.R.S.* anwendest, erfährst du die körperlichen, geistigen, emotionalen und spirituellen Vorzüge von **S**tille, **A**ffirmationen, **V**isualisierungen, **E**xercise (Bewegung), **R**eading (Lesen) und **S**chreiben. Dadurch fühlst du dich unmittelbar weniger gestresst, besser im Einklang mit dir selbst, konzentrierter, glücklicher und gespannter auf dein eigenes Leben. Du verschaffst dir viel mehr Energie, Klarheit und Motivation, deine höchsten Ziele und Träume zu verfolgen – besonders die, die du schon viel zu lange aufgeschoben hast.

Denk daran, deine Lebenssituation wird sich verbessern, nachdem – und erst *nachdem* – du zu der Person geworden bist, die du sein musst, um sie zu verbessern. Genau das können diese nächsten 30 Tage deines Lebens werden: dein Neuanfang und dein neues Bewusstsein.

Du schaffst das!

Wenn du jetzt nervös, zögerlich oder besorgt bist, ob du es schaffen wirst, 30 Tage durchzuhalten, entspann dich bitte. Es ist normal, dass du dich jetzt so fühlst, insbesondere dann, wenn du in der Vergangenheit bereits Schwierigkeiten hattest, morgens aus dem Bett zu kommen. Da ist es ganz natürlich, dass du ein bisschen unsicher oder zurückhaltend bist, aber das ist sogar ein sehr gutes Zeichen. Es zeigt, dass du bereit bist, dich ganz der Sache zu verschreiben, sonst wärst du nicht nervös.

Los geht's!

Schritt Eins: Hol dir das 30-Tage-*Miracle-Morning*-Challenge-Schnellstarterset

Geh auf www.MiracleMorning.com/Germany und lade dir dort das kostenlose 30-Tage-*Miracle-Morning*-Challenge-Schnellstarterset herunter – Übungen, Affirmationen, tägliche Checklisten, Nachverfolgungstabellen und alles, was du sonst noch brauchst, um die 30-Tage-*Miracle-Morning*-Challenge so leicht wie möglich zu beginnen und zu beenden. Nimm dir dafür jetzt bitte eine Minute Zeit.

Schritt Zwei: Plane deinen ersten *Miracle Morning* für morgen ein

Wenn du es noch nicht getan hast, schreib dir für den nächstmöglichen Termin – idealerweise gleich für morgen – deinen ersten *Miracle Morning* in den Kalender. Ja, schreib ihn richtig auf und entscheide dabei auch gleich, wo du ihn machen möchtest. Denk daran, wir empfehlen dir, dass du dein Schlafzimmer verlässt und dich so der Versuchung deines warmen Bettchens entziehst. Meinen *Miracle Morning* mache ich auf der Couch im Wohnzimmer, während der Rest des Haushalts noch tief und fest schläft. Ich habe aber auch schon von Menschen gehört, die ihren *Miracle Morning* draußen in der Natur machen, auf ihrer Terrasse, im Garten oder in einem Park in der Nähe. Mach deinen an einem Ort, an dem du dich wohlfühlst, an dem du aber auch ungestört bleiben kannst.

Schritt Drei: Lies die erste Seite des Startersets und mach die Übungen

Lies die Einleitung deines 30-Tage-*Miracle-Morning*-Challenge-Schnellstartersets, folge den Anweisungen und mach die Übungen. Wie alles im Leben, das sich zu tun lohnt, erfordert die 30-Tage-*Miracle-Morning*-Challenge ein wenig Vorbereitung. Es ist wichtig, dass du die Einführungsaufgaben in deinem Starterset (für die du nicht mehr als eine Stunde brauchen solltest) machst. Denk dabei daran: Dein erster *Miracle Morning* beginnt bereits mit der Vorbereitung, die du am Tag (oder Abend) vorher vornimmst, um dich mental, emotional und logistisch auf den *Miracle Morning* vorzubereiten.

Ist es dir in der Vergangenheit schwergefallen, die Finger von der Schlummertaste zu lassen? Wenn ja, solltest du dich auch gleich darauf vorbereiten, am nächsten Morgen die fünfstufige Anti-Schlummer-Strategie auszuführen, wie in Kapitel 2 beschrieben.

Schritt Vier: Such dir einen Rechenschaftspartner (empfohlen)

Erfolg und die Rechenschaft, die man einem anderen ablegt, sind untrennbar miteinander verbunden, das zeigen zahlreiche Belege. Den meisten Menschen widerstrebt es zwar, Rechenschaft abzulegen, aber jemanden zu haben, der einen höheren Maßstab an uns anlegt, als wir es selbst tun, verbessert unsere Fähigkeit, zu schaffen, was wir uns vorgenommen haben, enorm.

Jeder kann die Vorzüge genießen, die es mit sich bringt, einen Rechenschaftspartner zu haben, deshalb würden wir dir ans Herz legen – aber natürlich nicht vorschreiben –, dass du dir jemanden suchst (einen Kollegen, ein Familienmitglied, einen Freund, deinen Partner oder deine Partnerin etc.), der dich bei der 30-Tage-*Miracle-Morning*-Challenge unterstützt.

Eine Person zu haben, der du regelmäßig Rechenschaft ablegst, sorgt nämlich nicht nur dafür, dass deine Chancen, durchzuhalten, sich erheblich verbessern, es macht auch einfach mehr Spaß, sich mit jemandem zusammenzutun. Wenn du etwas spannend findest und begeistert davon bist, es alleine auszuprobieren, steckt darin schon eine Menge Kraft. Diese Kraft vervielfacht sich allerdings noch deutlich, wenn du jemanden an deiner Seite hast, der ebenso begeistert und aufgeregt ist.

Ruf heute noch eine oder mehrere Personen an, oder schreib ihnen eine SMS oder E-Mail, und lade sie ein, mit dir zusammen die 30-Tage-*Miracle-Morning*-Challenge zu versuchen. Am schnellsten stellst du ihnen alle nötigen Informationen zur Verfügung, indem du ihnen den Link zu www.MiracleMorning.com/Germany schickst, damit sie sich das *Miracle Morning*-Schnellstartset herunterladen können. Darin enthalten sind:

- Das kostenlose *Miracle Morning*-Trainingsvideo
- Der kostenlose *Miracle Morning*-Audioguide
- Zwei kostenlose Kapitel aus *Miracle Morning: Die Stunde, die alles verändert*

Das kostet deinen Rechenschaftspartner nichts, aber du erhältst dadurch jemanden, der ebenso entschlossen ist, sein Leben auf die nächste Stufe zu heben wie du, sodass ihr euch unterstützen und ermutigen könnt, indem ihr euch gegenseitig Rechenschaft ablegt.

WICHTIG:
Warte mit deinem ersten *Miracle Morning* und der 30-Tage-Challenge nicht, bis du einen Rechenschaftspartner gefunden hast. Egal, ob du schon jemanden gefunden hast, der den Weg mit dir gehen will oder nicht, ich empfehle dir dringend, deinen ersten *Miracle Morning* gleich für morgen einzuplanen und ihn durchzuführen – egal, was passiert. Leg gleich damit los!

Wenn du schon ein paar Tage lang erfahren hast, wie sich der *Miracle Morning* anfühlt, wirst du ein viel leichteres Spiel haben, jemand anderen mit deiner Begeisterung anzustecken. Fang einfach damit an und lade einen Freund, ein Familienmitglied oder einen Kollegen dazu ein, wenn du Zeit dafür hast.

Bist du bereit, dein Leben auf die nächste Stufe zu heben?

Was ist die nächste Stufe deines Berufs- oder Privatlebens? Welche Lebensbereiche musst du verändern, um auf diese nächste Stufe zu gelangen? Mach dir selbst das Geschenk von nur 30 Tagen, die du investierst, um dein Leben Tag für Tag entscheidend zu verbessern. Egal, wie deine Vergangenheit aussieht – du kannst die Zukunft verändern, indem du deine Gegenwart änderst.

Legendäre Lehrer

YANINA CUESTA

Englisch als Fremdsprache für neunte bis zwölfte Klassen

Ich meditiere jeden Morgen als Erstes und habe dadurch viel mehr Frieden in meinem Leben gefunden. Diesen Prozess mit meinen Schülern teilen zu können, habe ich mir schon lange gewünscht. Da kamen mir die *Life S.A.V.E.R.S.* wie gerufen.

Bevor der Monat begann, bat ich meine Schüler, ein oder mehrere Ziele zu formulieren, auf die sie sich konzentrieren wollten. Ich wollte nicht, dass sie Probleme bekamen, weil ihr Englisch vielleicht noch nicht ganz so gut war. Damit sie sich ganz auf die Erfahrung der *Life S.A.V.E.R.S.* konzentrieren konnten, schrieb ich also ein zweisprachiges Journal für sie, in dem jeder der einzelnen Schritte und einige Leitfragen für ihre Schreibübungen aufgeführt waren.

Am liebsten hätte ich das Programm gleich morgens mit meinen Schülern ausprobiert, aber die einzige Stunde, die ich allein mit ihnen hatte, war am Ende des Schultages. Dadurch bekamen manche der Schritte eine andere, interessante Dimension. Meinen Schülern gefiel die Stille sehr gut, weil sie ihnen die Gelegenheit schenkte, ihren Geist soweit zu beruhigen, dass sie ihn für Neues öffnen konnten. In der ersten Woche führte ich sie durch Atemübungen, um sie zu fokussieren, danach hörten wir in dieser Zeit sanfte Meditationsmusik.

In meinem Journal gab es Seiten, auf die sie ihre Affirmationen aufschreiben konnten. Nachdem ich ein paar Posts auf der Facebookseite gelesen habe, muss ich sagen, ich hätte mich lieber auf die Methode des laut Aussprechens und Wiederholens verlegen sollen, weil ein Schüler mir gestanden hat, dass er diese Zeit lieber genutzt hatte, um noch ein bisschen länger zu schlafen.

Die Visualisierungen umzusetzen fiel mir am schwersten. Ich führte die Schüler auf Englisch und Spanisch durch die Anregungen aus dem Leitfaden, aber weiter kam ich damit nicht. Deshalb war ich sehr überrascht, dass einige der Schüler mir erzählten, dieser Teil des Programms sei ihnen am liebsten gewesen. Sie sagten:

„Me ayudó a visualizar mi futuro." – Brayabn Garzón (auf Deutsch: „Es hat mir geholfen, meine Zukunft zu visualisieren.")

„Visualizar a cerca mi vida, pensar en lo que más quiero en mi vida, a ver que pasos puedo hacer para empezar mi meta." – Dina Isabel Palacios (auf Deutsch: „Mein Leben zu visualisieren und darüber nachzudenken, was ich wirklich will und zu sehen, was ich tun kann, um mich meinem Ziel anzunähern.")

Den Bewegungsteil mochten meine Schüler am wenigsten, was meines Erachtens hauptsächlich mit ihrem Alter zusammenhing (zwischen fünfzehn und zwanzig Jahren). Langsame Bewegungen und Dehnübungen funktionierten besser als herumzuhüpfen, Hampelmänner zu machen oder auf der Stelle zu laufen. Die Schüler erzählten mir, dass „langsame und sanfte Bewegungen besser zu den anderen Teilen der *S.A.V.E.R.S.* passten". Der Leseteil funktionierte gut. Wir nutzten motivierende Geschichten aus dem Internet, die ich ins Spanische übersetzte und meinen Schülern dann in beiden Sprachen austeilte. Ihre Reaktionen auf die Geschichten zeigten mir, dass sie sich Gedanken darüber machten. Allerdings suchten sie sich nur selten die Fragen zur Selbstreflektion heraus.

Am Ende des Monats diskutierten wir über die Vorzüge von Selbstreflektion für das eigene Wachstum. Ich glaube, es wird mich noch ein wenig mehr Arbeit kosten, meine Schüler an diesen Punkt zu führen, aber wir werden weiter daran arbeiten.

EINE BESONDERE EINLADUNG VON HAL

(nur für den Fall, dass du sie beim ersten Mal übersehen hast)

Die Leser und Anwender des *Miracle Morning* haben seit 2012 eine außergewöhnliche Gemeinschaft von über 200.000 ähnlich gesonnenen Personen auf der ganzen Welt geschaffen. Diese Menschen wachen jeden Tag auf und verwenden Zeit darauf, das unbegrenzte Potenzial zu nutzen, das in uns allen liegt. Außerdem arbeiten sie alle gemeinsam mit an der *Miracle Morning*-Mission: das kollektive Bewusstsein der Menschheit jeden Morgen ein bisschen weiter auf die nächste Stufe zu heben.

Als Autor von *Miracle Morning: Die Stunde, die alles verändert* empfand ich es als meine Pflicht, eine Online-Community zu schaffen, in der sich Leser zusammenfinden können, um sich kennenzulernen, über das Buch zu diskutieren, sich über die besten Methoden auszutauschen, Rechenschaftspartner zu finden und sich gegenseitig zu unterstützen. Also gründete ich die *Miracle Morning*-Community als Facebookgruppe, weil die meisten von uns ja sowieso schon auf Facebook sind. So musst du dich nicht auf einer zusätzlichen Website registrieren.

Allerdings hätte ich mir damals ehrlich gesagt nicht träumen lassen, dass die *Miracle Morning*-Community auf über 200.000 Mitglieder anwachsen und eine der positivsten, engagiertesten und sich gegenseitig am besten unterstützenden Online-Communitys der Welt werden würde, aber genau das ist passiert.

Werde Mitglied der Miracle Morning-Community auf Facebook!

Die Persönlichkeit und menschliche Größe unserer Mitglieder aus über 70 Ländern erstaunt mich jeden Tag aufs Neue – und es werden immer mehr. Deshalb lade ich auch dich ein, dich uns auf www.MyTMMCommunity.com anzuschließen (achte bitte darauf, dass du bereits auf Facebook eingeloggt bist).

Die Lehrer, die zu diesem Buch beigetragen haben (viele ihrer Geschichten findest du am Ende der einzelnen Kapitel), unterstützen sich seit Neuestem in einer eigenen Online-Community nur für Lehrer. Dort kannst du gleichgesinnte Lehrer finden, die *Miracle Morning für Lehrer* lesen und umsetzen und die *Life S.A.V.E.R.S.* mit ihren Schülern anwenden.

Schließ dich der Miracle Morning-Facebookgruppe für Lehrer an:

Um dich mit anderen, gleichgesinnten Lehrern zu verbinden, zu lernen, was gut funktioniert, Fragen zu stellen, deine Ideen zu teilen und mehr, geh einfach auf www.TMMTeachersCommunity.com (auch hier musst du bereits auf Facebook eingeloggt sein).

Dort findest du viele Menschen, die noch am Anfang ihrer *Miracle Morning*-Reise stehen, aber noch viele mehr, die schon seit Jahren dabei sind und nur zu gerne ihren Rat, ihre Unterstützung und ihre Hilfe mit dir teilen, damit du schneller zum Erfolg kommst.

Ich moderiere beide Communitys und schaue auch regelmäßig dort vorbei, also freue ich mich darauf, dich dort zu treffen.

Mit Liebe & Dankbarkeit

Hal

ABSCHLUSSGEDANKEN

Mach heute zu dem Tag, an dem du hinter dir lässt, wer du warst, und zu dem wirst, der du werden kannst!

Denk jeden Tag beim Aufwachen: „Heute bin ich glücklich, weil ich aufgewacht bin, weil ich am Leben bin, weil ich ein wertvolles menschliches Leben habe und es nicht verschwenden werde. Ich werde all meine Energie einsetzen, um mich selbst weiterzuentwickeln und mein Herz zu anderen wachsen zu lassen. Ich werde so viel wie möglich tun, um anderen zu dienen.“

DALAI LAMA

Dinge ändern sich nicht. Wir ändern uns.

HENRY DAVID THOREAU

Wo du jetzt bist, ist das Ergebnis davon, wer du *warst*, aber wohin du von hier aus gehst, hängt ausschließlich davon ab, wer du dich ab sofort zu werden entscheidest. Jetzt ist dein Moment. Beschließe, dass heute der wichtigste Tag deines Lebens ist, denn wer du *jetzt* wirst – durch die Entscheidungen, die du triffst und die Dinge, die du tust – bestimmt, wer und wo du für den Rest deines Lebens sein wirst. Schieb es nicht auf die lange Bank, das Leben, das du dir wünschst und das du verdienst – das Glück, die Gesundheit, den Reichtum, den Erfolg und die Liebe – zu erschaffen und zu erleben.

Kevin Bracy, einer meiner Mentoren, sagte gerne: „Warte nicht ab, werde großartig!“ Wenn du dein Leben verbessern möchtest, musst du zunächst dich selbst verbessern.

Lade jetzt das 30-Tage-*Miracle-Morning*-Challenge-Starterset auf www.MiracleMorning.com/Germany herunter und nimm dir fest vor, die Herausforderung zu schaffen (mit oder ohne Rechenschaftspartner), um dir sofort mehr von deinem Potenzial zu erschließen als je zuvor. Stell es dir nur mal vor: In nur einem Monat wirst du schon auf dem besten Weg sein, jeden Bereich deines Lebens grundlegend zu verändern.

Helfen wir anderen!

Darf ich dich um einen kleinen Gefallen bitten?

Wenn dieses Buch dir etwas für dein Leben gebracht hat, wenn du das Gefühl hast, dass es dir nach der Lektüre besser geht, und wenn du denkst, der *Miracle Morning* könnte für dich den Neubeginn bedeuten, den du brauchst, um jeden deiner Lebensbereiche auf die nächste Stufe zu heben, dann hoffe ich, dass du jemandem, den du magst, etwas Gutes tun wirst:

Schenk ihm das Buch oder leih ihm dein Exemplar. Bitte ihn, es zu lesen, damit er ebenfalls die Chance hat, sein Leben zu verbessern. Falls du noch nicht bereit bist, dein eigenes Buch wegzugeben, weil du planst, es noch einmal zu lesen, schenk ihm doch einfach ein eigenes Exemplar, um ihm zu sagen: „Hey, ich mag und schätze dich, und ich will dir helfen, dein Leben so gut wie möglich zu gestalten. Lies dieses Buch!“

Wenn du genau wie ich glaubst, dass man ein besonders guter Freund oder Kollege, oder ein besonders gutes Familienmitglied wird, indem man seinen Freunden und Liebsten hilft, die beste Version ihrer selbst zu werden, solltest du ihnen unbedingt dieses Buch schenken.

Gemeinsam heben wir das Bewusstsein der gesamten Menschheit auf die nächste Stufe – Morgen für Morgen.

Vielen Dank.

BONUS-KAPITEL:

DIE MIRACLE-GLEICHUNG

Wenn du außergewöhnlich viel Reichtum erhalten möchtest, musst du deine alten Denkweisen hinter dir lassen und eine neue Art entwickeln, dir vorzustellen, was du in deinem Leben erfahren kannst.

DR. WAYNE DYER

Jetzt kennst du den nachgewiesen wirksamen Prozess für deine tägliche Persönlichkeitsentwicklung, der dir erlauben wird, die inneren Werte und Charakterzüge zu entwickeln, die du brauchst, wenn du alles im Leben erreichen möchtest, das du dir wünschst. Denk aber daran, dass Persönlichkeitsentwicklung allein noch keine Ergebnisse produziert. Anders ausgedrückt: Theoretisch könntest du dir jeden Tag Zeit für den *Miracle Morning* nehmen, aber trotzdem davor zurückschrecken, deine größten und wichtigsten Ziele zu verfolgen. Deshalb brauchst du zusätzlich zu einem Prozess für *Persönlichkeitsentwicklung* auch noch eine Strategie, mit der du *deine Ziele erreichst.* Letzten Endes ist das genauso wichtig.

Um diesen Sprung zu machen, brauchst du aber noch ein letztes Werkzeug in deinem Kasten: die *Miracle-Gleichung.*

Die Miracle-Gleichung ist die grundlegende Strategie, welche die erfolgreichsten Menschen der Welt – ich rede hier von den produktivsten Denkern und Machern der Menschheitsgeschichte – schon seit Jahrhunderten anwenden, um ihre inneren Konflikte zu überwinden und außergewöhnliche Ergebnisse zu produzieren. Es ist auch die Formel, die ich genutzt habe, um meine Persönlichkeitsentwicklung in fassbare, messbare Resultate zu übersetzen und mir mein ganzes Potenzial im Leben zu erschließen. Dabei geht es darum, wie man mit seinen Zielen umgeht.

Einer meiner Mentoren, Dan Casetta, hat mir beigebracht: „Der wahre Zweck eines Ziels ist nicht, es zu erreichen. Sein wahrer Sinn ist es, zu der Person zu werden, die ihre Ziele erreichen kann, unabhängig davon, ob man ein bestimmtes Ziel nun erreicht oder nicht. Wirklich wichtig ist, wer man wird, wenn man bis zum letzten Moment alles gibt – nicht das, was dabei herauskommt."

Jedes Mal, wenn du dich entscheidest, ein bedeutsames, sehr hohes und manchmal sogar scheinbar unerreichbares Ziel zu verfolgen, obwohl die Chancen, dass du es schaffst, verschwindend gering aussehen, erschaffst du dir damit die Möglichkeit, dich zu entwickeln und deine Fähigkeiten auf die nächste Stufe zu heben. Und wenn dein Ziel besonders ehrgeizig ist, wirst du dabei auch gleich herausfinden, aus welchem Holz du wirklich geschnitzt bist!

Dich trennen nur zwei Entscheidungen von allem, was du willst

Wie bei jeder großen Herausforderung musst du Entscheidungen treffen, die damit zusammenhängen, dass du das Ziel erreichen willst. Du kannst dir eine Deadline setzen und einen Plan machen, aber wichtiger ist, dass du dich fragst: „Wenn ich mein Ziel innerhalb dieser Deadline erreichen will, welche Entscheidungen muss ich dann jetzt treffen und wozu muss ich mich im Voraus bereits entschließen?"

Betrachten wir die erfolgreichsten Leistungsträger, Erfinder, Wohltäter, Athleten und alle anderen Personen, die etwas Wichtiges zur Welt beigetragen haben, stellen wir fest, dass sie das alle getan haben, indem sie sich den *unerschütterlichen Glauben* aufgebaut und erhalten haben, dass sie es schaffen können, und dann *überdurchschnittlichen Einsatz* gezeigt haben, bis sie es geschafft hatten. Wenn du konsequent über einen längeren Zeitraum unerschütterlichen Glauben und überdurchschnittlichen Einsatz zeigst, kannst du nicht scheitern. Vielleicht stolperst du auf dem Weg, vielleicht erlebst du Rückschläge, aber mit der Zeit verwandelt sich dein Erfolg von etwas, das möglich ist, in etwas Wahrscheinliches … und am Ende sogar in etwas Unausweichliches.

Du wirst feststellen, dass die beiden wirkungsvollsten Entscheidungen *immer die gleichen* sind, egal wie dein Ziel aussieht. Sie sind die Grundlage der Miracle-Gleichung.

Die erste Entscheidung: Unerschütterlicher Glaube

Ich entdeckte die Miracle-Gleichung, als ich zwanzig Jahre alt war und versuchte, ein schier unmögliches Verkaufsziel zu erreichen. Mein Ziel war es, einen Rekord aufzustellen, der alles übertraf, was irgendjemand sonst in der 50-jährigen Firmengeschichte meines Arbeitgebers geschafft hatte. Dieses Beispiel stammt zwar aus meinem Berufsleben als Verkäufer, aber ich werde dir zeigen, dass es sich auch auf alle anderen Ziele anwenden lässt.

Zu dieser Zeit war ich sehr gestresst und musste mich häufig mit Ängsten und Zweifeln auseinandersetzen, aber dass ich auch viel über mein Ziel nachdachte, brachte mich zu einem wichtigen Schluss: Um das scheinbar Unmögliche zu schaffen, musste ich jeden Tag unerschütterlich daran glauben, *egal, welche Ergebnisse ich tatsächlich erzielte.*

Wie bei den meisten großen Zielen, die wir verfolgen, wusste ich, dass es Zeiten geben würde, in denen ich an mir zweifelte, und Zeiten, in denen ich so weit von der Spur abgekommen war, dass das Ziel in noch weiterer Ferne zu liegen schien als vorher. Und genau in diesen Momenten musste ich meine Selbstzweifel mit unerschütterlichem Glauben überwinden.

Um mir auch für die schwierigen Momente so viel Glauben an mich selbst zu erhalten, habe ich in dieser Zeit immer wieder mein „Miracle-Mantra" wiederholt:

Ich werde mir den unerschütterlichen Glauben erhalten, dass ich mein Ziel erreichen kann, und so lange überdurchschnittlichen Einsatz zeigen, bis ich es geschafft habe, egal, was passiert. Eine andere Möglichkeit gibt es nicht.

Mir dieses Mantra immer wieder vorzusagen – besonders dann, wenn sich mir Hindernisse in den Weg stellten oder ich an mir zweifelte – verlieh mir den unerschütterlichen Glauben, dass ich jedes Ziel erreichen konnte, das ich mir setzte. Noch viel wichtiger: Es verstärkte meine Entschlossenheit, bis zum letzten Moment alles zu geben, egal, wie meine Resultate auf dem Weg dorthin aussahen. Genau diese Art von Glaube – unerschütterlicher Glaube an das eigene Selbst – wird von den glücklichsten und erfolgreichsten Menschen in allen Lebensbereichen verkörpert.

Bitte mach dir klar, dass es nicht *normal* ist, so unerschütterlich an etwas zu glauben, ganz im Gegenteil. Es widerspricht der Natur des Menschen. Die meisten Leute tun es nicht. Wenn es nicht so aussieht, als wäre man auf dem richtigen Weg zum gewünschten Resultat, hören die meisten Menschen auf zu glauben, dass es trotzdem möglich ist, es zu erlangen. Wenn nur noch Sekunden auf der Uhr sind und das Spiel unentschieden steht, dann sind es Höchstleistungsträger – die Michael Jordans dieser Welt – die ihren Teamkollegen ohne zu zögern sagen: „Gebt mir den Ball!"

Der Rest des Teams atmet erleichtert auf, weil sie sich vom Druck und der Angst befreit fühlen, den entscheidenden Wurf zu vermasseln. Michael Jordan dagegen kann sich auf die Entscheidung verlassen, die er irgendwann im Lauf seines Lebens getroffen hat: dass er sich den unerschütterlichen Glauben daran bewahrt, treffen zu können, auch wenn es natürlich nicht garantiert ist. Michael Jordan hat im Lauf seiner Karriere sechsundzwanzigmal bei spielentscheidenden Würfen danebengeworfen, aber den Glauben daran, dass er jedes Mal treffen kann, hat er nie verloren. So hat er immer wieder den Ball bekommen und wurde zum größten Basketballspieler aller Zeiten.

Die erfolgreichsten Leistungssportler leben in dem festen Glauben, dass sie jeden Schuss in einen Treffer verwandeln und jedes Spiel gewinnen können, auch wenn das natürlich in Wahrheit niemand schaffen kann. Dieser Glaube – der Glaube, den du auch entwickeln musst – hat nichts mit Wahrscheinlichkeit zu tun. Er stammt aus einer gänzlich anderen Quelle. Wenn du immer wieder danebenwirfst oder scheiterst, musst du dich umso mehr davon überzeugen, was Michael Jordan sich auch sagt: „Egal, wie oft ich den Korb verfehlt habe (wie also die Vergangenheit ausgesehen hat), ich glaube daran, dass ich ihn das nächste Mal treffe."

Das ist die erste Entscheidung, die äußerst erfolgreiche Menschen treffen: in unerschütterlichem Glauben zu leben. Und das kannst du auch.

Wenn du auf ein Ziel hinarbeitest und dabei vom Weg abkommst, was fliegt dann als Erstes aus dem Fenster? Richtig, der Glaube daran, dass das Ziel, das du dir gesetzt hast, überhaupt erreichbar ist. Du beginnst, dich selbst negativ zu beeinflussen und einzuschränken, indem du dir sagst: „Ich arbeite in die falsche Richtung. Es sieht so aus, als könne ich das Ziel nicht erreichen. Naja, wahrscheinlich sollte es einfach nicht sein." Und mit jeder Sekunde, die verstreicht, glaubst du ein bisschen weniger daran.

Damit musst du dich nicht abfinden. Du hast die Wahl und die Kraft, dir einen unerschütterlichen Glauben zu erhalten, egal, was kommt, und egal, welche Ergebnisse du erzielst, so, wie es die effektivsten Menschen der Welt tun. In deinen dunkelsten Momenten fragst du dich wahrscheinlich, ob alles irgendwann okay ausgehen wird. Gerade dann ist es besonders wichtig, dass du – immer wieder – den Glauben daran findest, dass alles möglich ist.

Wiederhole jedes Mal, wenn dir ein Hindernis im Weg steht oder dich Selbstzweifel plagen, dein Miracle-Mantra:

Ich werde mir den unerschütterlichen Glauben erhalten, dass ich mein Ziel erreichen kann, und so lange überdurchschnittlichen Einsatz zeigen, bis ich es geschafft habe, egal, was passiert. Eine andere Möglichkeit gibt es nicht.

Dann nimm dich beim Wort und tu, was du dir versprochen hast, um dein Ziel zu erreichen.

Auch Elitesportler haben manchmal Tage, an denen sie das schlechteste Spiel ihres Lebens machen. Solche Spiele, bei denen es für drei Viertel der Zeit so aussieht, als könnten sie gar nichts treffen. Trotzdem verlieren sie ihren Glauben nicht und sie versuchen es immer wieder. Und dann, im vierten Viertel, gerade dann, wenn ihre Mannschaft es am dringendsten nötig hat, fangen sie an zu treffen. Sie verlangen stets nach dem Ball, weil sie immer an sich selbst und ihre eigenen Fähigkeiten glauben. Es ist nicht ungewöhnlich für einen unserer geliebten Spitzensportler, im letzten Viertel plötzlich dreimal so viele Treffer zu landen wie im ganzen Rest des Spiels.

Und warum? Weil sie sich darauf konditioniert haben, unerschütterlich an ihre Talente, Fähigkeiten und Fertigkeiten zu glauben – egal, was auf der Punktetafel steht oder wo sie sich gerade auf der Weltrangliste befinden.

Außerdem …

… besitzen sie aber auch noch den zweiten Teil der Miracle-Gleichung: *überdurchschnittlichen Einsatz.*

Die zweite Entscheidung: Überdurchschnittlicher Einsatz

Wenn du zulässt, dass dir der Glaube an dich selbst abhandenkommt, folgt ihm der Einsatz meistens auf dem Fuß. „Was soll's", redest du dir ein, „es ist ohnehin sinnlos, sich abzustrampeln, um ein Ziel zu erreichen, das ich niemals schaffen kann." Plötzlich fängst du an zu hinterfragen, wie du jemals auf die Idee verfallen bist, dir so ein unerreichbares Ziel überhaupt vorzunehmen.

Das ist mir auch schon oft passiert. Ich fühlte mich entmutigt und dachte: „Wozu versuche ich es überhaupt?“ Ab und zu denkt man eben: „Das schaffe ich doch nie und nimmer.“

An dieser Stelle brauchst du überdurchschnittlich viel Einsatz. Konzentriere dich auf dein ursprüngliches Ziel und spüre die Verbindung zu der Vision, die du davon erschaffen hast. Finde das große „Warum“ in deinem Herzen und deinem Hirn, das du hattest, als du dir das Ziel ursprünglich gesetzt hast.

Dafür musst du das Ziel noch einmal neu aufrollen, so wie ich es getan habe. Spul vor zu einer Vision, in der bereits am Ziel angekommen bist, und frag dich selbst: „Wenn ich das Ziel erreicht hätte, was hätte ich dann alles dafür getan? Was hätte ich tun müssen?“

Die Antwort auf diese Fragen bestimmt deinen *Prozess*, denn jedes Ergebnis, das wir uns wünschen, stammt aus einem Prozess, der nötig war, um dieses Ziel zu erreichen.

Wenn du zum Beispiel abnehmen willst, wird es in deinem Prozess so gut wie immer darum gehen, weniger Kalorien zu dir zu nehmen und dich mehr zu bewegen, damit du mehr Kalorien verbrauchst, als du aufnimmst. Wenn du dir finanzielle Freiheit zum Ziel setzt, wird dein Prozess damit zu tun haben, dass du mehr einnimmst, als du ausgibst. Als ich noch Verkäufer war, hing mein Wunschergebnis (mehr Verkäufe) direkt von meinem Prozess ab, potenzielle Kunden anzurufen. Je mehr ich mich diesem Prozess widmete (je mehr Anrufe ich also tätigte), desto näher kam ich langsam, aber sicher meinem Wunschziel.

Dein überdurchschnittlicher Einsatz *ist* genau diese Konzentration auf den Prozess. Was deinen Einsatz überdurchschnittlich macht, ist einfach die Tatsache, dass du ihn konsequent für längere Zeit durchhältst.

Ich weiß, das klingt jetzt nicht gerade außergewöhnlich, aber wenn du bedenkst, dass es nur wenigen Menschen je gelingt, über einen längeren Zeitraum Einsatz zu zeigen, verstehst du ganz schnell, dass es dich über das hinausträgt, was die meisten Menschen machen, sodass du regelmäßig greifbare, messbare Resultate erzielst.

Als Nächstes stelle ich dir deinen Vorteil vor: die Strategie, die deine Ziele aus dem Bereich des Möglichen in den des Wahrscheinlichen und schließlich des Unausweichlichen verschiebt.

Die Miracle-Gleichung

Unerschütterlicher Glaube + Überdurchschnittlicher Einsatz = Wunder

Es ist einfacher als du denkst. Das Geheimnis hinter einem unerschütterlichen Glauben liegt darin, zu erkennen, dass es sich dabei um eine Geisteshaltung und eine *Strategie* handelt – es ist nichts Konkretes. Im Gegenteil, der Glaube ist nicht einmal leicht zu fassen. Kein Verkäufer bringt *jedes* Geschäft zum Abschluss. Es ist einfach nicht *jeder* Schuss ein Treffer. Deshalb musst du dir den unerschütterlichen Glauben einprogrammieren, damit er dich antreibt, überdurchschnittlichen Einsatz in die Sache zu stecken, egal, was dabei herauskommt.

Denk daran, der Schlüssel dazu, diese Gleichung in die Praxis umzusetzen und mitten im tiefsten Selbstzweifel unerschütterlichen Glauben zu bewahren, liegt in deinem Miracle-Mantra:

Ich werde mir den unerschütterlichen Glauben erhalten, dass ich mein Ziel erreichen kann, und so lange überdurchschnittlichen Einsatz zeigen, bis ich es geschafft habe, egal, was passiert. Eine andere Möglichkeit gibt es nicht.

Setz dir ein Ziel und mach es zu einem Teil deines Miracle-Mantras. Deine Affirmationen nimmst du dir sowieso schon jeden Morgen (und vielleicht zusätzlich noch einmal jeden Abend) vor. Dein Miracle-Mantra solltest du dir aber darüber hinaus jeden Tag immer wieder vorsagen: während du die Kinder zur Schule fährst, im Zug zur Arbeit, auf dem Laufband im Fitnessstudio, unter der Dusche, in der Schlange an der Supermarktkasse – einfach *überall, wohin du gehst.*

Dein Miracle-Mantra wird deinen Glauben stärken und dir die innere Stimme verleihen, die du brauchst, um jeden Tag voranzukommen und Fortschritte zu machen, bis du deine größten und bedeutendsten Ziele erreicht hast.

Nach neunzehn Jahren, in denen ich nach der Miracle-Gleichung gelebt und sie gelehrt habe (lange, bevor der *Miracle Morning* auch nur eine Idee war), habe ich es endlich geschafft, einen Verlag davon zu überzeugen, mich ein Buch darüber schreiben zu lassen.

Miracle Mindset: Die Wunderformel für unausweichlichen Erfolg ist das perfekte Begleitbuch zu deinem *Miracle Morning*. Der *Miracle Morning* verschafft dir einen Plan für deine Persönlichkeitsentwicklung, und *Miracle Mindset* fügt sich nahtlos darin ein, indem es dir eine nachgewiesen wirksame, Schritt-für-Schritt-Formel gibt, mit der du deine Ziele erreichst.

Du kannst jetzt sofort eine kleine Leseprobe des Buchs herunterladen: die englische Version auf www.TheMiracleEquation.com, die deutsche Version auf www.penguinrandomhouse.de/Paperback/Miracle-Mindset/Hal-Elrod/Irisiana/e559258.rhd.

Ich hoffe, dass es auch dir helfen wird, deine größten Ziele nicht nur möglich, sondern unausweichlich zu machen.

Mit Liebe & Dankbarkeit

Hal

ÜBER DIE AUTOREN

HAL ELROD hat eine Mission: das Bewusstsein der Menschheit auf die nächste Stufe zu heben, einen Morgen nach dem anderen. Als Schöpfer einer der am schnellsten wachsenden und aktivsten Online-Communities, die es gibt, und Autor eines der am besten bewerteten Bestseller der Welt, *Miracle Morning: Die Stunde, die alles verändert* (das in 34 Sprachen übersetzt wurde, über 2000 Mal fünf Sterne auf Amazon bekommen hat und von über 50.000 Menschen in mehr als 70 Ländern täglich angewendet wird), tut er genau das.

Das Besondere daran ist, das Hal mit zwanzig Jahren starb. Ein betrunkener Autofahrer war mit 110 km/h frontal in seinen Wagen gerast. Danach blieb Hals Herz sechs Minuten lang stehen, er hatte sich elf Knochen gebrochen und wachte nach sechs Tagen im Koma wieder auf, nur um von den Ärzten zu erfahren, dass er nie wieder würde gehen können.

Dann starb Hal im November 2016 noch einmal fast. Seine Nieren, seine Lunge und sein Herz waren kurz davor, aufzugeben, nachdem bei ihm ein seltener, sehr aggressiver Typ von Krebs festgestellt wurde. Seine Überlebenschancen lagen nur bei 20 bis 30 Prozent. Nach dem schwersten Jahr seines Lebens zog sich der Krebs glücklicherweise wieder zurück und Hal ist dankbar, seine Mission gemeinsam mit seiner Frau und ihren beiden Kindern in Austin, Texas weiterleben zu können.

Wenn du mehr über Hals Reden, seine Live-Events, seine Bücher und den Dokumentarfilm über den *Miracle Morning* erfahren möchtest, schau bitte auf www.halelrod.com vorbei.

HONORÉE CORDER coacht Manager und Autoren von Strategiebüchern, sie ist TEDx-Rednerin und die Autorin von Dutzenden von Büchern, darunter Titel wie *You Must Write a Book*, die *Prosperity for Writers*-Reihe, die *Like a Boss*-Reihe, *Vision to Reality, Busi-*

ness Dating, die *Successful Single Mom*-Reihe, *If Divorce is a Game, These are the Rules, The Divorced Phoenix* und viele weitere. Außerdem ist sie Hal Elrods Co-Autorin für die *Miracle Morning*-Buchserie. Daneben coacht Honorée mit Leidenschaft Geschäftsleute, Autoren und angehende Sachbuchautoren, die gern einen Bestseller landen, eine Community erschaffen und sich mehrere Einkommensquellen erschließen wollen, in ihrem *You Must Write a Book LIVE*-Coachingkurs.

Als wäre das noch nicht genug, leitet sie auch noch die Mastermind-Gruppe *Empire Builders*. Und auch sonst bewirkt sie jede Menge Wunder und hat es einfach rundum voll drauf.

Mehr über Honorée erfährst du auf ihrer Webseite:
www.honoreecorder.com.

Hal Elrod, Mike & Lindsay McCarthy
mit Honorée Corder:

Miracle Morning für Eltern & Familien
Die Stunde, die dein Familienleben verändert

Aus dem amerikanischen Englisch von Christina Brombach
Geleitwort von Stephanie Walther
ISBN 978-3-95904-154-6
Edition Forsbach 2021

Bist du bereit, die Führung deiner Familie zu übernehmen und deine Vision eines idealen Familienlebens zu verwirklichen?

Mike und Lindsay McCarthy – zwei erfolgreiche Berufstätige, die eine abenteuerliche Homeschooling-Familie führen – zeigen dir Prinzipien und außergewöhnliche Fähigkeiten, die du brauchst, um dir und deiner Familie ein liebevolles, gut funktionierendes Zuhause zu erschaffen.

In diesem Buch erfährst du …
- Warum der Morgen wichtiger ist, als du denkst.
- Wie du dich am besten führen und deine persönliche Entwicklung beschleunigen kannst.
- Wie du mit deiner Energie umgehen kannst – physisch, mental und emotional.
- Welche außergewöhnlichen Fähigkeiten Eltern brauchen: Zielstrebigkeit, Verspieltheit und Perspektive.

***Miracle Morning für Eltern und Familien* ist der Schlüssel zu einer tiefen und befriedigenden Beziehung zu deinen Kindern – einer Beziehung, die ihr Leben und deines auf erstaunliche Weise beeinflussen wird.**

Hal Elrod, Cameron Herold mit Honorée Corder:

Miracle Morning für Unternehmer
Die Stunde, die dein Business verändert

Aus dem amerikanischen Englisch von Christina Brombach
Geleitwort von Dr. Renée Moore
ISBN 978-3-95904-123-2
Edition Forsbach 2020

Bist du bereit für explosionsartiges Wachstum als Unternehmer und zunehmenden Erfolg für den Rest deines Lebens?

Cameron Herold – Bestsellerautor und anerkannter Experte zum Thema „Unternehmerisches Denken“ – stellt dir Erfolgsprinzipien und grundlegende Fähigkeiten vor, die du benötigst, um ein erfolgreiches Geschäfts- und Privatleben aufzubauen.

In diesem Buch erfährst du …

- Warum der Morgen wichtiger ist, als du denkst.
- Wie du dich selbst am besten führen und deine persönliche Entwicklung beschleunigen kannst.
- Wie du mit deiner Energie umgehen kannst – physisch, mental und emotional.
- Wie du Hal Elrods wertvolle *Life S.A.V.E.R.S.* in deine tägliche Routine integrieren kannst.

***Miracle Morning für Unternehmer* ist dein Fahrplan, um ein Imperium mit einer starken Vision meisterhaft aufzubauen, indem du deine persönliche Genialität nutzt, mit dem richtigen Team an deiner Seite.**

Hal Elrod, David Osborn mit Honorée Corder:

Miracle Morning für Millionäre
Das Erfolgsgeheimnis: Was die Reichen vor 8 Uhr tun

Aus dem amerikanischen Englisch von Christina Brombach
Geleitwort von Prof. Dr. Lothar Seiwert
ISBN 978-3-95904-068-6
Edition Forsbach 2019

Wie wäre es, wenn das Erfolgsgeheimnis der Millionäre gar nicht darin besteht, mehr zu tun, sondern vorteilhafter zu handeln?

Die Reichen wissen, dass alles in ihrer Gegenwart davon abhängt, wie sie in der Vergangenheit gedacht, entschieden und gehandelt haben. Trotzdem können Sie Ihre aktuellen Umstände ganz leicht ändern. Und zwar sofort!

In diesem bahnbrechenden Wegweiser zum Reichtum erfahren Sie …

- Dass der Morgen und Reichtum unstrittig zusammenhängen.
- Warum man im Sitzen nicht reich wird.
- Welcher einfache, fünfstufige Aufwachprozess garantiert, dass Sie früh aufstehen werden – wie ein Millionär.
- Welche vier Entscheidungen Sie treffen müssen, um reich zu werden.
- Die klaren Handlungsschritte, für die Sie sich entscheiden müssen, wenn Sie Millionär werden wollen.
- Einen neuen Umgang mit Affirmationen – und wie Sie sie so nutzen können, dass sie zu Ergebnissen führen.
- Wie das „Rückspiegelsyndrom" Ihr finanzielles Wachstum erheblich hemmen kann.
- Den Schlüssel, wie Sie Ihre blinden Flecken in Zukunftsvisionen verwandeln.

Werden Sie vor 8 Uhr morgens zum Miracle Morning Millionär.

Hal Elrod, Steve Scott mit Honorée Corder:

Miracle Morning für Autoren
Dein Schreibritual für mehr Erfolg und höheres Einkommen

Aus dem amerikanischen Englisch von Christina Brombach
Geleitwort von Prof. Dr. Lothar Seiwert
ISBN 978-3-95904-070-9
2. Aufl., Edition Forsbach 2020

Brauchst du mehr Zeit zum Schreiben – ohne dafür die wichtigen Dinge zu opfern? Suchst du nach einer Methode, mit der du immer wieder neue, tolle Buchideen entdecken lannst? Wünschst du dir ein zuverlässiges Einkommen durch das Schreiben, oder möchtest du deine bestehenden Einkünfte verbessern?

Dann solltest du *Miracle Morning für Autoren* lesen. In diesem Buch verbinden sich Hal Elrods weltweit erfolgreiches Morgenritual mit Steve Scotts bewährter Schreibgewohnheitstechnik.

Das erwartet dich in *Miracle Morning für Autoren*:

- Eine erprobte Strategie, mit der du Zeit zum Schreiben findest.
- Unsere Methode, mit der du jede Menge Bücher verkaufst.
- Steves Lieblings-App, mit der du deine großartigen Ideen festhalten und für das nächste Buch recherchieren kannst.
- Hals Strategie, mit Gedanken umzugehen, die dich einschränken und am Erfolg hindern.
- Den „Flow“ und eine Anleitung, wie du Schreibblockaden für immer aus dem Weg räumst.

***Der Miracle Morning für Autoren* ist dein Schlüssel zu einem neuen Schreibritual, mit dem du dein Einkommen erhöhen und größeren Eindruck auf die Welt machen kannst.**